Le culte de l'urgence

La société malade du temps

DU MÊME AUTEUR

L'individu hypermoderne, Éditions Érès, 2004.

Le pouvoir usurpé – Femmes et hommes dans l'entreprise, Éditions Robert Laffont, Paris, 1982.

Le sexe du pouvoir (avec E. Enriquez et V. de Gaulejac, ouvrage collectif), Éditions Épi/Desclée de Brouwer, Paris, 1986.

Le stress professionnel (en collaboration avec M. Pages), Éditions Klincksieck, Paris, 1989.

Femmes au singulier ou la parentalité solitaire (en collaboration avec V. de Gaulejac), Éditions Klincksieck, Paris, 1990.

Le coût de l'excellence (en collaboration avec V. de Gaulejac), Éditions du Seuil, Paris, 1991, 5e édition 2000 (Prix du Livre d'Entreprise, 1992).

Management, aspects humains et organisationnels (en collaboration avec J.-P. Gruère, J. Jabes, H. Laroche, S. Michel), PUF, Collection « Fondamental », Paris, 1991, 6e éd. 2001.

L'aventure psychosociologique (avec V. de Gaulejac et K. Navridis, ouvrage collectif), Éditions Desclée de Brouwer, Paris, 1997.

Diriger et motiver : Art et pratique du management (éd.), Éditions d'Organisation, Paris, 1996, 2e éd. revue et actualisée, 2002.

Nicole Aubert

Avec la collaboration de Christophe Roux-Dufort

Le culte de l'urgence

La société malade du temps

Flammarion

ISBN : 2-08-068409-4

À tous ceux qui n'ont plus le temps

«Il est temps qu'il soit temps.»

Paul CELAN, Extrait de *Corona*, Poèmes.

«Il y a urgence et cela à tout instant. *Il est temps qu'il soit temps*, cela ne signifie nullement qu'il nous faut nous hâter, nous jeter à corps perdus (et cœur et âme perdus) dans les remous du temps. C'est pourtant à une telle vitesse, voire à une pulvérisation du temps, que sans cesse on nous invite, on nous incite. Le culte de la vitesse est célébré avec une frénésie croissante dans nos sociétés, en liaison avec celui de ces autres Veaux d'or que sont la performance, la gloire, la consommation, la rentabilité…

Il est temps qu'il soit temps. L'urgence est autre, et telle, qu'elle renvoie en fait à ce qui pourrait sembler incompatible avec elle : la patience. Pour qu'advienne authentiquement le temps, il est nécessaire de commencer par s'arrêter, c'est-à-dire de s'étonner devant ce que la force passive de l'habitude nous avait fait croire évident, donc de frapper toute évidence d'inévidence. Alors, la plus ordinaire des choses peut se révéler extraordinaire car l'immatérielle présence du temps se laisse deviner, aussi ténue qu'un souffle, dans l'épaisseur de toute matière, et toute matière, fût-elle minérale, prend peu à peu une texture de chair. Cette carnation des choses est si troublante que la pensée s'en trouve déroutée, et, n'avançant plus qu'à tâtons, elle se fait tactile. La pensée ne sait rien, elle effleure juste cette peau presque invisible des choses, des lieux, de la lumière, du vent, de la nuit; elle effleure l'impalpable peau du monde sous laquelle elle sent battre le pouls du temps.

S'arrêter, s'étonner, faire patience, apprendre à contempler le monde avec un regard tactile, démultiplier ses paupières face au visible, accueillir en son ouïe le souffle du silence – telle est l'urgence. Il est temps que notre pensée s'aventure en humble vagabonde dans le mystère du temps… Il est temps de dénuder le temps, aussi bien des ors que des oripeaux dont on l'a travesti, et de nous vêtir de son absolue nudité, de ce rien qui sans fin murmure et luit dans le grain de notre peau vouée aux rides, à la poussière, à la disparition.»

Sylvie GERMAIN, Texte publié dans *De temps en temps*, journal édité à l'occasion de la 8e fête du livre de Bron.

SOMMAIRE

AVANT-PROPOS

Dans un ouvrage précédent[a], nous avions exploré ce que nous appelions « la face d'ombre » de la société contemporaine, en montrant le coût psychique et humain généré par l'exigence de performance et d'« excellence » à l'œuvre dans l'univers professionnel. Depuis, un autre paramètre est apparu, lié à l'avènement de la « dictature du temps réel » qui a instauré dans l'entreprise et dans la société le règne de l'urgence, de l'instantanéité, de l'immédiateté.

Pour comprendre l'impact du nouveau rapport au temps qui s'est ainsi instauré dans notre société, nous nous sommes appuyés sur une recherche menée dans plusieurs grandes entreprises situées dans divers secteurs d'activité : industrie lourde, banque, automobile, industrie pharmaceutique, informatique, grande distribution, assurance, multimédia, audiovisuel, etc. Notre investigation a comporté de nombreuses interviews, individuelles ou en groupe, de dirigeants et d'employés, de cadres et de managers dans divers métiers : financiers, responsables de ressources humaines, commerciaux, responsables de production, informaticiens, consultants. Elle s'est aussi appuyée sur un travail en profondeur avec de nom-

---

a. Nicole Aubert, Vincent de Gaulejac, *Le Coût de l'excellence,* Éditions du Seuil, Paris, 1991, réédition 2000.

breux médecins du travail de diverses grandes compagnies, ainsi qu'avec des psychiatres intervenant en entreprise ou recevant en consultation le même type de personnes.

Mais le rapport à l'instantanéité et l'urgence ne se vit pas que dans l'univers du travail. Une recherche menée sur l'impact de l'extrême compression du temps dans le surgissement des crises et des catastrophes sous-tend également la réflexion menée dans le cadre de cet ouvrage[a]. Le progrès technique, lié lui aussi à une recherche éperdue de gain de temps, affecte en effet considérablement nos repères spatio-temporels. Dans le domaine des technologies complexes et sensibles, l'homme se trouve aujourd'hui face à des horizons temporels qui lui échappent, semant ainsi le germe de situations incontrôlables et risquées.

Plus globalement, c'est la manière dont ce nouveau rapport au temps contribue à redéfinir l'identité de l'individu contemporain, produit de notre société «hypermoderne», que nous avons voulu cerner dans le cadre de cet ouvrage. De la recherche de sens, sous les multiples formes qu'elle emprunte désormais, à l'évolution des modes de thérapie centrés dorénavant sur l'efficacité immédiate, en passant par l'avènement de l'éphémère dans l'institution familiale ou l'apparition d'une littérature «de l'instant», le règne du «temps court» a définitivement supplanté celui du «temps long». Notre ouvrage s'est ainsi élargi aux divers registres et aux multiples façons dont l'individu contemporain tente d'abolir le temps par une quête éperdue de l'intensité de soi dans l'instant présent.

---

a. Cette recherche a été menée par Christophe Roux-Dufort, professeur à EM Lyon. Elle correspond aux chapitres 7 et 8 de cet ouvrage.

Remerciements

Cet ouvrage n'aurait pu voir le jour sans les nombreuses personnes qui ont accepté de me recevoir pour me parler d'elles-mêmes, de leur contexte de travail et de leur rapport au temps dans l'univers professionnel, mais aussi privé, qui était le leur. Toutes se sont montrées sensibles au sujet, décelant un changement, une accélération, un malaise ou une souffrance parfois, dans leur manière de « vivre le temps ». De leur accueil, de leur témoignage, des différents éclairages qu'elles m'ont apportés, je les remercie bien vivement. Par souci d'anonymat et dans le dessein de préserver le caractère personnel de certains des propos rapportés, je n'ai pas toujours mentionné la fonction précise qu'elles occupaient ni, bien sûr, l'entreprise à laquelle elles appartenaient.

Ce livre a aussi bénéficié de l'apport précieux des travaux de Christophe Roux-Dufort, professeur à EM Lyon, sur le rôle du temps et de l'urgence dans les processus de crises et l'apparition des catastrophes. Sa contribution[a] a permis d'apporter un éclairage complémentaire important sur le thème qui fait l'objet de cet ouvrage.

Je tiens aussi à remercier particulièrement, pour leurs témoignages avisés et leurs conseils amicaux, Éric Albert, Alain Braconnier, Laurent Chneiweiss, Philippe Gabilliet, Michaël Hoffmann-Hervé, Roland Portait et Sandra Bellier.

Enfin, que tous ceux qui m'entourent, qui ont vécu en direct l'élaboration de ce livre et ont écouté, relu et commenté ce travail trouvent ici l'expression de ma gratitude pour leurs remarques judicieuses et leur patience attentive.

Nicole Aubert

a. Cette contribution sur le thème « Urgence, crises et catastrophes » correspond aux chapitres 7 et 8 de ce livre.

INTRODUCTION

LES ENFANTS DE CHRONOS

Les rapports de l'Homme et du Temps apparaissent, depuis toujours, complexes, insaisissables et tumultueux. Notre conversation courante est sans cesse imprégnée de références à ce concept impalpable et fuyant, pourtant consubstantiel au déroulement de notre existence : «*Nous n'avons pas le temps, dans quelque temps, quand nous aurons le temps, le temps nous a manqué, de temps en temps, prenons notre temps*... etc.» Tel un compagnon invisible dont nous ne pouvons nous séparer, le temps cohabite avec nous et nous ne cessons de nous confondre ou de nous heurter à lui, en une confrontation dont l'âpreté, en ce début de troisième millénaire, ne fait que croître.

Le fait n'est pas nouveau. Déjà, dans la mythologie grecque, *Cronos*, fils d'Ouranos, le Ciel, et de Gaia, la Terre, dévorait ses enfants dès leur naissance pour éviter que se réalise la prédiction qui lui avait été faite, selon laquelle l'un d'entre eux le détrônerait. Par similitude de sons avec *Chronos*, qui personnifiait le temps, les deux personnages furent peu à peu confondus, puis unifiés par les Romains dans le personnage de Saturne, et c'est ainsi qu'à la divinité allégorique représentant le Temps demeura attachée cette image d'un père dévorant ses enfants pour mieux assurer son pouvoir intemporel.

Mais les tourments de l'homme confronté au Temps ne s'arrêtent pas là. Quand il s'est agi de le définir, ce temps, dont l'inexorable irréversibilité constitue pour l'homme une source d'impuissance et d'angoisse, n'a jamais pu trouver chez les philosophes et les physiciens une définition bien précise : « Si on ne me le demande pas, écrivait Saint Augustin dans ses *Confessions*, je crois savoir ce qu'est le temps, mais si on me le demande, je ne le sais plus... » Newton parlera du temps « sans relation avec quoi que ce soit d'extérieur et qui coule uniformément, toujours de la même manière [1] », tandis que Kant en fera non un concept mais une intuition pure, une forme *a priori* de l'expérience sensible, une structure de la pensée : le temps est *idéal* (et non *réel*), c'est-à-dire qu'il n'est pas un être ou une chose qu'on pourrait comprendre avec des concepts, et en même temps *transcendantal*, en ce sens qu'il préexiste aux objets de l'expérience (il est *a priori*) et en conditionne la connaissance [2]. Bergson insistera, lui aussi, sur l'intuition intime, immédiate et subjective du temps [3]. Plus près de nous, Heidegger a renouvelé le débat dans *Être et Temps* [4], montrant que ces deux entités se déterminent mutuellement : la condition humaine se définit par sa capacité à « s'ancrer-dans-le-temps », tandis que le temps, de par sa « fonction hébergeante » est ce qui permet de saisir la réalité fondamentale du *Dasein* (« être-là »), par quoi se définit l'être de l'homme.

Ce qu'il faut surtout retenir, c'est que l'on distingue en général deux types de temps : d'abord *le temps physique*, celui des horloges, qui opère des découpages en heures, minutes, secondes à l'intérieur du temps de la nature. Ce temps physique, ce temps des horloges, c'est celui que nous appelons *chronos* [5] :

c'est lui qui rythme notre emploi du temps. Ensuite, *le temps subjectif*, celui de la conscience[6], celui qu'on éprouve à l'intérieur de soi, et que l'on peut désigner par *tempus*[7]. Ce temps-là ne s'écoule pas uniformément et nous connaissons tous ces sensations de variabilité du temps psychologique lorsque nous nous exclamons : «Ça a passé très vite!» ou, au contraire, «ça m'a paru interminable!»

Le but de ce livre n'est pas en effet de retracer l'histoire du concept de temps en physique ou dans la philosophie. Il est plutôt de comprendre comment notre époque est en train de vivre *une mutation radicale dans son rapport au temps*, comment cette mutation affecte profondément notre manière de vivre et de travailler et contribue à l'émergence d'un nouveau type d'individu, flexible, pressé, centré sur l'immédiat, le court terme et l'instant, un individu à l'identité incertaine[8] et fragile.

Pour saisir la nature de cette mutation, il suffit de regarder les métaphores les plus courantes que l'on emploie à propos du temps et de noter leur évolution. La plus ancienne, la plus rebattue, celle qui a accompagné presque toute l'histoire de la pensée à propos du temps est certainement celle qui fait référence à l'idée de labilité, de *flux* et de «*fuite*» du temps : le temps «*s'écoule*», le temps «*passe*», le temps «*fuit*»... Cette idée associant le temps au flux d'un fleuve remonte au moins à Héraclite, sensible au changement perpétuel de l'univers et pour qui, on s'en souvient, «on ne se baigne jamais deux fois dans le même fleuve» et certainement à Marc-Aurèle, empereur philosophe pour qui le temps était «un fleuve fait d'événements». Toujours présente, presque incontournable, tant elle exprime l'indissociable symbiose entre le temps et la vie qui, elle aussi, «s'écoule» et passe avec le temps, cette métaphore n'en pose pas moins un certain nombre de questions que souligne fort justement le physicien Étienne Klein[9] : « Si le temps s'écoule, par rapport à quoi s'écoule-t-il ? Nous sommes dans le temps mais le temps, lui, dans quoi est-il ? S'il est comme un fleuve, qu'est-ce qui fait office de lit ? Quelles sont les berges du temps, quel est pour le temps l'équivalent des berges du fleuve ? La métaphore postule subrepticement l'existence d'une réalité intemporelle dans laquelle passe le temps... »

Le second groupe de métaphores, plus contemporaines mais surtout rattachées à une conception occidentale du temps, a trait à la notion de possession et de rentabilité : « *Avoir* du temps », « *manquer* de temps », « *perdre* son temps », « *gagner* du temps » dévoilent que le temps, par essence insaisissable, se présente à nous comme une donnée quantitative que nous cherchons justement à saisir, à posséder, que nous voulons soumettre et dominer. Dans cette conception, le temps est un objet, un bien que l'homme cherche à acquérir et les termes en question sont étroitement corrélés à l'identification du temps à l'argent, propre à la mentalité capitaliste (« souviens-toi que le temps, c'est de l'argent », rappelle Benjamin Franklin dans ses « Conseils indispensables à celui qui veut devenir riche »). Cette conception du temps est complètement dominante dans notre société et sous-tend totalement notre manière contemporaine d'appréhender le temps. Nous en verrons les implications.

Il est cependant un troisième type de métaphores concernant le temps, beaucoup plus récent – une douzaine d'années au maximum – mais qui a envahi à une vitesse foudroyante le champ des représentations contemporaines à propos du temps. Toutes les analyses économiques et sociales actuelles font en effet dorénavant état de la *contraction* du temps, de l'*accélération* du temps, de la *compression* du temps, induites par la mondialisation et le fonctionnement « en temps réel » de l'économie. Il ne s'agit pas, bien au contraire, de nier les mutations économiques considérables qui ont conduit à l'émergence de ces métaphores mais simplement de souligner que, tout comme la métaphore du flux, elles confèrent au temps une dimension ontologique en lui donnant un statut autonome, indépendant des êtres, des choses ou des processus qui l'auraient conduit, dans le premier cas, à s'écouler ou, dans le dernier, à se contracter, s'accélérer ou se comprimer. Ronsard avait déjà réajusté la métaphore du temps qui fuit en rappelant que ce sont les êtres qui passent et non le temps : « *Le temps s'en va, le temps s'en va, Madame, las, le temps non, mais nous nous en allons...* » Il nous appartient de rectifier la dernière en montrant que, là encore, ce sont les individus – et non le temps – qui accélèrent toujours davantage, se contractent et se compriment toujours plus pour répondre aux exigences d'une économie et d'une société qui tournent à vitesse toujours plus grande, exigent des performances toujours plus poussées et des actions toujours plus immédiates. Pour y répondre, nous sommes plus que jamais conduits à vouloir non seulement posséder le temps mais, plus encore, le dominer, en être maîtres, bref à vouloir triompher du temps. Les enfants de Chronos ont engagé un combat « titanesque » dont les effets en retour se font déjà sentir.

Il n'est pas sûr en effet que, de ce combat, nous sortions vainqueurs. Ce qui est certain, en revanche, c'est que notre culture temporelle est en train de changer radicalement. De même que des métaphores nouvelles sont apparues concernant le temps, de nouvelles modalités de rapport au temps deviennent dominantes : l'urgence, l'instantanéité, l'immédiateté ont envahi nos vies. Elles traduisent au quotidien ce phénomène général de « compression du temps » et elles s'inscrivent dans un processus global de passage du « temps long » au « temps court ». Processus commencé depuis déjà longtemps, mais qui a connu ces dernières années une forte accélération et une nette intensification. Ses implications, en tout cas, se font sentir à différents niveaux – économique et professionnel au premier chef, mais aussi technologique, psychologique, familial – et sur différents registres : celui de l'idéologie et de la quête de sens, celui des modes de thérapies psychiques, celui de la littérature enfin, chacun d'eux reflétant et traduisant à sa manière l'évolution de nos contemporains dans leur rapport au temps.

Le soubassement de ce nouveau rapport au temps réside dans l'alliance qui s'est opérée entre la logique du profit immédiat, celle des marchés financiers qui règnent en maîtres sur l'économie, et l'instantanéité des nouveaux moyens de communication. Cette alliance a donné naissance à un individu « en temps réel », fonctionnant selon le rythme même de l'économie et devenu apparemment maître du temps. Mais l'apparence est trompeuse et, derrière, se cache souvent un individu prisonnier du temps réel et de la logique de marché, incapable de différencier l'urgent de l'important, l'accessoire de l'essentiel. Dans une économie qui fonctionne « à flux tendu », n'est-il pas devenu lui-même un homme à flux tendu, un produit à durée éphémère, dont l'entreprise s'efforce de comprimer le plus possible le cycle de conception et la durée de vie, un produit de consommation dont il faut assurer la rentabilité immédiate et la rotation rapide ? La logique de court terme, qui préside au fonctionnement des marchés financiers, semble déteindre sur les relations entre l'entreprise et ses salariés et les conduire à adopter l'un à l'égard de l'autre une mentalité d'actionnaire «volatile», n'investissant sur l'autre que de manière éphémère, avec une visée immédiatement et uniquement rentabiliste.

Jointe au climat d'urgence généralisé à l'œuvre dans beaucoup d'entreprises, cette logique du profit immédiat produit des effets contrastés. L'urgence – et l'irréversibilité qu'elle sous-tend – n'est pas seulement une donnée externe, elle comporte une dimension intérieure. Galvanisés par l'urgence, parfois presque «shootés» à cette nouvelle forme de drogue, certains ont besoin de ce rythme pour se sentir exister intensément. Tels les héros d'une épopée contemporaine, ils ressentent l'ivresse d'accomplir des exploits en temps limité et de vaincre la mort en triomphant du temps. Pour d'autres, la perte du lien social, un travail dématérialisé et dépourvu de sens, la dépossession du sens de leur action conduit à un désinvestissement amer et morose. Dans certains cas, le climat de pression et d'urgence est tel qu'il confine à l'hystérie et corrode les relations interpersonnelles, tout comme les individus eux-mêmes qui, parfois, «déconnectent» brutalement, comme sous l'effet d'une surchauffe énergétique intense. Un certain nombre de cadres, tels les fusibles d'une installation électrique, en sont alors conduits à «péter les plombs». Les plus atteints sont ceux que leur sens du travail bien fait ou leur goût de la perfection rendent incapables de supporter un contexte qu'ils ne parviennent plus à contrôler et maîtriser. Soumises à des pressions trop fortes, «malades de l'urgence», certaines personnes dynamiques, fonceuses et motivées, sombrent dans des processus dépressifs. La dépression nerveuse semble alors, sur le plan symbolique, le seul moyen qu'aurait trouvé la nature pour «ralentir» le temps. Parmi les nombreuses modalités d'expression de cette maladie, les dépressions d'« épuisement » apparaissent comme la forme contemporaine la plus répandue et dessinent les contours d'une société à tendance « maniaco-dépressive ».

Mais l'urgence n'opère pas que dans l'entreprise et sur le seul versant économique. Les développements technologiques récents (technologie de l'information, biotechnologie, nucléaire, etc.) et les méthodes de management qui y sont associées ont accru le règne généralisé de l'urgence dans notre société. Ils ont aussi favorisé le développement de risques nouveaux que nous appelons les « risques temporels ». Ainsi, dans le domaine des technologies complexes et sensibles comme le nucléaire ou la biotechnologie, l'homme se trouve aujourd'hui face à des horizons temporels qui lui échappent, semant ainsi les germes de situations incontrôlables et risquées. De même, certaines grandes crises ou catastrophes industrielles témoignent de l'ampleur prise par les risques du temps dans les organisations et de l'effondrement brutal du culte de la vitesse et de l'urgence. Par exemple, les accidents dramatiques du transport (routier, ferroviaire, aérien) sont souvent l'aboutissement des ruptures tragiques auxquelles conduisent la tension des flux et l'optimisation des temps d'opérations. Plus radicale encore, la compression du temps rend les effets de rattrapage presque impossibles et, dans certains cas, ôte toute place à l'erreur de gestion ou de manipulation dans les organisations.

L'ensemble de ces évolutions nous interroge sur la manière dont l'individu contemporain se positionne à l'égard de l'avenir. Certaines recherches récentes font état d'un effacement de l'avenir et d'une surcharge, voire d'un « écrasement » de l'homme sur le présent[10]. Pris dans les rouages de l'économie du «présent éternel[11]», englués dans les innombrables choix que nous permet la société marchande, focalisés sur la satisfaction immédiate de nos désirs, ne sommes-nous pas devenus non seulement des «hommes-Présent[12]», incapables de vivre autrement que dans le présent le plus immédiat, mais plus encore des hommes de l'Instant, collant à l'intensité du moment et recherchant des sensations fortes liées à la seule jouissance de l'instant présent ? Si ce type de comportement ne correspond bien sûr qu'à une des facettes de l'identité contemporaine, il n'en est pas moins représentatif de l'évolution de la société actuelle. Celle-ci semble en effet passer, nous l'avons dit, d'un mode de fonctionnement «à temps long» – où les repères se comptaient en années à l'échelle de l'individu, en siècles à celle de l'histoire – à un mode «à temps court», société du *zapping*, du *fast*, des *clips* et des *spots* dans laquelle il s'agit de vivre l'intensité sans la durée et d'obtenir des résultats à efficacité immédiate. La quête de sens, qui se déployait naguère à l'échelle d'une vie tout entière, s'est ainsi métamorphosée en une demande de «mieux-être» ici et maintenant, jusque dans les thérapies psychiques où, à côté des cures à temps long comme la psychanalyse, se développent des traitements à temps court focalisés sur les seuls symptômes, au détriment de leur signification. De la même façon, en littérature, le temps n'est plus, et depuis longtemps, celui de la tentative proustienne de ressusciter le temps perdu, mais celui des micro «tranches de vie», distillées dans des romans brefs faits pour être lus rapidement, et dans lesquels le lecteur peut se projeter dans l'intensité d'une émotion ou la singularité d'un comportement dépouillés de toute analyse. Là encore, il ne s'agit pas de dire que ces tendances qui nous portent vers le temps court sont exclusives d'autres qui perdureraient sur un rythme plus long, mais de souligner qu'elles constituent des facettes de plus en plus insistantes de notre identité. Elles contribuent par là à dessiner les contours d'une société immédiate à elle-même, fonctionnant souvent sur l'unique registre de la réactivité, attitude qui obère vraisemblablement en partie sa capacité à faire face à l'avenir. Dans la société «hypermoderne» à laquelle nous appartenons, se dessine ainsi sous nos yeux un portrait multifacettes. D'un côté, celui d'un homme «instantané», qui vit au rythme de son désir et pense avoir aboli le temps; de l'autre, un homme englué dans l'ici et maintenant de l'urgence et de l'instantané, comme si la vitesse de résolution des problèmes pouvait, à elle seule, donner du sens à son action. Entre celui qui utilise l'instantanéité pour prendre ses distances avec le monde et celui qui s'enferre dans l'urgence, rien de commun. Sur un autre registre, apparaît, d'un côté, un individu «par excès», conquérant, maître de ses performances, «entrepreneur de sa propre vie[13]» et courant après le temps, de l'autre, un individu «par défaut[14]», dont le corps est le seul lien et le seul bien qu'il «travaille, fait jouir et détruit dans une explosion d'individualisme absolu[15]» et qui endure un temps dont il n'a que faire parce qu'il ne parvient à y inscrire aucun projet. Entre l'individu adapté, «déployé, shivaïque, multibras, multiprise[16]», qui jouit de la vitesse et prend connaissance d'un flash d'infos tout en sentant vibrer son téléphone portable, et l'individu pulvérisé par la vitesse d'une société à laquelle il ne peut plus se raccrocher, aucun lien. D'un côté, l'homme agité, de l'autre l'homme englué. Entre urgence et désir, entre vide et trop plein, l'individu contemporain recherche dans l'intensité de la vie une immédiate éternité.

Première partie

La mutation du rapport au temps

Chapitre 1

Urgence et instantanéité : les nouvelles mesures du temps

Au-delà des métaphores, les rapports que nous entretenons avec le temps se sont, depuis la dernière décennie du XXe siècle, considérablement radicalisés. Plus ou moins délivrés des contraintes de l'espace, c'est sur le temps, désormais, que nous concentrons notre volonté de conquête, tandis que, simultanément, les tyrannies que le temps fait peser sur nous semblent absorber la totalité de notre énergie. Dans ce contexte, émergent au-devant de la scène de nouvelles formes d'expression de notre rapport au temps qui sont *l'urgence, l'immédiateté, l'instantanéité* et *la vitesse,* cette dernière constituant le dénominateur commun qui unit les trois autres. Ces notions, étroitement corrélées entre elles, ont été générées par l'avènement de la mondialisation économique et financière à partir du milieu des années 1980, elle-même rendue possible par la révolution survenue dans le domaine des télécommunications, apparue à peu près au même moment.

L'imaginaire médiatique rend bien compte de cette nouvelle façon de fonctionner avec et dans le temps, et il n'est, pour s'en convaincre, que de voir le nombre et le succès des émissions de télévision fondées sur ces concepts ou mettant en scène des héros fonctionnant «en temps réel». Au célèbre feuilleton «Urgences» ou à l'émission «État d'urgence», s'ajoute désormais la série «24 heures chrono», qui se déroule en «temps réel», vingt-quatre heures chrono pour vingt-quatre épisodes haletants, dans lesquels le temps, seul maître à bord, s'érige en destin[1]. À côté de cette expression médiatique d'un rapport «haletant» au temps, c'est la vie de tous les jours de chacun, et notamment sa vie professionnelle, qui se trouve «percutée» en permanence et en direct par ces nouvelles exigences : «nous vivons dans une culture de l'immédiat et nous sommes conduits à travailler dans l'urgence permanente pour gagner en efficacité», explique un cadre travaillant dans une grande entreprise du secteur automobile. «Si mon patron me téléphone, je suis tenu de lui apporter la réponse dans l'instant, je suis sommé de réagir dans l'immédiat», précise un autre, appartenant à un grand groupe bancaire. Les manifestations de cette nouvelle culture de l'immédiat et de l'urgence à l'œuvre dans les entreprises, et les contrecoups qu'elle entraîne, sont considérables et ce sont eux que nous étudierons. Mais il nous faut d'abord approfondir les raisons de ce bouleversement de notre culture temporelle.

DES NOTIONS AUX CONTOURS ENCHEVÊTRÉS

Ce qui unit les trois premiers concepts d'urgence, instantanéité et immédiateté, disions-nous, c'est celui de vitesse, elle-même au cœur du système capitaliste : plus le capital tourne vite et plus le taux de profit annuel est élevé[2], d'où la recherche effrénée d'accélération qui imprègne toute l'histoire du capitalisme.

Mais la mutation qui s'est produite dans les dix ou douze dernières années consiste en ce que la vitesse, longtemps corrélée à la conquête de l'espace (se traduisant, dans le domaine économique, par la conquête de nouveaux marchés dans de nouveaux pays) s'est – grâce aux nouveaux moyens de télécommunications et à la mise en place du cyberespace – emparée du temps. Reprenant les réflexions de Paul Virilio[3], Zaki Laïdi en montre bien les conséquences lorsqu'il souligne l'interaction qui s'effectue « entre l'accélération de la mondialisation et une redéfinition sensible du rapport au temps : tout va plus vite et ce "plus vite" est ressenti d'autant plus fortement qu'il est relié à la perception d'une propagation mondiale. La mondialisation se vit sur le mode d'une "tyrannie du temps réel sur l'espace réel[4]", *comme si*, d'une certaine façon, *l'égalisation des conditions d'accès à l'espace par les différents acteurs* [...] *faisait basculer la compétition dans le champ du temps*. Il ne s'agit plus de gagner de nouveaux espaces, mais de gagner du temps. Ou, de manière plus précise encore, *c'est en gagnant du temps* [...] *que l'on peut regagner de nouveaux espaces*[5] (les marchés pour les entreprises). L'espace mondial se trouve ainsi intégralement temporalisé. Être dans le "temps mondial" revient à être partie prenante à une nouvelle dynamique planétaire et non pas appartenir à un espace donné[6]. »

Ainsi, l'avènement dans la vie économique de l'urgence, l'instantanéité et l'immédiateté est en étroite correspondance avec l'émergence de ce nouvel espace-temps mondialisé. Mais ces notions, si elles s'enchevêtrent étroitement, ne se correspondent pas exactement pour autant. Pour commencer par les deux plus souvent confondues, l'urgence et la vitesse, on peut dire que l'urgence, qui implique l'idée de devoir agir sans délai, nécessite d'aller vite pour résoudre le problème posé. Mais l'inverse n'est pas vrai. Ce qui va vite n'est pas forcément urgent. En revanche, la vitesse, très tôt associée au mythe du progrès et dont le point d'aboutissement ultime est l'instantanéité du réseau de la société « en temps réel », est étroitement corrélée aux notions d'instantanéité, qui renvoie à la vitesse de circulation de l'information, et d'immédiateté, laquelle se réfère davantage au délai d'exigence du résultat. Pourtant ni l'instantanéité ni l'immédiateté ne créent l'urgence. Elles se contentent de la favoriser en semblant exiger, et donc en suscitant, des réponses sur le même mode, sans qu'il y ait forcément à cela un fondement quelconque. En cela, l'instantanéité contribue largement à créer de fausses situations d'urgence qui, s'ajoutant à celles qui nécessitent vraiment un traitement sans délai, donnent ce sentiment d'une urgence omniprésente. « Cette urgence que nous vivons, explique un manager, c'est comme l'eau, ça s'infiltre partout dans les organisations, c'est une vraie saloperie... »

Si le mode d'action en urgence est en effet longtemps demeuré une façon relativement exceptionnelle de traiter une situation en ayant recours à un dispositif spécifique pour contourner le blocage ou l'insuffisance des structures habituelles, d'abord sur le plan médical – avec les services d'urgence des hôpitaux – et sur le plan juridique – avec la procédure des référés – puis dans le domaine économique, politique ou social, tel n'est plus le cas aujourd'hui. Les dernières années du XXe siècle, tout comme les premières années de ce nouveau millénaire, semblent marquées par l'ascension irrésistible du règne de l'urgence, celle-ci étant en passe de devenir un mode privilégié de régulation sociale et une modalité dominante d'organisation de la vie collective[7]. « Des ONG aux entreprises, des individus aux gouvernements, les mêmes mots de “court terme”, d’“urgence” et de “vitesse” s’imposent[8].» Le champ de la vie quotidienne fait apparaître, lui aussi, la même exigence d’instantanéité et de règlement dans l’immédiat du moindre problème, générant une sorte de logique d’urgence applicable à tous les registres de l’existence. Un article du *Nouvel Observateur* décrivait récemment l’explosion des numéros «SOS» et des services «24 heures sur 24», traduisant l’exigence des citoyens d’obtenir immédiatement un traitement de leurs moindres difficultés : «SOS analyses médicales à domicile, SOS bruit, SOS cardio, SOS devoirs à la maison, SOS drogues, SOS homophobie, SOS jeune mère parisienne, SOS patrimoine Paris, SOS pizza, SOS poisson rouge, SOS pressing... La réponse à une agression, une souffrance, une panique mais aussi à une simple négligence ou un oubli, se doit aujourd’hui à Paris d’être instantanée! Ou du moins promettre l’immédiateté. La qualité ou le prix sont presque secondaires. À force d’exiger le tout, tout de suite, ça devient même “et que ça saute!...” Et ça saute vraiment : la preuve par les toutes premières urgences, celles des hôpitaux, qui ont littéralement implosé sous la massification de l’aussitôt dit, aussitôt fait[9].»

Il ne s’agit pas de nier le fondement réel de l’urgence sur un plan humanitaire, social ou même économique. Dans un monde toujours plus complexe et plus menacé, les vraies urgences sont partout : sur le front humanitaire, sur celui de l’écologie, sur celui du combat contre le terrorisme ou le chômage. Sur le plan économique, également, il est clair que les entreprises de ce début de siècle, sans cesse en danger d’être dépassées et anéanties par d’autres dans un contexte d’intensification extrême de la concurrence, sont confrontées à la nécessité de devoir fournir toujours plus vite des réponses appropriées. La pratique de l'action en urgence semble néanmoins déborder souvent les limites du nécessaire et finir par s'ériger en idéologie : les fausses urgences se multiplient et la pression à agir dans l'urgence s'étend, dans beaucoup d'entreprises par exemple, très au-delà du nécessaire.

Ce que révèle, néanmoins, ce foisonnement de l'urgence dans toutes ses versions, fondées ou inutiles, c'est que l'urgence constitue un symptôme traduisant le désarroi d'une société ne sachant plus où donner de la tête pour panser les plaies ou réduire les fractures d'un monde qui « craque » de partout, sous le poids des problèmes qu'il faudrait parvenir à régler à « temps », avant qu'ils ne dégénèrent encore davantage. C'est ce symptôme d'urgence que nous nous proposons d'utiliser comme « analyseur[a] » de ce qui se passe non seulement dans les entreprises, mais dans la société tout entière, cette société « hypermoderne[10] » dans laquelle des processus toujours plus complexes génèrent toujours plus de paradoxes[11].

L'urgence est d'ailleurs elle-même une notion aux contours enchevêtrés. Elle désigne à la fois, d'abord *une situation* (urgence contextuelle), ensuite *un jugement* porté sur cette situation (urgence subjective) et enfin *une action* tendant, en fonction de ce jugement, à remédier à cette situation (réaction immédiate).

---

a. L'analyseur est un événement surgissant naturellement – mouvement social, problème ou incident – dans une organisation ou une société et à partir duquel peuvent s'analyser les différentes perceptions qui peuvent apparaître de la même situation, de même que la dimension implicite qu'elle révèle. Dans le cas étudié, « l'événement » en question est l'urgence généralisée. La notion d'analyseur a été forgée par la socianalyse et l'analyse institutionnelle (voir note 11 de ce chapitre).

Ainsi, en poussant les choses à l'absurde, on en arrive à ce qu'« une situation est urgente parce que, jugée urgente, elle appelle une réponse urgente[12] ». D'objective en première instance, l'urgence est en réalité souvent subjective et en référence étroite au système de valeurs de la société ou de la personne qui énonce le jugement d'urgence. Il y a là un processus de glissement qui part d'une nécessité véritable justifiant une réponse rapide pour aboutir à une manière de faire plus ou moins systématique. C'est ce processus de contagion qu'il nous faut approfondir en rappelant les fondements qui sont à l'origine de cette modification du rapport au temps, dont l'urgence constitue le symptôme le plus exacerbé.

La logique du marché et la révolution de l'instantanéité

La principale explication de ce règne de l'urgence est de nature à la fois économique et technologique. Elle mérite que l'on s'y arrête un moment pour comprendre comment les dérives qui se sont produites ont peu à peu envahi la vie de tout un chacun. Elle tient à la transformation du mode de régulation de nos sociétés occidentales, passées progressivement d'une organisation contrôlée par l'État à une régulation assurée dans l'instantanéité par la logique des marchés financiers. C'est donc la logique du Marché qui, en s'appuyant sur la révolution survenue dans le domaine de l'information par la fusion des télécommunications et de l'informatique[13], et en trouvant dans cette révolution de l'instantanéité une nouvelle forme d'expression de sa puissance, constitue l'un des fondements économiques du bouleversement de notre culture temporelle. Ces deux phénomènes se sont en effet conjugués pour instaurer le règne d'une économie financière régie par la dictature du « temps réel » et de l'immédiateté des réponses aux sollicitations du marché. En utilisant l'instantanéité induite par les nouvelles technologies, la logique du Marché, avec ses exigences, a donc imposé sa temporalité propre conduisant à l'avènement d'une urgence généralisée. Si cette nouvelle logique qui sous-tend l'économie ne s'applique très directement qu'aux nombreuses sociétés cotées en Bourse, qui représentent une part importante du PNB, elle s'est étendue, par contagion, à toutes les entreprises et toutes les fonctions sur lesquelles pèse un rapport direct avec leur marché et leurs clients. Puis, de proche en proche, elle s'est étendue à l'ensemble des sphères de la société, créant dans bien des domaines cette même exigence d'immédiateté des réponses[14].

Pour les entreprises, cette logique de l'instantanéité, sous-tendue par le mécanisme des marchés financiers censés s'ajuster à la minute, a fait basculer la compétition du champ de l'espace dans celui du temps : c'est désormais en gagnant du temps que l'on gagne de nouveaux marchés. Elle s'est aussi traduite dans la manière dont l'entreprise se projette dans l'avenir et l'on a assisté à l'éclosion d'un « court-termisme idéologique[15] », traduisant une incapacité à se projeter au-delà du court terme, comme en écho au court terme oppressant dans lequel vivent nos sociétés. Elle s'est enfin répercutée sur le rythme de travail au quotidien, qui s'est trouvé affecté par la même exigence de réactivité immédiate. Dans l'univers hyper concurrentiel auquel l'entreprise doit faire face, l'immédiateté des réponses constitue une règle de survie absolue, d'où un raccourcissement permanent des délais, une accélération continuelle des rythmes et une généralisation de la simultanéité[16].

Mais – et c'est là un premier glissement – ce fonctionnement s'est souvent érigé en un véritable système d'action qui valorise l'urgence en tant que telle, l'idée étant qu'une entreprise vraiment efficace est censée vivre sous une pression temporelle permanente. C'est là qu'apparaît l'idéologisation de l'urgence dont nous parlions plus haut, une urgence qui a pour but de « recentrer les humains, supposés trop lents, trop mous, trop complexes par rapport aux machines, vers un effort de célérité[17] » et de les entretenir dans une sorte de disponibilité permanente, permettant à l'entreprise d'être sans arrêt à l'affût des opportunités pour les traiter le plus rapidement possible. D'où les innombrables témoignages que l'on entend dans toutes les entreprises situées dans des secteurs concurrentiels, concernant l'obligation d'« immédiateté » et d'hyper-réactivité dans la réponse à apporter aux demandes internes de l'entreprise comme à celles, externes, du marché dans lequel elle est plongée. « Il y a une espèce de nécessité de la réactivité immédiate, explique un cadre dans le secteur bancaire : on doit être capables, les uns et les autres, sur n'importe quel sujet, d'analyser très vite les éléments essentiels et de donner son avis. » « On nous dit sans arrêt : "laissez tomber ce que vous faites", explique un autre, et on passe son temps comme ça à sautiller d'un sujet à l'autre en parant au plus pressé en permanence. »

D'une manière générale, dans l'entreprise, le temps est de plus en plus manipulé, comprimé, densifié et marqué par l'urgence. Il est d'abord *manipulé* dans une logique de flexibilité qui se manifeste de deux façons. D'une part, l'entreprise joue sur la capacité d'accélérer ou de ralentir les cycles du produit et du profit par rapport à la temporalité des autres firmes, réseaux ou procédés. D'autre part elle pratique ce que Lash et Urry[18] appellent le «travail juste à temps», c'est-à-dire une utilisation flexible de l'équipement et du personnel consistant à demander à la main-d'œuvre qualifiée tantôt de fournir plus de temps de travail, tantôt de réduire le nombre des heures ouvrées, avec une réduction de salaire correspondante. Le temps est en même temps de plus en plus *comprimé*, dans la mesure où il s'agit de faire toujours plus, avec toujours moins de personnes et dans le moins de temps possible. Il est aussi de plus en plus *densifié*, en liaison avec l'intensification du travail résultant par exemple de la loi sur les 35 heures qui aboutit souvent, en l'état actuel des choses, à devoir assurer la même quantité de travail en moins de temps, et souvent avec un personnel réduit, donc à déborder sur sa vie personnelle, pour les cadres notamment, en emmenant du travail à la maison. C'est enfin un temps dominé *par le règne de l'urgence généralisée*, une urgence directement liée au fonctionnement des marchés financiers et à l'évolution des nouvelles technologies. Mais c'est aussi, parfois, une urgence sans fondement réel, fabriquée par l'entreprise, et qui s'est généralisée par contagion avec les vraies urgences liées à la survie économique. Elle pèse en tout cas fortement sur l'univers du travail quotidien : dans la plupart des entreprises, s'entend peu ou prou la même plainte : «Nous sommes conduits à travailler dans l'urgence permanente pour gagner en efficacité.»

Une contagion problématique

Si la logique du marché et la révolution de l'instantanéité sont bien les deux fondements de l'urgence, il reste à comprendre pourquoi et comment ce phénomène ne cesse de s'intensifier. Il y a à cela une raison essentielle : il s'est opéré une contagion du mode de fonctionnement des marchés financiers sur celui des entreprises. Les exigences de rentabilité des premiers se sont étendues aux secondes : « Nous qui sommes des industriels, donc qui fonctionnons sur des processus à long terme, nous nous sommes mis à fonctionner à hyper court terme, explique ainsi un manager d'une multinationale française dans le secteur industriel lourd. La grande mutation pour nous, ça a été depuis les cinq, six dernières années, c'est là que tout a basculé. C'est un mécanisme très récent. Jusque dans les années 1990, je ne dirais pas qu'on se foutait de la Bourse mais je n'avais pas cette impression que c'était l'obsession numéro un. *Aujourd'hui c'est l'obsession numéro un et c'est au milieu des années quatre-vingt-dix que ça a changé. Jusque-là, le groupe devait gagner de l'argent, on devait être riche, on devait être bon mais on était des industriels, avant tout.* À partir du milieu des années 1990, on est rentré d'un seul coup dans une logique de Bourse, de valeur de l'action, d'OPA, de fusion-acquisition, et c'est là qu'on a vu apparaître pour la première fois une exigence de rentabilité obligée de 15 % par an sur capitaux investis, avec une direction qui nous disait "si on veut que des actionnaires foutent du pognon dans notre affaire, il faut qu'on leur rapporte autant d'argent que s'ils investissaient sur le marché financier, donc nous devons faire aussi bien que ce qui est défini aujourd'hui comme étant la rentabilité moyenne en Bourse". Et maintenant, nos dirigeants ont le nez sur la Bourse tous les jours et, quand vous ouvrez votre ordinateur, la première chose qui apparaît, c'est notre cotation en Bourse ! »

La conséquence de ce changement de références semble se traduire par une rupture, une contradiction complète entre une culture dirigeante, entièrement convertie à la logique financière, et les références, le mode de fonctionnement, le rythme et la structure du reste de l'entreprise qui subit cette logique, sans l'approuver ni souvent la comprendre. « Notre groupe, poursuit le manager interviewé, a renouvelé de très nombreux cadres dans des positions de commandement et on leur dit : "Dans trois ans, tu dois avoir redressé telle usine, tu dois faire 15 % de plus de chiffre d'affaires, tu dois dégager 15 % sur capitaux investis". Le mythe des 15 % ! Donc ces gens, *on leur donne des objectifs avec des temps qui sont anormalement courts, parce qu'on est en plein dans cette logique financière. Mais l'industrie, c'est quand même des usines qui produisent. Or la production, c'est quand même pas un business qui, tous les matins, est évalué sur un cours de Bourse.* On n'évalue pas tous les matins en Bourse le cours de la production d'aluminium ou d'acier fait par l'ouvrier machin chose pour voir s'il serait à la hausse ou à la baisse ! Ce serait complètement surréaliste de dire : "Ah oui, ce matin, il est à moins 2 % par rapport au CAC 40 de la société" ! La logique d'une entreprise, c'est pas ça ! Or, *on demande à des managers de se débrouiller pour qu'un outil industriel lourd, qui suppose de gros investissements, donc qui a besoin de vivre dans le temps, de raisonner dans le temps, soit capable de réagir et de dégager des profits comme un produit financier.* Alors, pour arriver à ça, *il vaut mieux choisir des mercenaires plutôt que des industriels.* Si on prenait un vrai industriel, il dirait au PDG : "attendez, ça n'a pas de sens ce que vous dites, c'est pas un produit financier quand je lamine de l'aluminium ou quand je fabrique des tubes dentifrice. Ça prendra un certain temps pour que vous gagniez de l'argent par rapport à votre capital...". Résultat, on va sélectionner des personnes qui ont une logique plus strictement financière, et avec eux on peut fonctionner à court terme et dire tous les trimestres si on gagne ou si on perd. *À partir de ce moment-là, il vaut mieux des cow-boys, des gens pressés, des gens pour qui tout doit aller vite.* Et ces types-là, qui sont des gars surpressés, speed, speed, speed tout le temps, qui vivent dans un temps 0 plus epsilon, eh bien pour eux, il faut que la production soit capable d'être dans ce temps 0 plus epsilon, en dégageant 15 % de bénéfices sur capitaux investis. Et là, on va avoir un fossé complet entre un patron de division qui pense comme ça – on l'a recruté précisément parce qu'il a cet état d'esprit et il va s'entourer de gens comme lui, avec le même état d'esprit – et toutes les équipes qui, elles, sont dans les usines et qui ne comprennent pas. *Le dirigeant, il fonctionne dans une logique Wall Street et son problème, c'est de fonctionner avec une rentabilité évaluée chaque trimestre, tandis que l'ouvrier, lui, eh bien il ne peut pas fonctionner comme une action du CAC 40!* Le problème, c'est que *le dirigeant qui n'obtient pas les objectifs qui lui ont été fixés, on le vire, et sur un temps très court, deux ans, trois maximum.* C'est moins médiatisé que pour Michel Bon, mais c'est pareil. Donc, le type, il est obligé de fonctionner comme ça!»

LES EFFETS PERVERS DE LA LOGIQUE DU PROFIT IMMÉDIAT

Si l'on cherche plus concrètement à comprendre de quelle manière se répercute sur le fonctionnement de l'entreprise cette logique des marchés financiers et comment elle affecte le rythme de travail au quotidien, on pourrait résumer les choses en disant que la logique des actionnaires a pris le pas sur celle des gestionnaires. Cela se traduit de trois façons. La première consiste en ce que les entreprises sont soumises à des délais beaucoup plus resserrés pour la publication de leurs résultats, qui doivent dorénavant sortir selon un rythme trimestriel et non plus annuel et être communiqués immédiatement après la fin du trimestre, du semestre ou de l'année. À l'origine de cette exigence, la volonté des marchés, c'est-à-dire des actionnaires, d'être informés de manière permanente et immédiate, ce qui induit une temporalité de très court terme, en contradiction avec celle dont une entreprise a besoin pour pouvoir fonctionner. « Les actionnaires achètent et vendent tous les jours, explique le directeur de la branche investissement d'un grand groupe financier français, et donc ils veulent à chaque fois savoir quelle est la valeur de l'entreprise. Donc ils veulent une information immédiate, ce qui présente deux inconvénients : d'abord, ça oblige à fonctionner sur un rythme qui n'est pas approprié à la gestion d'une entreprise, parce que ce n'est pas dans l'immédiat qu'on peut regarder la valeur, c'est sur des cycles longs, et donc le problème que posent les marchés financiers, c'est que *si, à la suite d'un bas de cycle, votre cours de Bourse est déprimé, vous allez craindre que vos concurrents vous rachètent, donc vous allez paniquer et vous allez prendre des mesures pour éviter ça. Et finalement, les mesures que vous allez prendre seront peut-être efficaces à court terme, mais souvent pas bonnes à long terme.* Par exemple, pour pouvoir présenter aux actionnaires des résultats satisfaisants à court terme, vous allez différer des investissements qui auraient permis de générer des gains de productivité ou de qualité de service, et qui auraient conduit à une plus forte croissance dans l'avenir. Là, vous reportez ça à plus tard et vous compromettez en fait cette croissance à long terme. Le deuxième inconvénient, c'est que *cette information permanente et immédiate se traduit par une volatilité accrue des marchés* et, du coup, ça entraîne plutôt une perte de vision à long terme et une perte de repères, parce que ce n'est pas parce que les entreprises publient plus souvent leurs résultats que les gens savent mieux ce qui se passe. Et cela, parce qu'une information plus fréquente entraîne des occasions de réactions elles-mêmes plus fréquentes de la part des actionnaires, donc plus de volatilité des cours, ce qui, du coup, entraîne moins de clarté et plus de difficultés d'interprétation de l'information. »

Outre ces inconvénients, c'est un stress très intense que procure à chaque fois cette obligation de publier des résultats trimestriels : « avant, explique un manager dans une grande entreprise du secteur industriel, entre le moment où les comptes étaient arrêtés et celui où ils étaient publiés, on avait un délai de l'ordre de la semaine, en interne, et une périodicité relativement longue et puis, un beau matin, pour pouvoir satisfaire les exigences de nos actionnaires, notre PDG a dit : “Désolé, il faudra que ça tombe forcément tel jour du trimestre tous les trimestres, ce qui signifie que vous n'avez plus que trois jours”... Les gens n'avaient plus que trois jours entre la remontée des informations et la sortie de l'information financière consolidée pour la Direction générale et la direction de la communication financière... Ceux qui travaillent dans ce type de job, du jour au lendemain, ça a été épouvantable pour eux, cette pression du temps, parce qu'on leur dit : « Vous vous démerdez, faut que ça sorte, vous aurez les informations le lundi, le mercredi, faut que ce soit sorti ! Et il n'y a aucune anticipation possible parce qu'on ne peut pas boucler un mois avant qu'il soit fini !.. » Le directeur de la branche assurance d'un grand groupe financier n'exprime pas autre chose, quand il dit : « *Le résultat de tout ça, c'est que nous-mêmes, nous les dirigeants de toutes les entreprises cotées en Bourse, nous sommes tous transformés en comptables.* Nous passons notre temps à préparer les résultats du trimestre et à peine avons-nous fini pour ce trimestre-là que nous commençons à préparer ceux du trimestre suivant. Donc, on ne fait plus que de la comptabilité et *il faut prendre sur ses nuits pour faire du business.* Cette fréquence trimestrielle est folle et nous conduit à *ne plus avoir de temps pour la dimension stratégique des choses.* D'ailleurs, avec cette logique de court terme, il faut se battre en permanence pour pouvoir maintenir cette dimension stratégique. Il faut se battre contre les exigences de la haute direction, qui demande toujours plus de résultats à court terme, pour parvenir à leur dire par exemple : "Cette décision-là, il ne faut pas la prendre, parce que ça hypothèque demain !" Mais pour ça, il faut avoir une longue expérience dans la fonction et beaucoup de managers plus récents se laissent prendre dans cette obsession du court terme. »

La deuxième conséquence induite par cette exigence des actionnaires d'être informés très fréquemment, c'est qu'elle entraîne un ajustement très brutal des coûts et donc des effectifs. Comme chaque trimestre doit faire apparaître des résultats à peu près réguliers sous peine d'inquiéter les marchés, quand les revenus baissent sur un trimestre, il faut que les coûts s'ajustent. « Si, par exemple, on anticipe une baisse conjoncturelle pendant six mois et qu'on peut raisonner sur un an – c'est-à-dire avec une publication de résultats à un rythme annuel –, ça pourra passer parce que la baisse peut se rattraper sur un an, alors qu'en publiant tous les trois mois, ça ne passera pas, et on voit plein de boîtes, américaines notamment, qui font des plans de licenciement massifs et immédiats, parce qu'elles ne veulent pas prendre le risque d'avoir un mauvais résultat à un trimestre. Du coup, il y a une volatilité dans les effectifs, c'est-à-dire qu'on licencie massivement quand il y a une baisse de régime, quitte à réembaucher un ou deux ans après. *C'est un coût humain et social considérable*, parce qu'à chaque fois l'entreprise perd des gens expérimentés et il faudra recruter d'autres gens et prendre le temps de les former. Donc, ce n'est pas intelligent économiquement et, socialement, n'en parlons pas ! » En France, cependant, l'ajustement n'est pas aussi brutal ou plutôt ne prend pas la même forme, du fait des lois sociales, de la pression des syndicats et du contrôle de l'Inspection du travail. Ce sont donc les non permanents, les temporaires et les intérimaires qui font office de tampon régulateur (d'où la fortune actuelle des sociétés d'intérim) : « Nous avons dans nos usines, explique un responsable de production dans une grande entreprise du secteur industriel, un volant de 15 à 20 % d'intérimaires en permanence, y compris des gens très spécialisés, qui constituent notre 20 % de personnel adaptable. Ils restent six mois et au bout de six mois, ce sont de très bons professionnels, mais si on doit baisser notre charge et notre masse salariale du jour au lendemain, on n'a pas d'état d'âme. Quand on a besoin de maigrir, on le fait à leurs dépens et si on doit regrossir six mois après, on se débrouille pour voir si on peut les retrouver ou, sinon, on en forme d'autres… *Mais ça, ce n'est dit nulle part, c'est complètement caché.* »

La troisième conséquence de cette logique, qui semble d'ailleurs corrélée à la crise boursière actuelle, c'est cette fameuse demande faite aux entreprises de générer un rendement de 15 % par an sur leurs fonds propres, qui entraîne, outre une pression considérable, un certain nombre d'effets pervers.

« Sachant que l'économie a une croissance de 3 % par an, explique le directeur financier cité plus haut, pour avoir une rentabilité élevée des fonds propres[a], qu'est-ce que vous faites ? Vous prenez plus de risques ! Par exemple vous avez des fonds propres de 100, et dessus vous gagnez 7,5, soit 7,5 %. Pour faire 15 %, il faut diminuer les fonds propres de moitié, les ramener à 50, c'est-à-dire distribuer 50 aux actionnaires, sous forme de dividendes ou de rachats d'actions et, sur la base des 50 restants, gagner 7,5, ce qui en final fera 15 %. Mais quand vous distribuez des fonds propres, l'argent distribué, il faut le retrouver ailleurs... et donc on s'endette et, pour ça, il faut payer des taux d'intérêt... alors, pour que la rentabilité des opérations soit supérieure au taux d'intérêt de la dette, il faut des opérations plus rentables et donc ce sont des opérations plus risquées, plus volatiles. Et donc, *au final, vous avez plus de dettes et un profil de risques plus élevé, qui se traduit par une volatilité plus élevée, ce qui est exactement ce que les marchés ne veulent pas. Donc tout ce système a quelque chose d'absurde !* »

Sur la justification de ce fameux taux de 15 % si contraignant, tous les dirigeants et managers interviewés se sont montrés assez critiques. L'origine de cette nouvelle norme de rentabilité semble être venue par le biais des plus gros investisseurs, américains notamment (45 % des entreprises françaises sont tenues par des actionnaires américains) et, bien évidemment parmi eux, les fameux fonds de pension américains, dont la présence agissante a renversé la logique des rapports entre les actionnaires et les dirigeants. Suivant jour par jour chaque décision et chaque péripétie de la vie de l'entreprise, ils inter-

a. Les « fonds propres » correspondent à la somme du capital de l'entreprise (l'argent mis par les actionnaires) et des « mises en réserve », c'est-à-dire les bénéfices non encore distribués.

viennent fréquemment auprès des gestionnaires pour dénoncer les faiblesses ou les lacunes qu'ils estiment pouvoir déceler et les dirigeants doivent se justifier constamment pour que se maintienne le jugement favorable qui a fait entrer les fonds de pension dans le capital de leur société. Le grand pouvoir de cette nouvelle espèce d'actionnaires vient à la fois de leur puissance financière et de leur notoriété au sein de la communauté boursière. Comme l'explique l'économiste Jean-Luc Gréau : « Quoique minoritaires quand on les prend individuellement, les fonds de pension contribuent à stabiliser le capital de l'entreprise quand [celui-ci] s'est dilué : ils apportent l'assurance d'une fidélité presque comparable à celle des anciens actionnaires majoritaires. Ce rôle pratique s'est affirmé à la faveur des privatisations d'entreprises : en prenant collectivement des participations importantes, ils ont remplacé *de facto* les majoritaires. Mais leur présence au capital équivaut, du fait du contrôle sourcilleux qu'ils exercent sur les sociétés, à un brevet de bonne conduite des dirigeants. *A contrario*, leur départ sera interprété comme le désaveu de la stratégie ou de la gestion appliquée dans l'entreprise... À présent que le règne des fonds de pension a commencé, la stabilité apparente des liens entre le capital et l'entreprise n'empêche pas une véritable subordination de la deuxième nommée. *Le capital s'est emparé de l'entreprise.* C'est la sphère financière qu'il habite[19]. »

Le fondement du taux de rentabilité exigé – les fameux 15 % ! – est quant à lui clairement contesté. Beaucoup des managers et dirigeants rencontrés le disent : « Cette exigence a commencé à peu près à partir de 1995. *C'est venu petit à petit comme une vague.* On a commencé à dire que la norme internationale, anglo-saxonne bien sûr, c'était 15 %. Les fonds de pension ont joué un rôle important là-dedans, c'est évident. Mais cette pression des 15 % n'est nécessaire que pour vouloir être classé dans les meilleurs. Avant, si on vous demandait 15 % et qu'on faisait 12 %, c'était considéré comme pas mal. Presque personne ne faisait 15 %. Et puis beaucoup de boîtes ont dépassé 15 % en 2000-2001 et certains sont arrivés à 18 %. Alors, ils se sont dit : "Si on est arrivé à 18, c'est qu'on peut le faire, donc ça va durer"... *Mais toutes les personnes raisonnables, tous les économistes sérieux disent que le fait de tenir durablement une rentabilité de 15 à 18 %, ce n'est pas possible. Donc une exigence aussi élevée est absurde.* » Quant au résultat que produit cette exigence en termes de pression, il est lui aussi fortement dénoncé par bien des managers des sociétés qui, précisément, s'efforcent de rester dans le peloton des meilleurs, par crainte de voir fuir l'actionnaire : « *C'est une course effrénée*, explique un manager dans le secteur de l'assurance, qui ne me paraît reposer sur aucune base sociale ou humaine dans un pays développé comme le nôtre, qui se bat quand même pour améliorer la qualité de vie. Amener les gens à être constamment sous pression pour que la veuve de Californie ou de Floride puisse changer ses lunettes noires plus souvent, c'est totalement absurde. *Le côté humain est complètement passé à la trappe et si, pour survivre, il faut mener une vie de galérien, ça n'a aucun sens.* On n'est pas là pour ça, ou alors on en revient aux esclaves de Rome. J'exagère peut-être mais... quand même. On est sur un trend totalement excessif et je ne sais pas comment il faudrait faire pour réintroduire le côté humain dans ces processus, *comment faire pour que les boîtes ne soient pas gérées par des gens qui sont obligés d'y aller à la hache !* »

À ces trois processus qui montrent les incidences de la subordination de l'entreprise au capital et aux actionnaires, il faut ajouter un dernier élément qui joue son rôle dans l'accentuation de la pression du court terme et dans la prise d'investissements risqués, dont nous avons vu les effets négatifs sur les marchés financiers. C'est le principe des stocks options. Intéressant directement les dirigeants à la valorisation du titre de l'entreprise, ce mécanisme a été conçu pour les inciter à aller dans le même sens que l'intérêt des actionnaires. Il s'inscrit donc exactement dans la même logique que tous les processus que nous avons détaillés. Les stocks options ne pouvant être touchées que dans un délai de cinq ans, l'intérêt des dirigeants est bien évidemment que le cours de l'action de leur entreprise monte le plus possible durant cette période. Ils sont donc incités à mettre le maximum de pression durant cette courte période pour faire monter ce cours et pouvoir, à l'issue de l'échéance, gagner le maximum d'argent. Mais le système est conçu de manière telle qu'il peut conduire certains dirigeants à prendre des investissements risqués puisque, si le cours de l'action monte, ils gagnent de l'argent, tandis que s'il dégringole, ils ne perdent rien. Seuls les actionnaires encaissent la baisse. Autrement dit, les dirigeants ont tout à gagner et rien à perdre, sur le seul plan bien sûr des bénéfices qu'ils peuvent tirer des stock options. Sur le plan de leur pérennité dans l'entreprise en cas de baisse trop spectaculaire ou de mauvaise gestion, c'est une autre affaire…

« Money is time »

Si nous avons ainsi longuement développé les incidences des nouveaux impératifs de la spéculation financière et la manière dont, prenant le pas sur la temporalité et le rythme propres de l'entreprise, elle en pervertit le fonctionnement, c'est que la dictature du court terme qu'elle édicte se répercute tout au long de la chaîne de vie de l'entreprise. Les formidables «accélérations» et «contractions» du temps, impulsées par les mouvements d'accordéon des marchés financiers[20] sont aussi des compressions qu'ils imposent aux individus, obligés d'accélérer sans cesse pour suivre le rythme voulu par la loi du profit maximum. En ce sens, si le vieil adage de Benjamin Franklin «*time is money*» qui a fondé le processus d'intégration du temps dans le calcul économique reste plus valide que jamais, il doit aussi, dorénavant, se retourner en son contraire : «*money is time*». L'argent et le profit «se réalisent dans leur identification au mouvement même du temps, et dans leur capacité à le maîtriser, à le contracter, à l'encadrer[21]». Ce faisant, le temps mondial du marché, en accélération constante, entre en conflit avec le temps politique des démocraties, le temps stratégique des entreprises et le temps psychologique des individus qui y vivent.

Pour ces derniers, la pression de la performance n'a jamais été aussi forte. Une sorte de dramatisation imprime toute l'atmosphère de l'entreprise, sous-tendue par un adage non dit, du type «si on ne réussit pas, on va mourir» ou «il faut accélérer, accélérer, accélérer». Le phénomène se rencontre partout, y compris dans les grandes entreprises publiques, *a priori* moins concernées mais dont les personnels – et l'affaire France Telecom en donne un avant-goût inquiétant – se sentent de plus en plus menacés institutionnellement et personnellement. Cette pression est intensifiée par l'«hyper responsabilisation» personnelle, en vigueur dans les pratiques d'évaluation individuelle. «Le type porte tout sur ses épaules, explique ainsi un spécialiste de la gestion des

Ressources humaines, il porte son présent, son futur, son avenir, sa formation, son employabilité... Il est responsable de tout, de ce qui lui est arrivé, de ce qui lui arrive, de ce qui va lui arriver. Le moment clé, ça a été l'arrivée des bilans de compétence, c'est là que ce discours s'est forgé et cette hyper responsabilisation fait que le type se dit : "Je dois à tout prix être plus performant" et les critères, les objectifs qu'on lui fixe sont tels qu'il doit travailler toujours plus vite. »

Le temps constitue ainsi la corde sur laquelle la vie de chacun va se tendre et, sur ce point, les nouvelles technologies de l'instantanéité représentent une arme à double tranchant. D'un côté, elles semblent libérer l'individu de son assujettissement au temps, de l'autre elles intensifient l'obligation de réactivité immédiate dont il est l'objet et, de ce fait, contribuent à générer ou entretenir l'urgence. Le problème ne se pose pas de la même façon selon qu'on se situe dans le cadre de la vie privée ou dans celui de la sphère professionnelle. Dans les deux cas, cependant, l'individu est conduit à fonctionner « en temps réel ». Ayant désormais conquis le sentiment de pouvoir abolir le temps, il se retrouve souvent, en fait, arrimé à l'immédiat.

CHAPITRE 2

L'INDIVIDU « EN TEMPS RÉEL » OU LES PIÈGES DE L'INSTANTANÉITÉ

Les nouvelles technologies de la communication jouent un rôle fondamental dans la mutation du rapport au temps qui s'est opérée ces dernières années. Elles sont l'un des soubassements du temps mondial qui s'est mis en place et qui, nous ouvrant le monde, le referme sur nous d'une façon insidieuse. Elles s'inscrivent dans l'histoire de la régulation du temps qui s'est opérée de façon progressive, induisant une uniformisation imposée étape par étape aux temporalités particulières de chaque société.

Pour comprendre l'ampleur de cette mutation, il faut remonter à une époque antérieure au développement de toute forme de capitalisme, c'est-à-dire au début du XIIe siècle, lorsque le temps était complètement déconnecté d'une quelconque correspondance avec la notion d'argent et de profit. Un tel rapprochement était aux antipodes du temps social dominant, celui de l'Église, qu'elle régulait grâce au battement des cloches de la paroisse ou du couvent qui annonçait les offices et rythmait les travaux des champs en se fondant sur le déplacement, selon les saisons, de la course du soleil et de la frontière entre le jour et la nuit. Le temps, pour l'Église, appartenait à Dieu et non aux hommes et c'est la raison pour laquelle elle condamnera radicalement le prêt à intérêt qui rémunère l'argent en fonction du temps. Mais ce temps religieux, qui convenait aux travaux des champs, montrera ses limites lorsque apparaîtra une exigence nouvelle, celle des bourgeois négociants[1] qui, pour mieux anticiper leurs coûts et les déplacements nécessaires à leurs activités, éprouvent le besoin d'un temps plus continu et mesurable que celui, aléatoire, des cloches sonnant matines. « Le marchand découvre le prix du temps, dans le même instant qu'il explore l'espace ; pour lui, la durée essentielle est celle d'un trajet », écrit ainsi Jacques Le Goff[2]. Apparaît alors un temps sécularisé, le « temps des marchands », lorsque les municipalités, grâce à l'invention de l'horloge mécanique à la fin du XIIIe siècle, construisent des beffrois affichant un temps uniformisé et découpé en heures, qui rythmera désormais le temps du travail et celui du commerce puis, un peu plus tard, de l'État. Viendra ensuite le temps des chemins de fer, assurant de gare en gare une rigoureuse observation des horaires, puis celui des horloges pointeuses régulant le travail dans les usines, tandis que le temps GMT, temps « universel » instauré en 1912, en réponse aux exigences de la vie internationale, constituera la dernière étape de cette unification progressive des différents temps et la première de l'uniformisation globale de la planète.

La seconde étape de cette uniformisation est celle du temps mondial dont nous avons parlé, celui qui relie entre eux tous les appareillages informatisés du technocosme et, à travers les réseaux internationaux de données informatisées tel Internet, s'affirme comme un cadre mental commun à toutes les sociétés de la planète[3]. C'est un temps totalement nouveau, un temps virtuel, général et abstrait, un temps sans durée, un « hyper espace-temps[4] », d'accessibilité directe, immédiate et généralisée mais qui, mettant en place ce que Paul Virilio appelle une « stéréoréalité[5] », désoriente notre perception du réel et notre sens social.

Ce bouleversement du temps, ou plutôt du rapport au temps, s'est en effet étendu à la vie personnelle et sociale d'une façon foudroyante. D'abord parce que la logique qui sous-tend l'économie – recherche du maximum de rentabilité, d'utilité, d'efficacité, exigence d'immédiateté des réponses – s'est étendue à l'ensemble des sphères de la société et à l'univers de la vie privée. Ensuite parce que, dans cet univers-là aussi, l'instantanéité a fait son apparition. Tandis que le mode de fonctionnement professionnel et les canons de la rationalité économique se diffusent inexorablement dans l'univers des occupations privées, de la gestion du temps libre et des relations interpersonnelles[6], on assiste – comme en écho à l'instantanéité du temps mondial qui sous-tend les échanges économiques et financiers – à l'émergence d'une instantanéité du « temps relationnel ». Le champ des relations entre les individus se trouve désormais investi de la même exigence d'immédiateté des réponses aux sollicitations de l'autre et ne pas consulter son mail ou son téléphone portable plusieurs fois par jour paraît, sinon irresponsable, au moins suspect : « Comment ! Tu n'es pas au courant ? Mais je t'ai envoyé un mail ce matin… »

Quels sont les effets de ce nouveau temps relationnel, de cette capacité à établir des liens dans l'immédiat et à obtenir des réponses instantanément, de cette possibilité d'obtenir le monde entier au bout de son téléphone portable ou du clavier de son ordinateur ? La réponse n'est pas simple et, quand on tente de l'approfondir, c'est un tableau contradictoire qui se dessine : d'un côté un individu apparemment libéré des contraintes du temps, mais conforté dans un sentiment de toute-puissance plus ou moins illusoire, de l'autre un individu « compressé », écrasé par cette temporalité de l'immédiat et des obligations qu'elle implique. La différence tient à la position que l'on occupe : autonome ou contrainte, selon que la communication qui s'établit est voulue ou subie. Sur le registre de la vie personnelle, c'est plutôt le premier aspect qui domine, sur le registre de la vie professionnelle, plutôt le second, et c'est là que s'établit le lien avec l'urgence dont nous parlions précédemment.

L'INDIVIDU MAÎTRE DU TEMPS OU LE TEMPS DU DÉSIR

Une étude, conduite par Francis Jauréguiberry[7] sur un large échantillon d'utilisateurs de téléphones mobiles, apporte sur ce point un éclairage intéressant. Si le téléphone mobile est vécu comme un extraordinaire instrument de libération et de gain de temps, c'est qu'il permet d'abord de s'arracher à l'astreinte « d'être là », de s'extraire du temps, de mieux le rentabiliser, en permettant notamment un dédoublement, grâce à la superposition d'un temps « télécommunicationnel » productif à un temps vacant, contraint ou « mal utilisé » selon une perspective rentabiliste. Temps morts des transports, par exemple, qui deviennent des temps vivants et productifs, où l'on rappelle ses correspondants, où l'on gère un problème avec son secrétariat, on lance au téléphone de nouvelles actions et où, finalement, comme l'exprime l'un des utilisateurs interviewés par Francis Jauréguiberry, « vous multipliez par trois ou quatre l'espace-temps que vous avez devant vous». Utilisé comme une arme dans la guerre économique, il permet de remporter la bataille sur le temps, essentielle dans la conjoncture présente : «Nous autres, professions libérales, on est mort si on n'accélère pas. Si vous ralentissez, les autres vous passent devant et le résultat, à la fin du mois!...[8] ». Dans cette guerre où le temps est devenu un enjeu majeur, réussir à gérer l'urgence devient alors source de jouissance et, à la question de Francis Jauréguiberry demandant de définir ce plaisir, les réponses proposées mettaient en avant «le plaisir d'avoir su gérer», le fait de «sentir la montée d'adrénaline», «d'avoir pu maîtriser la chose» et, finalement «*d'avoir été maître du temps*[9]». Le sentiment de maîtrise du temps se retrouve aussi dans la possibilité de modifications précipitées, en fonction d'aléas ou d'informations de dernière minute qu'autorise le mobile. «En permettant de doubler une décision par rapport à un appel de dernière minute réalisé en fonction d'un aléa ou d'une inspiration apparus entre-temps, les mobiles participent aussi de la lutte contre l'irréversibilité du temps[10]». Ce faisant, «le futur apparaît moins comme le résultat d'un choix que comme une alternative» et ces pratiques de «court-circuitage temporel», guidées par «appétence du mieux» peuvent conduire à «une logique de l'alternative permanente[11]» et du «mieux potentiel[12]», qui autorisent l'urgence en suscitant des changements de dernière minute. Le téléphone mobile ne crée pas l'urgence mais c'est lui qui, de plus en plus, la permet : «Le temps est brusqué afin de saisir l'occasion. Il s'agit d'être à la fois en situation de ne rien rater, c'est-à-dire à l'écoute (branché) et en disposition de commuter immédiatement (zapper) sur ce qui apparaît subitement mieux ou plus intense... À la merci de zapps impulsifs ou de dernière minute, l'emploi du temps du branché devient à la fois plus élastique, plus imprévisible et plus heurté[13]. » On frôle là ce que Francis Jauréguiberry appelle « *le syndrome du zappeur* », c'est-à-dire « l'ensemble des symptômes du mal latent qui guette ceux qui vivent de façon trop entière une expérience d'ubiquité médiatique au point de s'y faire absorber. C'est tout à la fois l'anxiété du temps perdu, le stress du dernier moment, le désir jamais assouvi d'être ici et ailleurs en même temps, la peur de rater quelque chose d'important, l'insatisfaction des choix hâtifs, la hantise de ne pas être branché au bon moment sur le bon réseau, et la confusion due à une surinformation éphémère[14] ». C'est finalement une distorsion, une relativisation du temps qui apparaît, avec des prises de délais toujours plus courts, sachant que, « si ça ne passe pas… il y aura toujours la possibilité d'un appel de dernière minute pour s'excuser ». Le mobile peut alors apparaître comme un instrument de fuite en avant – « il devient normal d'être pris par une urgence et de devoir annuler un rendez-vous sans autre formalité » –, générant une indétermination et un aléatoire généralisés, risquant de « rendre obsolète la notion même de projet[15] », qui nécessite une certaine confiance dans l'avenir. Finalement, comme l'expriment les interviewés de Francis Jauréguiberry, « tout devient précaire… tout est instable, on sait que ça peut se casser la gueule, c'est l'angoisse du jongleur[16]… ».

Instrument de libération du temps, le mobile modifie donc puissamment notre relation à celui-ci. D'un côté, il s'inscrit dans une logique d'accélération, il autorise l'urgence, sans toutefois la générer, et contribue à l'installer comme un mode de gestion du temps, à la fois professionnel et personnel. De l'autre, il permet de jongler avec le temps et l'espace, de prendre des risques avec le temps, d'avoir le sentiment que «tout est possible», d'être là sans être localisable en un endroit précis, de se libérer de l'espace sans la contrainte de la distance, bref de se «désenchâsser» de l'espace et du temps. On retrouve là l'observation d'Anthony Giddens[17] qui, dans son analyse de la modernité contemporaine, a montré comment celle-ci se caractérise par un accroissement des possibilités de «mise à distance» entraînant, grâce aux moyens de transport et de télécommunications, un désenclavement de l'individu par rapport à l'espace et au temps, c'est-à-dire une possibilité de se délocaliser et se décontextualiser.

De fait, la possibilité, grâce aux téléphones portables, aux répondeurs et au courrier électronique, de pouvoir choisir le moment où nous communiquons et le lieu d'où nous le faisons, de même que celle de pouvoir accomplir, *via* Internet, une multitude d'actions (achats, transactions bancaires...) qui nécessitaient auparavant un franchissement de l'espace, semble, en première instance, permettre une prise de distance par rapport à l'«ici et maintenant». En dissociant complètement l'espace et le temps, elle confère à l'individu le sentiment de pouvoir être en plusieurs lieux et plusieurs temps à la fois et révèle, sinon une volonté d'anéantissement du temps, au moins un sentiment d'autonomie face au temps, un temps qu'il ne subit plus mais qu'il pose et croit maîtriser en fonction de ses seules aspirations subjectives. Pour l'individu qui utilise les nouvelles technologies afin d'échapper aux contextes locaux de son existence réelle et de s'approprier, dans une sorte d'éternel présent, toute occasion, toute valeur que peut offrir chaque contexte potentiel, le temps change de signification. Il n'est plus vécu de la même manière et devient un temps «hors du temps», ce *temps intemporel* dont parle Manuel Castells[18] et qu'il considère comme la forme dominante du temps social dans la société en réseaux.

Un bon exemple de cette a-temporalité subjective est fourni par une étude menée en 2000, au Canada, par Luc Bonneville[19] auprès d'un échantillon d'étudiants utilisant depuis deux ans Internet à domicile – pour leurs achats, leurs transactions bancaires, leur courrier –, toutes opérations nécessitant autrefois un franchissement de l'espace, donc du temps pour aller chez le commerçant, à la banque, à la poste, et pouvant maintenant s'effectuer sans délai. Ce qui caractérisait, semble-t-il, ces utilisateurs, c'est une modification de la conscience du temps. Celui-ci ne leur apparaissait plus mesurable sous l'angle de la durée, ni perceptible en termes de quantité. Il ne semblait plus connecté à l'espace : se déplacer pour accomplir une opération leur paraissait quelque chose d'aberrant. C'était un temps strictement subjectif, enfermé dans le moment présent dans une logique du sans délai.

Bref, à la représentation traditionnelle du temps reposant sur la vitesse du mouvement à travers l'espace, semble désormais s'opposer une perception émergente du temps comme dimension strictement subjective, dépendante d'une volonté d'utilisation et d'un choix purement individuel quant au moment d'effectuer telle ou telle activité. On aboutit ainsi à une *dissociation du temps subjectif* (celui de la conscience[20], celui qu'on éprouve à l'intérieur de soi), *et du temps objectif* (le temps physique, celui des horloges, celui qui rythme notre emploi du temps). Le temps n'apparaît plus comme ce qui structure les activités ou les événements de la vie selon l'adage traditionnel « chaque chose en son temps » ; c'est désormais *un temps marqué par la pulsion du désir, un temps harmonisé au sujet lui-même selon la logique de son désir*, c'est le temps du « chaque chose quand je veux » : on effectue un achat quand on le désire et sans délai, on n'a plus besoin d'attendre l'heure des informations, on les regarde quand on en a envie sur la chaîne en continu, on envoie ou on relève un message au moment qui convient le mieux, selon son désir. Mais comme, simultanément, ce message sera reçu par le récepteur selon le temps qui lui convient, c'est donc le temps du désir de l'un contre le temps du désir de l'autre, la temporalité de l'un contre la temporalité de l'autre : une temporalité purement personnelle qui ne s'appuie plus sur aucun indice de réalité extérieure (comme l'heure du passage du facteur, par exemple, ou le fait d'entendre la voix de son correspondant quand on lui téléphone).

Cette mutation du temps subjectif ne se corrèle pas, d'ailleurs, à la seule utilisation d'Internet ou de la messagerie électronique et on a vu que l'emploi des téléphones mobiles concourt au même résultat en permettant une marge d'improvisation importante, des reports de rendez-vous jusqu'à la dernière minute, une fluctuation des agendas beaucoup plus grande qu'avant[21] et donc un sentiment très fort de pouvoir jouer avec le temps et se sentir, jusqu'à la dernière minute, «maître du temps». Ainsi l'individu, s'enfermant en quelque sorte dans le moment présent, dans une logique du «sans délai», baigne dans l'illusion de pouvoir triompher du temps en l'abolissant. D'où un sentiment qu'on pourrait qualifier d'«ubiquité existentielle[22]» : pouvoir satisfaire tous ses désirs possibles, dans tous les endroits à la fois, sans aucune contrainte de temps et sans avoir à se déplacer[23]. D'où aussi une frustration intolérable, une intolérance à l'impossibilité de satisfaction immédiate, quand les contingences de la technique ne permettent plus, subitement, de tenir le monde entier à portée de main. Évoquant une jeune fille qu'il voyait déambuler, l'oreille rivée à son téléphone mobile, l'une des personnes que nous avons interviewées commente ainsi la scène : « je voyais cette jeune fille et elle n'entendait pas son mobile, ça passait pas… Ahhhhhhh ! : « ÇA CAPTE PAS ! », elle hurlait, et on sentait chez elle toute la fureur de ne pas avoir l'instantanéité de tout ! ÇA CAPTE PAS ! C'est la terre qui s'arrête de tourner, c'est insupportable ! Il faut que tout marche tout de suite… on est au bord de la rue, vous vous rendez compte ! et on peut pas avoir le monde entier sur son trottoir ! Ça, c'est quand même pas possible ! Et on a payé un abonnement de 100 francs par mois, en plus… et ça capté pas ! »

Finalement, les technologies de communication instantanée sont à double face : d'un côté, elles permettent de gagner du temps, de se libérer de l'astreinte d'une présence physique, de vivre selon le rythme du désir immédiat, dans une illusion d'abolition du temps. De l'autre, elles génèrent une contrainte nouvelle, celle de devoir, soi-même, répondre et être joint dans l'instantané, dans une mise sous tension permanente et sans aucune possibilité de temporiser la relation. C'est dans l'univers de la vie professionnelle, bien sûr, que cette deuxième situation se rencontre le plus souvent.

L'HOMME COMPRESSÉ, PRISONNIER DU « TEMPS RÉEL »

Pour le téléphone mobile, la frontière est ténue entre le côté libérateur et le côté asservissant. Même chez ceux qu'il libère plutôt, apparaît toujours, en filigrane, le spectre de l'urgence, comme en témoigne ce dirigeant : « Ce que le téléphone mobile permet de gagner en productivité, c'est extraordinaire… vous êtes en voiture, ou en voyage, vous continuez à travailler, on vous appelle de Sao Paulo, vous rappelez tout de suite, vous avez la réponse instantanément... en quelques minutes se fait un échange qui, avant, aurait pris des semaines. Mais tout ceci compacte le temps, permet l'urgence, crée l'urgence, induit l'urgence, la favorise, enfin... tout est fait pour favoriser la réponse en temps réel ! » Que dire alors de ces « cadres fusibles », décrits par Francis Jauréguiberry[24], dotés par leur direction de mobiles leur permettant d'être joints en tout lieu et à toute heure et qui doivent supporter l'obligation d'une présence en temps réel, en continu. Cadres supérieurs, responsables de lignes ou de secteurs gérant les décisions de la direction en fonction des aléas internes de l'entreprise et des exigences externes du marché, très vite, « leur connexion permanente les a mis dans une situation de quasi saturation continue... En aval, les personnels dont ils sont responsables ont en effet eu de plus en plus tendance à se référer directement à eux avant de prendre une décision face à une situation imprévue ». Ils passent donc une bonne part de leur temps à régler des problèmes ne relevant pas directement de leur compétence, avec l'énervement que cela peut susciter, tandis que leurs dirigeants, eux, se protègent de ces sollicitations à très court terme. Ce sont alors les cadres supérieurs-intermédiaires « qui ont l'honneur de fonctionner comme filtres entre les sollicitations de l'entreprise et du marché et leur supérieur "momentanément injoignable". Véritables cadres fusibles, ils supportent toute l'intensité des flux informationnels de l'entreprise » et cette mise sous tension permanente, qui empiète largement sur leur vie privée, explique pourquoi certains d'entre eux « fondent les plombs ou craquent brusquement sans raison apparente[25] ».

Si le problème des cadres fusibles vient de cette obligation de rester branchés en continu, il existe néanmoins des cas où l'impossibilité de débrancher est devenue psychologique. Ainsi, pour ce cadre dirigeant d'une grande entreprise, sur qui pesait la forte pression d'une fusion-acquisition en cours, et dont le portable était devenu la hantise : «on peut me demander des informations n'importe quand, disait-il… c'est l'enfer, je ne peux plus partir en vacances, sans avoir l'angoisse que le portable sonne pour qu'on me demande si on peut faire ci ou ça». Le médecin du travail lui avait conseillé de prendre quelques jours de repos mais il était parti tendu et anxieux, disant «j'ai peur que le Président me téléphone». Au médecin qui lui faisait observer que «un téléphone, ça s'arrête!», il répondait : «Mais, je n'ai pas le droit!, je ne peux pas!» «Je lui ai alors dit, raconte le médecin du travail, "un portable, ça se casse ou alors, ça peut tomber dans les chiottes!"… il en est resté abasourdi!» Bien sûr, un contexte de fusion-acquisition est particulièrement stressant, mais le médecin du travail en question observait que, même en dehors de cette situation, les téléphones portables restaient toujours allumés le temps du déjeuner : «Les types deviennent complètement accros, commente-t-il, je leur dis "attendez… qu'est-ce qui va se passer si pendant une demi-heure on déjeune et que le téléphone est arrêté? Il ne se passera rien, les messageries sont faites pour quelque chose!" Mais ils n'y arrivent pas, ils ont du mal à débrancher!»

D'une manière générale, et sans atteindre le niveau de «harcèlement» auquel sont soumis les cadres fusibles évoqués plus haut, beaucoup de cadres dirigeants, membres du Directoire ou du comité de Direction de grandes entreprises, font observer que le portable induit pour eux l'obligation non dite, mais effective, de pouvoir être joints à tout moment : «J'avais plutôt tendance *a priori* à fermer mon portable quand je suis en réunion, explique ainsi l'un d'entre eux mais je me rends compte que c'est quand même de plus en plus difficile parce que, souvent, soit des clients, soit des gens de la maison doivent me joindre, même en réunion, et donc si j'éteins mon portable, effectivement, je gère mieux mon temps mais enfin le problème, dans l'intervalle, s'accroît. Donc, ça veut dire que, pendant la journée de travail, les choses sont plus hachées et puis, en dehors de la journée de travail, on a des appels tôt le matin et puis le soir tard. Moi, j'ai des appels chez moi jusqu'à onze heures, minuit, en provenance des USA par exemple, ça peut être n'importe quoi, une info qu'on veut me donner, une question qu'on veut me poser, un problème à régler… Du coup, ça rallonge et ça rend permanent le travail et comme en plus le portable – ça, c'est très vicieux –, est payé par la boîte, il devient fondamentalement un outil de travail. L'entreprise paie votre abonnement, et comme vous n'allez pas avoir deux portables, vous l'utilisez aussi à titre personnel mais, du coup, ça légitime que le travail se poursuive même pendant les vacances. En même temps, je considère qu'à mon niveau de responsabilité, c'est normal d'être joint à tout moment, mais ça rend l'obligation plus pressante et ça crée *une interpénétration entre la vie privée et la vie de travail, un fonctionnement en temps réel qui devient permanent.* »

Existe-t-il alors des « nouveaux riches » de la communication[26], selon l'expression de Francis Jauréguiberry, pour désigner ceux que leur statut n'astreint pas à cette obligation d'être toujours joignables et qui peuvent s'autoriser une distance réflexive, tandis que les « nouveaux pauvres » seraient ceux qui, ne pouvant s'affranchir de cette obligation, seraient obligés de subir une interpellation continue ? Cette dichotomie existe certainement, mais les « nouveaux riches » sont sûrement de moins en moins nombreux et c'est plutôt le rythme et le nombre des appels qui trace, sur ce registre de la communication, la ligne de démarcation entre eux et les « nouveaux pauvres ». D'ailleurs, le phénomène d'envahissement progressif également suscité par la messagerie instantanée semble, quant à lui, toucher tout le monde de la même façon et l'usage qui en est fait à l'intérieur de l'univers professionnel fait apparaître des dysfonctionnements, voire des perversions, qui sont très nettement dénoncés.

D'une manière générale, l'e-mail est vu, tout comme le portable mais plus encore, comme contribuant à générer l'urgence et à « détemporaliser » la relation en instaurant une exigence d'immédiat. L'écart entre la demande effectuée et la réponse attendue ne fait presque plus partie des choses admissibles et on attend de cette dernière une promptitude égale à celle de l'envoi. Mais les dysfonctionnements induits par cette exigence sont nombreux. D'abord, la réponse dans l'immédiat est souvent inefficace : « On envoie un mail pour poser une question et on attend la réponse par retour d'e-mail, dans les minutes qui suivent. Avant, quand on demandait une réponse par retour du courrier, ça prenait trois jours, mais, maintenant, on s'impose de répondre tout de suite à une question et ça ne fait pas gagner de temps parce que deux jours après, il y a un nouvel élément qui fait que la réponse change et on va devoir donner trois réponses à trois jours d'intervalle, plutôt que d'attendre trois jours pour donner la vraie réponse. Donc, le mail est générateur d'urgences et surtout de fausses urgences. »

En fait, ce qui est en cause, c'est la gestion des e-mails. Celle-ci semble en effet souvent très anarchique et, par des comportements de surprotection et de sursécurisation, conduit à diluer l'information et à encombrer les messageries : « Avant, témoigne un chef de service, quand on avait besoin de quelque chose, on allait voir la personne et on lui disait “écoute, j’ai besoin de tel truc”. Maintenant on le fait par mail et on met en copie cinquante types pour attester qu’on a demandé à Duchmoll de faire ci ou ça. C’est complètement pathologique et ça fait perdre du temps à tout le monde ! » « On est submergé d’informations et de sollicitations, explique un cadre dirigeant, parce que les gens pensent qu’ils ont fait leur boulot en envoyant tout en copie et ça génère une inflation pas possible, c’est un bombardement permanent sur plein de choses différentes. Il y a des moments où vous voyez tous ces mails s’accumuler et c’est vraiment créateur d’angoisse, alors vous vous dites “je vais y répondre dans le même temps”, donc vous répondez à trois e-mails, et puis vous avez le téléphone qui sonne, puis vous découvrez trois autres e-mails arrivés entre temps et *vous avez l’impression d’être dans un jeu de ping-pong, dans lequel il y aurait quarante joueurs qui envoient tous des balles en même temps.* C’est une accumulation de sollicitations qui crée un stress terrible. L’autre jour, sur la fixation d’un rendez-vous avec un client aux États-Unis, un de mes collaborateurs m’a mis en copie de tous les e-mails concernant ce rendez-vous et j’en ai eu dix comme ça dans la journée, rien que là-dessus, en dehors de tout le reste. En plus, ce rendez-vous, je n’en avais absolument rien à fiche, il s’en prend dans mon équipe plusieurs milliers par an avec des clients, donc je leur ai dit : “arrêtez !, je ne veux plus voir ça !” »

L’excès d’informations généré par le mauvais usage des e-mails conduit ainsi à une situation où la surinformation devient la norme, ce qui engendre, outre la perte de temps induite, une perte d’efficacité parce que chacun est conduit à s’intéresser à ce qui n’est pas de son ressort ou ne relève pas de son activité. L'information s'aseptise et génère une perte des repères, perte du sens de la priorité, de ce qui est important et de ce qui ne l'est pas : « On reçoit des mails de quinze pages, on lit la première, la deuxième, au bout de la quatrième, on a l'impression que ça ne nous concerne pas et pour ne pas perdre de temps, on ne lit pas tout. Or c'est à la quatorzième qu'on est concerné, donc ce qui devait être fait n'est pas fait et paf, on a un problème ! » Autre conséquence négative de cette surinformation, la perte de confidentialité déplorée par certains : « avec ces gens mis en copie n'importe comment et ces infos qui se baladent partout, c'est parfois un vrai problème, déplore un directeur de Ressources humaines. Vous ne maîtrisez plus rien, vous avez des collaborateurs qui déboulent dans les équipes : "est-ce que vous êtes au courant de ça ? Non ? Ben, regardez : j'ai été en copie de ça. Qu'est-ce que c'est que ça ? Faut aller voir le chef, faut lui demander"... Ça crée des perturbations inimaginables dans la relation sociale, et pour des trucs qui ne correspondent souvent à rien, mais qu'il va falloir passer un temps fou à récupérer. Autant de temps opérationnel qu'on ne pourra pas consacrer à son boulot. C'est complètement anarchique ! »

Plus grave, en termes de perception du temps et de l'action réellement effectuée, l'e-mail est trompeur car on n'imagine même plus, après l'avoir envoyé, que l'autre puisse ne pas l'avoir lu et, surtout, ne pas avoir déjà fait le nécessaire, c'est-à-dire entrepris l'action demandée par le message. On lui prête alors des comportements qui sont à mille lieues de la réalité. Une telle distorsion de la perception produit des conséquences en chaîne dans l'organisation du travail. Ainsi, dans une grande entreprise sidérurgique, dont un manager déplore « le nombre de fois où on s'est planté parce qu'on envoyait un ordre à l'usine et qu'on enchaînait comme si l'ordre avait été exécuté ! Alors qu'il avait été tout juste reçu et encore ! » C'est en fait une logique d'ensemble qui génère ces contre-effets : la communication immédiate s'inscrit dans un contexte de pression qui pousse à aller toujours plus vite et fait partie d'une organisation du travail « en flux tendu », où chaque étape doit être raccourcie au maximum. Pris au cœur de cette logique de pression, on se focalise sur la nécessité d'aller vite « et tous les dysfonctionnements derrière, parce que c'est pas fait, pas compris, on ne les voit même plus venir ! En plus, ça génère de l'urgence parce que, quand on se rend compte que c'est pas fait, il faut récupérer le truc, et là, il faut aller à toute vitesse... »

La course à la vitesse, au cœur de la logique capitaliste, se poursuit inexorablement. Les techniques inventées pour générer des gains de productivité semblent, en première instance, d'une extrême efficacité : « Il y a trente ans, explique un financier, faire une hypothèse de plus quand on voulait faire des simulations pour des prévisions, c'était trois jours de travail. Là, c'est le temps de rentrer trois données, puis d'appuyer sur un bouton et d'attendre quelques minutes... » Mais la spirale qui s'est mise en place n'a pas de fin, parce que le temps ainsi gagné est aussitôt mis au service de la recherche d'une productivité toujours plus forte. La quête de la vitesse, culminant dans l'instantanéité du temps réel qui abolit l'attente et supprime l'épaisseur de la durée, confère à l'individu une suprématie aléatoire et temporaire. Devenu apparemment maître du temps, il tombe simultanément sous le joug de l'urgence.

CHAPITRE 3

L'HOMME À FLUX TENDU

Le règne de l'urgence, dont nous avons parlé, s'inscrit en fait dans un contexte de «flux tendu» généralisé. Ce qui, au départ, constituait une méthode de gestion de la production s'applique désormais à la gestion des salariés, qui deviennent pour l'entreprise des «produits» dont on s'efforce, parfois, de réduire le cycle de conception et d'accélérer le renouvellement. Mais le processus «en flux tendu» s'applique aussi à la manière dont les individus sont contraints de gérer leur temps, dans un contexte où il s'agit en permanence de parer au plus pressé, où l'urgent l'emporte sur l'important et le temps de l'action immédiate sur celui de la réflexion.

L'URGENT ET L'IMPORTANT, L'ACCESSOIRE ET L'ESSENTIEL

Nous avons vu comment les technologies de l'instantané contribuaient à entretenir l'urgence et même, parfois, à la susciter en créant des priorités souvent injustifiées. Tandis que le téléphone mobile conduit trop souvent à une obligation de réponse dans l'instant, le mail brouille la piste en laissant l'accessoire recouvrir l'essentiel. Dans ce contexte, la réflexion devient réflexe à parer au plus pressé et c'est toute l'entreprise qui semble ainsi se mettre aux ordres de l'urgence, comme si «l'advenant supplantait l'existant[1]». «En permanence – expliquent à peu près toutes les personnes que nous avons rencontrées – nous sommes sollicités pour des choses pas toujours importantes, urgentes mais pas importantes. Et cette urgence pas importante ne fait que croître au détriment de ce qui est vraiment important, mais pas forcément urgent, voire même de ce qui est important *et* urgent en même temps.» «Le mode de choix habituel, qui consiste à s'occuper de ce qui est important ou urgent et à virer ce qui n'est ni urgent ni important, ne marche plus, explique un cadre dirigeant dans le secteur des services, maintenant, c'est plus que de l'urgent ou que de la poubelle. Et les gens, quand vous leur dites : "faites le tri entre l'urgent et l'important", ils vous répondent : "Mais TOUT est urgent *et* important!" et ce à quoi on arrive, c'est que c'est celui qui crie le plus, qui met en apparence le plus de pression, qui va avoir la réponse la plus rapide. Donc, c'est aberrant!»

Pour bien comprendre ces propos, il faut les replacer dans les enseignements classiques concernant la gestion du temps, tels qu'ils sont traditionnellement conduits dans les séminaires de management. On y distingue en général quatre catégories d'actions : celles qui sont urgentes et importantes et qui, constituant le cœur de l'urgence, doivent être traitées sans délai; celles qui sont urgentes mais pas importantes et peuvent donc être déléguées; celles qui sont importantes mais non urgentes, c'est-à-dire qui sont de l'ordre du travail à long terme, de l'anticipation, du travail de fond et pour lesquelles il faut planifier le temps nécessaire pour les traiter, afin de ne pas les oublier dans le tourbillon du quotidien; enfin celles qui, n'étant ni urgentes ni importantes, ne méritent pas que l'on s'y attarde. Cette distinction se retrouve dans une matrice de priorités, dite matrice d'Eisenhower, peut-être parce que celui-ci fut le premier à synthétiser cette manière de hiérarchiser les priorités. Quoi qu'il en soit, elle remonte au moins à la fin des années 1950 (voir figure 1).

	URGENT	*PAS URGENT*
IMPORTANT	1 URGENCE CRITIQUE	2 STRATÉGIQUE *. organisationnel* *. existentiel*
PAS IMPORTANT	3 DÉLÉGABLE	4 POUBELLE (1re conception) «FUN» (2e conception)

Figure 1. Matrice (actualisée) de gestion du temps, dite «matrice d'Eisenhower»

Autant le message consistant à traiter sans délai les demandes urgentes et importantes est aisé à comprendre, sinon à mettre en œuvre, autant celui concernant la case 2, qui concerne les actions importantes mais non urgentes, est plus que jamais difficile à respecter, dans le contexte que nous avons décrit. Or c'est dans cette catégorie-là (qui recouvre, par exemple, une réflexion sur les orientations stratégiques, une anticipation des problèmes posés par une fusion à venir, la planification des connaissances à acquérir pour entretenir ou renouveler ses compétences ou encore, sur un plan plus existentiel, les actions à mener pour maintenir l'équilibre de sa vie personnelle) que se situe la centrale d'énergie d'un individu. Et c'est en alimentant celle-ci – la case «stratégique»- et en lui consacrant du temps, que l'on puise aussi la possibilité de faire face aux urgences immédiates : «si vous ne dégagez pas du temps, donc de la disponibilité, ce qui implique aussi du temps relationnel, pour vous en occuper, explique un spécialiste de la gestion du temps, votre base, votre capital, votre centrale d'énergie va progressivement disparaître. Pour pouvoir faire face aux urgences du quotidien et se montrer très réactif, il faut se nourrir dans le cadran "important non urgent" et ça doit faire l'objet d'un processus de planification personnelle très sérieux, c'est-à-dire qu'il faut se programmer dans le temps des "bulles de non urgence", qui seront autant de réserves d'oxygène lorsqu'on traversera des zones très polluées par l'urgence quotidienne».

Mais il faut aussi savoir entretenir la case du «non urgent non important» et, sur ce point, le discours des spécialistes de la gestion du temps a changé. Dans les ouvrages de gestion du temps des années 1960-1970, cette catégorie-là recouvrait, *grosso modo*, les activités à éliminer. Et cette vision «rentabiliste» est encore largement répandue. Or cette case est aussi celle de la détente, du lien social et de la relation, du ressourcement personnel et pas simplement stratégique. Cette catégorie-là, notre spécialiste de la gestion du temps l'appelle le «fun» : «dans ce cadran, il y a le lien avec les autres, la machine à café, le mot qu'on vous a envoyé et auquel vous devez faire une réponse, fût-elle de simple courtoisie, au lieu de le jeter purement et simplement. Et puis, il y a l'amusement, bien sûr, et c'est aussi parce qu'on est fort dans ce cadran de l'amusement qu'on peut se permettre de faire face aux urgences. Mais *à partir du moment où le fait de faire face aux urgences vous empêche de traiter les autres cases, la «stratégique» et celle du «fun», à partir du moment où vous ne vous marrez plus, où vous n'allez plus au cinéma, où vous ne voyez plus vos amis et où vous ne travaillez plus, non plus, sur les problèmes de fond, en prenant le temps de vous asseoir et de réfléchir un peu sur ce que vous faites et ce que vous êtes en train de devenir, il y a un problème. Parce que vous n'avez plus de vision à long terme et plus de réflexion sur vous-même.* Et, à ce moment-là, les urgences vont continuer à arriver mais votre capacité intérieure à faire face, elle, va plonger. Vous ne marcherez plus que sur une seule patte, la seule légitime dans le monde des organisations et du management, qui est la délégation. Mais la délégation, c'est destiné, précisément, à vous permettre de faire des choses à plus forte valeur ajoutée. Or si ce temps que vous dégagez pour vous, et qui devrait être un temps de mise en énergie, vous le remplissez en traitant vous-même des urgences du tout venant et sans vous ressourcer dans le stratégique et l'existentiel, vous êtes fichu, et vous allez continuer à fonctionner comme ça, avec des urgences qui ne cesseront pas d'arriver et auxquelles vous ferez face de moins en moins bien, en ne parvenant même plus, au bout d'un moment, à déléguer quoi que ce soit.»

Si la sagesse de ce discours ne peut échapper à personne, ce sur quoi il faut bien se rendre à l'évidence, c'est que cette capacité à faire le tri et à dégager du temps pour le stratégique et le ressourcement personnel semble de plus en plus mise à mal dans le contexte économique actuel. Les témoignages rapportés plus haut montrent que la case 1, celle de l'urgent *et* important, et la case 3, celle de l'urgent non important, sont en train de dévorer les autres, que ce fait repose sur une réalité – tout serait devenu à la fois urgent et important – ou sur une manière de décoder la réalité :

on se sentirait obligé de fonctionner dans l'urgence, quelle que soit l'importance réelle des problèmes. On a ainsi l'impression d'une spirale sans fin ou d'un cercle vicieux dans lequel chacun chercherait, au mieux, à se défausser des urgences quotidiennes, comme on ferait d'un mistigri dont il faut se débarrasser avant la fin du jeu, sans parvenir pour autant à dégager le temps nécessaire pour traiter les problèmes stratégiques, qu'il s'agisse des siens ou de ceux de l'entreprise. Le tout en fonctionnant «le nez dans le guidon», le temps libéré parvenant tout juste à permettre de faire face au déferlement des urgences suivantes. Toute la question est de savoir s'il y a vraiment confusion entre l'urgence importante et l'urgence pas importante et si cette confusion est volontairement entretenue par l'entreprise – elle-même victime du même syndrome et croyant y faire face par l'instauration d'une culture d'urgence – ou si elle correspond à la réalité. Dans ce second cas, c'est la gestion en «flux tendu» généralisée à toutes les entreprises et renvoyant à un contexte économique dans lequel la bataille sur le temps est passée au premier plan, qui est à l'origine du problème. Quoi qu'il en soit, urgence généralisée et gestion «à flux tendu» fonctionnent de pair.

FLUX TENDUS ET «JUSTE À TEMPS»

On sait que, dans les secteurs avancés de la production industrielle, s'applique depuis une quinzaine d'années la formule du «juste à temps» et des «flux tendus», instrument essentiel de survie dans la compétition mondiale. La notion de flux tendus renvoie à l'image d'une corde tendue qui transmet les vibrations, au lieu d'une corde lâche, susceptible de laisser passer du «mou[2]». Elle correspond bien à l'esprit de cette méthode qui a pour objectif de générer un processus de production extrêmement rapide avec un minimum de coûts et qui nécessite, pour ce faire, de coordonner très étroitement les flux de production afin de ne laisser aucun temps mort dans leur déroulement, aucun « mou ». Elle nécessite également de comprimer au maximum les stocks, qu'il s'agisse de matières premières, de produits déjà finis ou de produits en cours d'élaboration. Les stocks représentent en effet une immobilisation du capital de l'entreprise, donc de l'argent immobilisé, c'est-à-dire non productif. Il importe donc de les réduire au maximum, c'est l'impératif du « zéro stock ».

Dans ce système, la régulation de la production se fait par la commande, qui déclenchera l'approvisionnement en matières premières nécessaires pour telle ou telle fabrication et le camion apportant ces matières premières arrivera en un lieu de production précis, « juste à temps », c'est-à-dire juste au moment où les pièces en question seront demandées par la chaîne de montage. Arriver « juste à temps » signifie que l'entreprise économise de l'argent qu'elle aurait dépensé, sans ce système logistique, pour l'entretien du stockage sur place. À cette régulation par la commande, s'ajoute une automatisation poussée et une limitation des coûts de main-d'œuvre grâce à un volant de personnel temporaire, à une polyvalence des agents permettant de mieux ajuster ces coûts, à une flexibilisation des horaires et à des durées de travail permettant une meilleure rentabilité des investissements.

Dans d'autres secteurs plus traditionnels, où l'organisation néo-taylorienne reste dominante, on retrouve néanmoins le même couplage de dispositifs automatisés et de procédures de travail rigoureusement programmées, destinés à intensifier le travail effectif et à réduire les coûts de productivité, de même qu'une «flexibilisation» du personnel, visant à «lisser» le coût du travail en fonction des fluctuations de la demande. Le même souci d'optimiser la production de valeur économique en gagnant sur le temps se retrouve dans le secteur des services, qu'il s'agisse de services aux entreprises, aux particuliers ou de la distribution. C'est ainsi que la logique concurrentielle implique de faire effectuer un certain nombre de tâches aux heures qui conviennent le mieux au client et ce, dans les temps les plus courts possibles, afin de pouvoir proposer les tarifs les plus compétitifs possibles. Ainsi, dans le cas des services de «guichets», comme les banques, la Poste, les caisses d'allocations familiales ou les services clients EDF, la présence des agents aux guichets est ajustée en fonction des périodes et des niveaux d'affluence, chaque «passage-client» étant affecté d'une unité de temps spécifique (trois minutes pour une réclamation téléphonique, vingt minutes par demandeur d'emploi à l'ANPE, par exemple). Dans la grande distribution, les mêmes processus sont à l'œuvre : ainsi, le nombre de caissières est-il calculé en fonction exacte des fluctuations de la clientèle, ce qui fait qu'un grand nombre d'entre elles n'effectuent leur travail qu'aux heures d'affluence du matin et de la fin de journée[3], sans d'ailleurs, le plus souvent, pouvoir prévoir le moment exact auquel l'entreprise fera appel à leurs services.

Ainsi donc, c'est tout le processus de la production, celle de l'industrie, de la grande consommation ou des services, de même que la gestion des personnels, d'exécution le plus souvent, qui s'effectue «à flux tendus», de façon à rentabiliser et à intensifier au maximum le temps productif. Mais, concernant le personnel, cette recherche d'ajustement du temps productif aux impératifs de la rentabilité ne se cantonne plus désormais au cadrage précis de travaux d'exécution à court terme par un personnel polyvalent ou temporaire, elle gagne les forces vives de certaines entreprises et semble envahir le management des hommes et le processus de gestion de ces « ressources humaines » que constituent les collaborateurs permanents, y compris ceux travaillant sur des processus de moyen ou long terme.

LE SALARIÉ, UN PRODUIT À DURÉE ÉPHÉMÈRE

Plusieurs des personnes que nous avons rencontrées ont ainsi fait état d'un raccourcissement très net dans les processus de recrutement et d'intégration du personnel et des effets néfastes que la focalisation sur le seul « temps productif » des collaborateurs pouvait entraîner : « Il y a manifestement une réduction du délai pour prendre une décision de recrutement, témoigne un directeur commercial ayant travaillé dans divers secteurs d'activité et membre de l'association des *Dirigeants Commerciaux de France*. On essaie de réduire ce temps au maximum. Quant à ce qui concerne le processus d'intégration des collaborateurs et celui de la formation continue interne nécessaire pour se familiariser avec la culture de l'entreprise ou pour améliorer la performance de la personne, ce sont des aspects qui, soit se sont aussi réduits, soit ont complètement disparu, soit, si l'entreprise est récente, n'ont jamais existé. Or, simultanément, dans le discours de l'entreprise, on dit que c'est important. Mais la réalité, c'est qu'il y a un raccourcissement de ces étapes-là et que *le processus global de durée de vie d'un collaborateur est de plus en plus rapide. Il faut qu'il "rende" tout de suite*, donc la période de recrutement et d'intégration doit se faire le plus vite possible. »

C'est bien souvent parce que le temps d'anticipation a fait défaut ou que des problèmes budgétaires ont empêché de pouvoir les planifier avant, que les recrutements s'effectuent ainsi au dernier moment, lorsque le besoin opérationnel devient criant. On retrouve ici les effets de la logique de court terme, qui se poursuit d'ailleurs dans le peu de temps laissé aux nouveaux embauchés pour s'intégrer. Du fait de ces recrutements tardifs, on demande en effet aux collaborateurs de générer une performance immédiate, au détriment de leur intégration et de la possibilité pour eux de connaître leur environnement, avant d'être lancés sur le terrain. Un autre élément accentuant ce phénomène tient au fait que, de plus en plus souvent, quelques mois après l'entrée des collaborateurs ainsi recrutés, l'entreprise se restructure ou entre dans un processus de fusion-acquisition. Le profil sur la base duquel ils avaient été recrutés n'est alors souvent plus adapté au nouveau contexte. Ou alors, à peine avaient-ils commencé à s'adapter à l'environnement de l'entreprise, qu'ils doivent s'acclimater à un contexte différent, ce qui contribue à leur déstabilisation. Ces processus sont particulièrement accentués dans les secteurs en cours de restructuration ou faisant l'objet de fusions successives, les entreprises s'absorbant en chaîne les unes les autres, comme dans le secteur pharmaceutique, technologique, la banque ou l'assurance. Ce type de contexte induit des situations particulièrement difficiles à vivre dans certains métiers, la vente notamment : en effet, à peine les vendeurs ont-ils eu le temps de se lancer sur une gamme de produits qu'une autre stratégie, due aux restructurations intervenues, est mise en place, qui lance une nouvelle gamme ou une nouvelle orientation rendant obsolètes les actions et inutiles les efforts fournis jusque-là. Ces changements se produisent souvent tellement vite qu'ils engendrent un effet profondément déstabilisateur et que, pour reprendre l'expression d'un directeur de ressources humaines ayant lui-même travaillé dans divers secteurs, «il y a des gens qui deviennent dingues avec ces changements permanents et beaucoup de managers intermédiaires, après une absorption, pètent complètement les plombs».

Dans ce contexte de bouleversements très rapides, où toute vision autre qu'à très court terme est rigoureusement impossible, tout se passe comme si le collaborateur devenait lui-même un «produit», devant être conçu, rentabilisé et renouvelé dans le minimum de temps possible. La logique du «flux tendu» s'applique alors à l'ensemble du personnel et, dans cette perspective, les temps non directement productifs – recrutement, intégration, formation – constituent en quelque sorte l'équivalent des stocks dans le système de production, stocks qu'il faut comprimer, réduire ou supprimer parce que, facteurs d'immobilisation, ils coûtent de l'argent. Transférée au processus de socialisation d'un collaborateur, cette image des stocks correspondrait aux temps d'immobilisation du collaborateur pour son apprentissage culturel (familiarisation avec la culture de l'entreprise, ses valeurs, sa manière de fonctionner, etc.), social (connaissance des autres collaborateurs et des membres de l'équipe) ou professionnel (maîtrise de la fonction). N'étant pas directement productifs, ces temps ont tendance à être réduits, parfois à leur plus simple expression, notamment – mais pas seulement – dans les entreprises de services, reposant sur des cycles de vente courts, à valeur ajoutée faible, et où le rapport au marché est marqué par cette pression de l'immédiat dont nous parlions plus haut. Dans cette perspective, le collaborateur est appréhendé comme un produit dont il convient de comprimer le plus possible le cycle de «conception».

Mais la comparaison ne s'arrête pas là et la logique de court terme, de rotation rapide et d'immédiat généralisés imprègne toute la « durée de vie » du collaborateur-produit, à commencer par son rythme d'activité dans l'exercice de sa fonction. Là, le temps de l'action prime totalement sur celui de la réflexion : « *vous n'avez plus le temps de recul pour comprendre les phénomènes*, explique le directeur commercial cité plus haut, et comme tout s'accélère dans l'entreprise, *vous avez très peu de temps pour faire les choses*. Par exemple, monter une équipe commerciale, ou la reconfigurer, ça prend du temps. Il faut six mois, un an pour se faire accepter et pour pouvoir, l'année d'après, faire des transformations, améliorer des choses, muter des gens. Ce n'est qu'au bout de deux ans qu'on peut voir le travail d'une équipe. Mais ça, on vous demande maintenant de le faire en deux, trois mois, six maximum, et le résultat, c'est qu'il y a de la casse en termes humains et en termes d'efficacité. On croit que les outils informatiques sophistiqués qu'on a pour faire des prévisions, des suivis et des reportings plus rapides, vont tout régler. Mais si ça permet d'accélérer certains processus, ça ne règle rien sur le plan humain parce que ce sont les hommes qui font tourner l'organisation. Il faut prendre du temps avec les gens pour les préparer, pour éviter les écueils et *les hommes ont un cycle plus long que les outils…* ».

Conséquence logique de cet impératif d'accélération permanente, on s'aperçoit que la durée moyenne d'occupation des fonctions, managériales et commerciales notamment, semble soumise à la même rapidité de rotation que celle de ces produits de grande consommation qu'il faut sans cesse renouveler pour susciter et entretenir le désir des consommateurs, afin de générer de nouveaux besoins. Ainsi, après le temps de conception du « collaborateur-produit », qu'il faut réduire au maximum, c'est la durée de son cycle de vie qui devient plus éphémère, comme en témoigne le directeur commercial cité plus haut : « Une fonction, on sait que, dans nos métiers, il faut en changer tous les trois ou cinq ans pour éviter la routine et l'usure. La première année, il faut se faire accepter, il faut comprendre le job, le marché, les clients. La deuxième, on peut commencer à mettre en place et c'est la troisième année que ça commence à payer. Or, ce délai de trois à cinq ans, ce que nous, dirigeants commerciaux, constatons, c'est qu'il est maintenant presque réduit à deux ans… ou un an. *En fait, on n'occupe plus du tout la fonction, on se contente d'y passer. Alors, ces collaborateurs-là, qu'est-ce qu'ils apportent en termes de valeur ajoutée à l'entreprise et à eux-mêmes ? Rien du tout. C'est encore la même logique, il faut qu'ils "rendent" et qu'ils rendent tout de suite…* Mais l'objectif d'une entreprise, ça devrait quand même être de garder des gens qui ont une compétence et des connaissances fortes. Pour ça, il faut les développer en interne et c'est à ça que correspondait tout le principe de la gestion des compétences, c'est-à-dire identifier des compétences et former les gens. Mais ça, c'est quelque chose qui a tendance à diminuer et, même, qui a disparu dans beaucoup de boîtes, parce que ça prend du temps. Donc *on préfère recruter quelqu'un de l'extérieur, déjà formé et tout prêt à fonctionner* comme on le souhaite, plutôt que quelqu'un qu'il faudrait prendre sous sa coupe et former sur la longueur. En plus, on en prend trop et ça va trop vite, il y a un turn-over trop important dans les missions et les gens n'ont plus le temps de créer des liens avec leurs clients. Le problème, c'est que *ça ne vient pas seulement de l'entreprise, ça vient aussi des collaborateurs eux-mêmes*, c'est-à-dire qu'*avant même de rentrer dans l'entreprise, ils ont déjà en tête le poste d'après*, ils se voient déjà à l'étape d'après et quand vous êtes focalisé sur le poste d'après, vous ne pouvez pas bien vivre le poste dans lequel vous exercez. Et cette attitude, elle a des conséquences importantes, parce que *quand vous vous dites "de toute façon, dans un an, je ne serai peut-être plus là"*, quand vous n'avez pas de perspective, *vous avez tendance à raisonner en vous disant : "Cette décision que je prends, est-ce qu'elle va me rapporter quelque chose et à quel horizon"?* Donc, concrètement, pour un commercial qui doit faire un choix entre un client qui va lui rapporter un peu mais tout de suite et un autre qui risque de lui rapporter plus mais demain seulement, *s'il se dit "demain, je ne serai pas là", il prendra le client qui va lui rapporter tout de suite, bien que peu, ce qui n'est pas forcément le plus rentable pour l'entreprise.* On ne fait pas du tout les mêmes choix que quand on se dit "je serai encore dans cette entreprise dans trois ou quatre ans". »

La pression du travail dans l'urgence intensifie ce phénomène et s'applique d'ailleurs aussi aux dirigeants, ce qu'observe notre interlocuteur : « Avec cette pression des résultats et de l'urgence, vous voulez avoir des résultats tout de suite et ça touche tout le monde, du PDG au salarié, et les gens, au bout d'un moment, s'ils ne sont pas vraiment motivés par leur quotidien et l'amour de leur métier, eh bien ils laissent tomber, ou alors ils se désintéressent des conséquences. *Et ces choix qu'on effectue dans l'urgence, ça fait qu'on prend une décision en sachant qu'elle aura peut-être des conséquences négatives demain mais on se dit "c'est pas grave"...* En fait, il y a une diffusion de cette accélération et tout le monde en prend conscience, salariés, DRH, dirigeants, actionnaires peut-être aussi, mais rares sont ceux qui voient et disent qu'*à force d'aller trop vite, on loupe des choses et on commet des erreurs graves.* »

On retrouve dans ces observations les effets pervers de la logique des marchés financiers que nous mentionnions au début de ce livre. Cette logique, rappelions-nous, implique la nécessité pour l'entreprise de présenter chaque trimestre des résultats qui satisfassent le besoin de profit immédiat des actionnaires. Elle conduit souvent le chef d'entreprise à différer des investissements qui, sur le long terme, auraient amélioré la rentabilité de l'entreprise. Dès lors, on peut dire que le manager qui privilégie la solution à court terme, parce qu'elle lui apparaît comme une source de gain immédiat, fonctionne selon la même logique. En attendant de l'entreprise qu'elle lui rapporte très vite un gain immédiat et une valorisation de ses compétences lui permettant, en la quittant et en allant se «vendre» ailleurs, de grimper rapidement les échelons d'une fonction, il fait l'économie du temps de «retour sur investissement» que l'entreprise serait en droit d'attendre de lui, du fait de l'investissement en temps – de formation notamment – qu'elle aurait effectué. Il se comporte ainsi vis-à-vis d'elle comme un actionnaire ou un spéculateur. Mais comme l'entreprise sacrifie, elle aussi, à cette logique du court terme, en économisant sur les temps «non productifs» de son salarié et en exigeant de lui une rentabilité immédiate, c'est une spirale de «court-termisme spéculatif» qui se met en place, chacun – salarié et entreprise – se conduisant à l'égard de l'autre comme un actionnaire et n'investissant sur lui que de manière éphémère, avec une visée immédiatement et uniquement rentabiliste. Digne retour de balancier après la décennie des années 1980-1990, marquée par le fleurissement de cultures d'entreprises fondées sur une mobilisation psychique intense et un investissement quasi-passionnel sur l'entreprise, dont la crise des années 1992-1993 sonna le glas.

Là ne s'arrêtent pas les effets négatifs de cette logique du «flux tendu» et du règne de l'urgence généralisés à l'ensemble du fonctionnement de l'entreprise. D'autres dysfonctionnements apparaissent en effet, le premier d'entre eux étant la destruction du lien social, la disparition des collectifs de travail et la démotivation qui s'ensuit.

Perte du lien social et démotivation

Toutes les personnes que nous avons rencontrées dans le cadre de cette étude – managers, employés, spécialistes de la gestion des Ressources humaines, médecins du travail, «coachs», psychologues et psychiatres recevant les confidences de ceux qui, n'en pouvant plus, viennent chercher des conseils ou exprimer une plainte – sont unanimes : le lien social s'est perdu, parce qu'il n'y a plus de temps pour échanger avec les autres. Focalisé sur la nécessité de venir à bout de son propre travail, personne ne trouve plus les temps de respiration nécessaires pour garder vivant le lien avec les autres membres de l'équipe. Dans un contexte où la logique du flux tendu, jointe à l'effet pervers des 35 heures, contracte les temps de présence tout en les disséminant, les conséquences négatives de cette disparition n'en finissent pas de se faire sentir.

La perte du lien social apparaît directement liée au raccourcissement général des temps d'intégration et de socialisation que nous évoquions plus haut. «Qu'est-ce qui retient les gens?, observe un manager dans une entreprise du secteur informatique. C'est le lien social en interne. Ce lien, il faut le créer dès le recrutement, et c'est ça qui permettra qu'à des moments difficiles de la vie de l'entreprise, les gens pourront rester et surmonter les difficultés. Or on ne le fait plus. Ce lien, ça devrait aussi être aux managers de le créer mais, en fait, on ne leur en donne plus la possibilité, parce que tout va trop vite et qu'ils n'ont même pas le temps de créer des liens avec leurs clients. On leur demande de faire en trois mois ce qui, normalement, prend un an. Du coup, il y a moins de cohérence et moins de liens et quand il y a une difficulté, qu'est-ce qui se passe ? Normalement, dans ces cas-là, on s'adresse à quelqu'un en qui on a confiance et si on peut s'appuyer sur lui, on peut alors se dépasser, faire différemment, faire mieux. Mais si on n'est pas dans ce climat de confiance, ça ne marchera pas, on ne passera pas le cap et on perdra des gens, donc ça accélère encore le turn-over et ça lamine encore plus ce lien. » Un responsable commercial exprime le même sentiment : « Il y a une perte des petits liens de tous les jours qui sont très importants, prendre un café ensemble, fêter les anniversaires, féliciter une réussite. Il n'y a encore pas longtemps, on faisait des challenges, avec des manifestations amicales et des points réguliers pour créer un lien social et pour impliquer les autres services et ça permettait de diminuer les conflits parce qu'on pouvait comprendre les problèmes de l'autre. *Maintenant, on n'a plus le temps d'écouter, de discuter, d'échanger, de parler.* Ce lien de communication n'existe plus. Pour que ça marche bien, il faut que les gens aient des liens entre eux. Or la pression de rentabilité que nous subissons est telle qu'on veut sans cesse gagner du temps pour arriver à remplir ses objectifs – on a des objectifs précis dans les fonctions commerciales, c'est tous les mois et c'est tant pour chaque mois – et on n'a plus le temps pour rien d'autre. Du coup, *la communication passe à la trappe. Et comme en plus, la communication, ça ne peut pas se mesurer, eh bien, c'est considéré comme pas important.* Or, c'est tout ce temps investi pour parler avec des gens et créer des liens qui fait que l'entreprise est vivante et que, le jour où on est en difficulté, on peut s'en sortir. *Le jour où il n'y a plus de lien, l'aventure est morte*, que ce soit dans l'entreprise ou à l'extérieur. *On n'y croit plus.*»

Dès lors, le temps qu'on a voulu gagner dans la pression du court terme est un temps perdu sur le moyen et long terme, un temps qui se retourne contre ceux, volontaires ou victimes, qui ont tenté de le brusquer. Les effets de cette dissolution du lien social apparaissent ainsi contre-productifs pour l'entreprise et destructeurs pour ses salariés : «Ce que je vois, observe un spécialiste de la gestion des Ressources humaines, c'est une déstructuration du collectif. Les collectifs se perdent, parce qu'il n'y a plus le temps d'échanger, plus la machine à café, plus d'espace de dialogue inutile. Et on ne peut pas faire du collectif sans ça. Ce que j'observe, *c'est une espèce de solitude, de la distance, du non intérêt, de la non implication, une attitude du genre "après tout, j'en ai rien à foutre"*, une perte du lien social basique, une perte du sentiment que l'autre existe.»

Les 35 heures à flux tendu

Par rapport à cette perte de la dimension humaine et du lien social, «l'effet 35 heures» semble n'avoir rien arrangé. Au contraire, il semble s'inscrire complètement dans cette logique du flux tendu, en tirant encore un peu plus sur la corde de l'intensification du travail. Les «35 heures» produisent cependant un effet très contradictoire, selon la catégorie professionnelle à laquelle on appartient. Pour les cadres, elles entraînent en général une surcharge due à la désorganisation produite dans la gestion des équipes et aux absences qu'il faut combler : après-midi ou journées de RTT prises au milieu de la semaine ou avant le week-end, de façon souvent aléatoire et non programmée. Cette surcharge les conduit souvent à entremêler encore davantage vie professionnelle et vie privée et, dans certains cas, à ne pas parvenir eux-mêmes à prendre les journées de congé supplémentaires auxquelles ils ont droit : «Chez nous, les 35 heures, ça n'existe pas pour l'encadrement», explique un manager dans un important groupe financier, dont les propos sont bien représentatifs de plusieurs témoignages que nous avons recueillis. «C'est complètement illusoire. On a réglé ça en augmentant les jours de congé par an, mais les cadres n'ont pas le temps de les prendre ou alors très peu. Alors, pour qu'ils puissent ne pas les perdre, on a mis en place un compte épargne-temps, qui fera qu'à soixante ou soixante-cinq ans, ils pourront partir un peu plus tôt. En revanche, pour les non cadres, ça se traduit très souvent par des week-ends de trois jours, ou par des journées prises en milieu de semaine et pour nous, managers, ça accroît encore l'urgence et la pression. Du fait que les gens ne sont pas là une partie du temps, il faut combiner les réunions quand ils sont là et ça complique beaucoup le jeu, ça se surajoute au reste et ça aboutit à devoir faire entrer dans un temps plus court autant de choses qu'avant, donc c'est une pression supplémentaire à tous points de vue.»

Il faudrait cependant nuancer ce constat selon les entreprises. Ce sont le plus souvent les cadres supérieurs qui ne parviennent pas à prendre, sinon tous leurs jours de congé supplémentaires, au moins une partie d'entre eux. Les cadres intermédiaires, eux, y parviennent beaucoup plus souvent et ces journées sont alors comme de petites oasis de tranquillité qui leur permettent de se récupérer un peu et de goûter au charme d'un «temps à soi», enfin retrouvé.

Pour les non cadres au contraire, c'est un clivage plus radical qui semble s'effectuer entre vie au travail et vie hors travail, comme si s'était produit un basculement d'équilibre du côté du temps libre, du temps à soi, du temps non aliéné, dévalorisant ainsi l'autre temps, celui du travail, d'autant plus que celui-ci est soumis aux pressions insupportables du «flux tendu» et à des conditions d'exercice largement détériorées. Cependant, là encore, les dysfonctionnements du système se font sentir : «Les gens sont plus fatigués, observe ainsi un psychiatre, et cette histoire des 35 heures n'a rien arrangé. *Ils travaillent dans une discontinuité beaucoup plus grande, ils n'arrivent pas à suivre ce qu'ils font, ça passe tout de suite à quelqu'un d'autre*. Et puis, ils n'ont plus le temps de faire des pauses, plus le temps du café, *plus le temps de se passer les consignes*. Tout ce temps qui était un temps de lien, de lien intrapsychique et de lien avec les autres n'existe plus. *Celles qui souffrent le plus, ce sont les assistantes et les secrétaires*. Elles n'ont plus le temps de faire ce qu'elles doivent, *elles sont prises dans une discontinuité permanente*.» La même observation est faite d'ailleurs dans les hôpitaux, nombre de surveillantes infirmières, par exemple, se plaignant de ne plus parvenir à effectuer correctement leur travail. C'est cette désorganisation qui a conduit en décembre 2002 à la signature d'un accord proposant aux personnels hospitaliers «le rachat» des heures manquantes ou leur gestion sur un compte épargne temps, comme en entreprise.

Au total, les 35 heures semblent bien accentuer une perte de lien social, déjà largement entamée par la pression généralisée du travail «en flux tendu». Elles ne créent pas la perte de lien social sur le lieu de travail, mais elles l'accélèrent et même, parfois, l'aggravent. «Ce que disent les collaborateurs, atteste un spécialiste de la gestion des Ressources humaines, consultant en entreprise et ancien DRH, c'est que le collectif est en train de se briser. Alors qu'avant, on était toujours ensemble et on avançait ensemble sur les projets, maintenant, y'en a toujours un qui manque. Donc le collectif se morcelle, de sorte que *les collaborateurs qui, avant, lorsqu'ils étaient ensemble, passaient du temps à communiquer et échanger, se retrouvent beaucoup plus seuls, isolés et sédentarisés* parce que maintenant, quand ils sont là, le collègue n'est pas là et ils se sentent obligés de rester à leur poste de travail, ils bougent moins, ils circulent moins dans l'entreprise, ils communiquent moins, d'où une insatisfaction du type "je suis plus au courant, j'ai plus de relation ni de communication, je sais plus ce que font les autres, j'ai plus le temps de discuter avec eux", donc *une insatisfaction au niveau relationnel, au niveau de l'esprit d'équipe et au niveau du collectif de travail.* Par ailleurs, on est passé aux 35 heures mais les objectifs n'ont pas baissé, donc la charge de travail augmente, le stress augmente, beaucoup de cadres emmènent du boulot à la maison alors qu'ils ne le faisaient pas avant et se sont équipés chez eux pour pouvoir se connecter à leur bureau et consulter leurs mails. Donc, il y a plus de pression, plus de stress et le sentiment que, même si on peut bénéficier de deux jours par mois, on en bave beaucoup plus. En fait, il n'y a plus de gras. »

Plus de gras, c'est-à-dire plus de mou sur la corde, c'est bien la même idée d'intensification du travail qu'induisent les 35 heures qui s'inscrivent ainsi, paradoxalement par rapport à l'intention des concepteurs de la loi, dans la logique du « flux tendu » que nous avons décrite. Mais les effets négatifs de la gestion humaine en flux tendu ne s'arrêtent pas là et c'est à une perte du sens du travail que la discontinuité qu'elle induit semble conduire.

Ce que les personnes rencontrées paraissent le plus déplorer, c'est l'impossibilité de se trouver en accord avec ce qu'elles produisent, c'est le sentiment de mal faire leur travail et d'être mises dans des situations où elles n'ont pas les moyens de faire correctement ce qui leur est demandé, doublé de la conviction que ce travail n'a plus aucun sens. On déplore aussi le fait de n'avoir plus aucune visibilité sur le résultat du travail, un travail qu'on ne mène plus à son terme dans la mesure où de nouveaux objectifs, de nouvelles directives viennent sans cesse annuler les précédentes et vider le travail accompli de toute signification. Ainsi, dans une entreprise du secteur sidérurgique, on déplore le fait de n'avoir plus la satisfaction de voir la fin des actions que l'on vient de mener avant de devoir entreprendre autre chose : « Ici, déplorent des employés et des cadres de cette entreprise, on n'a plus que le travail et on n'a jamais l'œuvre. Or, ce qui constitue le plaisir au travail, c'est quand même le plaisir de l'œuvre accomplie. Mais l'œuvre est escamotée au bénéfice d'un mouvement perpétuel et on est frustré de l'accomplissement final. »

L'œuvre, c'est le produit du travail accompli, celui dont on peut être fier et qui conforte l'identité professionnelle de celui qui l'a fait. La comparaison est prise, dans diverses entreprises, avec l'image du pain que l'on pétrirait, mais qu'on ne verrait jamais sortir du four, fini et bien doré, ou avec celle d'un luthier qui passerait son temps à travailler le bois pour fabriquer un violon, sans que jamais le violon parvienne à prendre forme. En plus, ajoutent certains, « le violon, on nous dit de le faire, puis on nous le piétine et en même temps on nous dit qu'il faut en refaire un, et il n'y a plus aucun sens à le faire parce qu'il va être détruit encore une fois et qu'on va nous dire "y en a des moins chers là-bas !" »

Les managers de proximité sont ceux qui souffrent le plus de ces situations, pris en tenailles entre les attentes de l'entreprise et celles du personnel, porteurs de l'idéologie de l'entreprise à laquelle ils adhèrent et dont ils sont le maillon, chargés d'obtenir une performance dont ils savent pertinemment que ceux auxquels ils la demandent n'ont pas les moyens de la fournir : « Déjà, à leur propre niveau, commente un gestionnaire de ressources humaines, ils sont dans la même problématique que les gens sur le terrain et, en plus, ils portent une sorte de culpabilité de devoir insuffler ça aux autres, alors qu'ils n'y croient pas eux-mêmes. Alors, *ils pètent les plombs. Ils sont malades, dépressifs, ils n'ont pas la pêche, plus de tonus, ou alors ils critiquent tout, n'y croyant plus, ressassant, ressassant, ressassant,* et en même temps incapables de bouger, mentant, travestissant, cachant des trucs, trouvant des combines, détournant des choses, ne voulant pas voir d'autres choses. Ou alors alcooliques... Bref, tout ça n'est pas sain ! »

Une autre forme d'expression de ce malaise a trait au sentiment d'éphémère et de disparition de sens éprouvé, à propos de leur travail, par un nombre croissant de personnes. Nombreux sont en effet ceux qui ont du mal à comprendre l'utilité de ce qu'ils font et à avoir le sentiment que leur action n'a aucune chance de perdurer : « Les choses vont trop vite, finalement, il n'en reste rien une demi-heure après, commente un manager dans le secteur industriel. Avant, le travail supposait une montée de l'activité et puis il y avait un palier où on pouvait regarder un peu ce qui avait été fait, se retourner sur soi-même et profiter de ce qui avait été fait. Aujourd'hui, *on ne peut plus se retourner sur le travail fait, on ne peut plus regarder que devant, impossible de regarder derrière.* On me demande d'accomplir une mission, ma mission est finie, il y en a immédiatement une deuxième qui s'enchaîne derrière. Il n'y a plus ce temps qui existait avant, entre la première et la deuxième mission, ce temps qui était un palier de repos, de récupération et puis de jouissance, parce qu'on jouit du travail accompli, on en profite. Ça, aujourd'hui, c'est fini, complètement fini. *On est en permanence à courir derrière une autre charge, une autre mission et on n'est plus que dans cette course»...* Un médecin du travail fait la même constatation : «Les gens disent qu'ils ne peuvent plus profiter de ce qu'ils font et, dans certains métiers, certains disent "nous ne savons même plus ce que nous faisons, ça part dans la machine, ça va où?, c'est quoi?". Par exemple, toute la filière comptable a été très déstabilisée par SAP[a]. Avant, on sortait des liasses de papier, maintenant on engrange des trucs et on ne sait plus où ça aboutit... c'est la même chose que pour le pauvre type dans son usine, qui produit sa plaque tous les matins, qui a une vision palpable de ce qu'il fait et qu'il fait bien, qui n'a pas démérité, à qui on ne peut rien reprocher et qui ne comprend absolument pas pourquoi on vient lui expliquer d'un seul coup que son usine, qui marche très bien, il faut qu'on la ferme parce que, derrière ça, il y a des dirigeants qui raisonnent en termes de chiffres, de bilans, de performances à 15 %, avec une vision très abstraite de

a. SAP est un système informatique de gestion intégrée de l'ensemble des fonctions organisationnelles de l'entreprise (différents modules pour les différentes fonctions). Système assez rigide, parce que très normé et peu adaptable aux particularités de l'entreprise, il est très contraignant pour le management intermédiaire qu'il surcharge d'informations et d'obligations au niveau des données à fournir et à traiter.

l'usine et de sa rentabilité. Et la réalité, maintenant, c'est ça, et ça n'a plus aucun lien avec le travail accompli par les gens ! »

Dépossession du sens de son action, travail de plus en plus virtuel et dématérialisé, qui s'évapore aussitôt accompli sans que l'on sache au nom de quoi et pour qui il l'a été, rupture entre la logique financière qui régit la stratégie de l'entreprise et la logique productive qui structure le travail au quotidien, c'est une problématique qui va bien au-delà de celle de l'urgence et touche à la transformation même de l'économie, de plus en plus immatérielle, et aux reconversions industrielles, restructurations, fusions acquisitions et autres bouleversements qui traversent la vie des individus, les confrontant au constat douloureux qu'il n'y a plus aucune relation entre le travail bien fait et la reconnaissance qu'on peut en attendre ou la poursuite de l'activité économique. Le phénomène n'est pas nouveau et a traversé toute l'histoire du capitalisme depuis la fin du XIXe siècle, avec la fermeture progressive de pans entiers de l'activité industrielle (les mines, la sidérurgie, l'industrie textile… etc.). Le passage au capitalisme financier l'a simplement accéléré de façon foudroyante, le rendant structurel et non plus conjoncturel et les phénomènes de court-termisme, d'accélération constante, de dictature de l'immédiat et d'urgence généralisée sont à la fois le produit de cette mutation et la condition de son maintien.

Deuxième partie

Le vécu de l'urgence : entre jouissance et épuisement

CHAPITRE 4

L'URGENCE INTÉRIEURE

Nous avons montré comment l'urgence pouvait être le fruit d'un processus réel, celui de la mutation économique, et être induite par les effets de la logique des marchés financiers, par celle des flux tendus et, d'une manière générale, par un contexte de restructuration globale de l'activité économique, ponctué de fusions-acquisitions, OPA et autres absorptions d'entreprises. L'urgence générée repose alors sur un fondement, sinon justifié, au moins tangible. Mais nous avons également montré comment cette urgence s'étendait, par contagion, à l'ensemble du fonctionnement de l'entreprise, du fait – entre autres – de l'avènement des technologies de communication instantanées, et comment elle aboutissait à l'émergence de fausses priorités, d'urgences non importantes, l'accessoire finissant souvent par recouvrir l'essentiel. Il s'agit là de ce qu'on pourrait appeler une urgence fabriquée par l'organisation[1] et destinée à générer davantage de pression et de productivité dans un contexte où le temps constitue désormais un avantage concurrentiel décisif. L'urgence s'érige alors en système et on assiste, dans beaucoup d'entreprises, à l'émergence de ce qu'on pourrait appeler des « cultures d'urgence[2] », c'est-à-dire une certaine manière de fonctionner, destinée à répondre aux nouvelles contraintes de l'instantanéité et de la compression du temps mondial et qui n'est pas sans conséquences sur le plan humain.

Ainsi, outre la contrainte de réactivité immédiate aux sollicitations du marché dont nous avons parlé, ces « cultures d'urgence » se caractérisent par une *survalorisation de l'action*, conçue comme antidote à l'incertitude. « Nous devons être réactifs par anticipation, par rapport à un futur qui n'existe pas encore et on introduit donc beaucoup d'incertitude et d'angoisse et la seule réponse à ça, c'est l'action », explique ainsi l'un des dirigeants d'une grande entreprise française. Cette attitude aboutit à faire fonctionner l'entreprise, par le biais de plans d'action aussi variés que nombreux, « sous action permanente », ce qui génère des sentiments d'épuisement exprimés dans des plaintes du type « cette pression sur tout, tout le temps, n'est plus supportable ». Ces cultures se caractérisent aussi par un phénomène de *compression* – sur le terrain – *du temps, des hommes et des compétences*, qui se traduit par la nécessité de faire « toujours plus » avec « toujours moins » : faire le plus de choses possible, dans le moins de temps possible, avec le moins de gens possible et des compétences toujours plus « polyvalentes ». Elles impliquent également un *envahissement du quantitatif*, utilisé désormais pour évaluer aussi bien des paramètres mesurables comme des gains de productivité, des parts de marché ou du temps gagné, que des éléments informels et *a priori* non « mesurables » comme, par exemple, un climat social : « Nous devons remettre à la direction un rapport exprimant le climat social en chiffres précis, expliquent ainsi les médecins du travail d'une grande entreprise automobile. C'est parfaitement inadéquat. » Elles induisent enfin une *déstabilisation par perte des repères*, due à une exigence accrue de « polyvalence », jointe à la modification très rapide des cadences de production pour répondre aux exigences de flexibilité, comme à l'obligation de mobilité permanente, et souvent de mobilité « surprise » : on ne sait pas, en arrivant le lundi matin, à quel endroit ou à quel poste on va être affecté. Il devient alors impossible aux opérateurs concernés de s'identifier à une tâche en continu, ce qui produit un sentiment de déracinement, s'exprimant dans des constats tels que « je ne suis qu'un bouche-trou, je n'ai plus ma place nulle part ».

L'URGENCE COMME CONSTRUCTION MENTALE

Cependant, cette urgence « fabriquée » ne l'est pas seulement par l'entreprise. Elle peut aussi l'être par l'individu, de façon consciente – par exemple le fait de se fixer des échéances courtes pour se stimuler ou pour combattre une tendance excessive au perfectionnisme ou à l'indécision[3] – mais aussi inconsciente. Il s'agit alors d'une urgence intérieure, d'une nature différente de celle dont nous avons parlé jusqu'ici, mais qui rentre en résonance avec l'urgence extérieure et en démultiplie les effets. L'urgence devient alors une construction mentale, c'est-à-dire que la personne n'évalue pas la situation à l'aune de critères objectifs, mais selon une problématique intérieure qui déforme son appréciation de la situation. Travailler dans l'urgence, « prendre » les urgences peut ainsi constituer un moyen de réassurance personnelle, une façon d'assurer son pouvoir ou encore un mode de réponse à l'anxiété. L'individu tire alors du fait de travailler dans l'urgence permanente ce qu'on appelle en psychanalyse des «bénéfices secondaires», qui peuvent le conduire à une forme d'aliénation dont il n'est pas forcément conscient.

Un exercice classique, dans les séminaires de gestion du temps, consiste à placer les participants dans la situation fictive d'un départ en vacances, au moment où ils tentent de «boucler» leur valise. Le scénario proposé consiste à imaginer que, l'ayant trop chargée, ils ne parviennent pas à la fermer et à leur demander d'opter entre plusieurs options : retirer quelques affaires, appuyer sur la valise et la forcer pour parvenir à la fermer quand même, changer de valise et en prendre une plus grande (mais qui risque de dépasser le poids autorisé), ou encore retarder d'un jour leur départ pour se donner le temps de régler au mieux le problème. Les participants choisissent alors toute une gamme de solutions, depuis la décision de laisser ce dont ils n'ont pas vraiment besoin, ou d'acheter sur place ce qu'ils n'auront pas pu emmener, ou encore de s'asseoir sur la valise pour parvenir à la fermer coûte que coûte. La valise constituant une représentation de la manière dont chacun tente de faire face au surplus de tâches ou de responsabilités à assumer au cours d'une journée, l'exercice permet de faire comprendre à chacun comment sa façon de gérer son temps et ses activités est sous-tendue par la façon dont s'est construit mentalement, de façon souvent inconsciente, son espace-temps intérieur.

Un second exercice consiste à demander aux participants de se dessiner eux-mêmes dans une situation d'urgence. Ce dont on s'aperçoit alors, c'est que la plupart des dessins représentent des personnes aux prises avec des éléments venant *de l'extérieur*. Il est rarissime que l'urgence soit perçue comme une exigence intérieure, ce qui paraît convergent avec tous les mécanismes analysés précédemment mais qui, néanmoins, ne rend pas compte de la part de construction personnelle qui se surajoute à ce déferlement de l'extérieur. C'est pourtant cette urgence «intérieure» qui explique que, à situation égale, les uns parviendront à résister à la pression de l'extérieur et les autres non. Dans un cas, l'urgence extérieure sera évaluée à sa juste mesure; dans l'autre, elle sera démultipliée. Ainsi, quand on pose à certains participants la question : «là, dans cette circonstance, par rapport à cette demande qui vous est faite en urgence, si vous refusiez, que se passerait-il vraiment? », les gens sont souvent désarçonnés et ne savent pas répondre, tant la possibilité de refuser ne fait même pas partie des choses envisageables. Il est pourtant clair que certains paraissent mieux lotis que d'autres pour faire face à cette tyrannie de l'urgence. Quels sont alors les prismes intérieurs inconscients qui rendent les uns esclaves de l'urgence, tandis que d'autres sont en mesure d'y résister?

Plusieurs explications peuvent être avancées. La première tient à ce qu'on peut appeler un manque d'assertivité. L'assertivité, en psychologie, désigne la capacité d'exprimer à l'autre son désaccord ou les reproches qu'on a à lui faire d'une manière ferme, mais sans agressivité, sans tension, sans s'énerver ni manifester une émotion excessive. Elle recouvre donc la capacité à dire non et, en l'occurrence ici, à pouvoir refuser de céder à la pression d'une fausse urgence, en resituant les vrais enjeux, ou à celle d'une urgence impossible à satisfaire dans les délais demandés. Mais, de cette capacité, certains semblent totalement démunis et réagissent en «prenant» toujours davantage, en chargeant leur barque toujours plus. Le déséquilibre est alors manifeste entre la quantité de tâches et d'urgences absorbées au prix d'une surcharge personnelle épuisante et l'enjeu réel représenté par les urgences ou les tâches en question. L'urgence représente alors quelque chose que l'individu cherche en fait à s'approprier, à thésauriser, dans la mesure où elle constitue pour lui un moyen de régler un problème personnel, de calmer une anxiété intérieure en lui fournissant une justification extérieure, voire même un moyen de se prouver à lui-même sa propre existence. « Prendre » l'urgence, charger sa barque sans déléguer ce qui pourrait l'être ni resituer l'urgence dans ses véritables enjeux, constitue ainsi, dans certains cas, un symptôme d'autre chose, comme la quête d'une garantie à soi-même de sa propre compétence : « Tant que je peux en prendre toujours plus, ça veut dire que je ne suis pas encore dépassé. »

Ce peut être aussi une forme de démonstration que l'on se fait de sa propre supériorité ou de sa propre puissance : « je peux en faire plus que les autres » avec parfois, néanmoins, le sentiment qu'on s'est soi-même piégé, lorsqu'on réalise l'impossibilité de revenir en arrière. Non une impossibilité réelle, bien sûr, mais une impossibilité mentale, construite là encore par la personne elle-même, et qui met en jeu son image personnelle dans un raisonnement du type « je suis allé tellement loin vis-à-vis de ma structure sur le thème "vous pouvez y aller, vous pouvez m'en donner, je peux tenir le coup, mes équipes suivront" que si par hasard je reviens en arrière maintenant, ça va vraiment me desservir… » L'image de soi est centrale dans cette affaire et les choses se jouent aussi, souvent contre les apparences, en termes de pouvoir et de puissance personnelle comme si, de cette surcharge qu'on s'impose à soi-même, de cette impossibilité de refuser dont on se plaint, on tirait en fait un bénéfice secondaire : celui de l'assurance qu'on est indispensable et, par là même, la démonstration de sa propre supériorité et la justification de sa propre existence. «Celui qui ne peut pas refuser, commente ainsi un psychiatre intervenant en entreprise, y trouve aussi un bénéfice. Il devient celui sur lequel le boss compte toujours. Ce qui fait que, quand il y en a un à qui il faut refiler un truc, eh bien, c'est toujours lui. À la fois, il ne sait pas dire non et, en même temps, il s'aperçoit que le fait de ne pas avoir dit non le rend précieux. C'est pour lui une réassurance permanente, il vit ça comme : "à chaque fois qu'on m'en demande, ça veut dire que je suis indispensable". Du coup, on peut toujours en rajouter et, parfois, ça devient un gag dans le système, du type : "eh bien, on va refiler ça à Machin!" »

Ainsi, dans le fait d'être en permanence débordé, se joue une lutte contre une anxiété intérieure et un besoin de réassurance. Mais les choses peuvent aller plus profond encore et mettre en jeu une angoisse plus fondamentale, celle de mourir sans avoir vécu, sans avoir fait quelque chose de sa vie. Le vide de l'activité est alors synonyme de mort, renvoyant à la vacuité d'une vie non accomplie, comme si on n'avait pas rempli un contrat implicite, celui de devoir donner un sens à son existence. Le tourbillon d'activités fait alors fonction de sens à lui seul, l'urgence et la surcharge qu'elle implique rassurant plutôt qu'elles n'angoissent : «Aussi longtemps que j'aurai tant de choses à faire, que mon agenda sera plein, que je serai ainsi sollicité sans cesse et toujours plus, je ne pourrai pas mourir, je suis vivant à jamais.» D'où l'impérieuse nécessité de ne jamais laisser le moindre vide s'installer. Le vide, c'est la mort. L'activité permanente, l'urgence succédant à l'urgence deviennent ainsi les gages d'une vie bien remplie ou d'une carrière «réussie», seules preuves de l'accomplissement de soi dans un monde où les références à un au-delà se sont évanouies et où l'existence, avec sa finitude, demeure la seule certitude. La philosophie sartrienne illustre parfaitement cette conception d'une vie strictement inscrite dans la temporalité limitée de l'existence humaine. On la trouve par exemple dans ces mots que Sartre prête à Inès à la fin de *Huis-Clos*[4] : « Seuls les actes décident de ce qu'on a voulu », dit-elle à Garcin, et, lorsque ce dernier se plaint d'être mort trop tôt, de n'avoir pas eu le temps d'accomplir *ses* actes *à lui*, elle assène, définitive : « On meurt toujours trop tôt – ou trop tard. Et cependant, la vie est là, terminée ; le trait est tiré. Il faut faire la somme. Tu n'es rien d'autre que ta vie. » Pour ceux que tourmentent le salut de leur âme, fût-ce à l'aune de leur seule existence terrestre, il y a urgence. Urgence à avoir accompli ce que l'on voulait faire de sa vie, urgence à trouver le sens que l'on veut lui donner, urgence aussi à la réussir, quels que soient les critères que l'on mette à cette réussite. L'urgence, qui implique ce trop-plein d'activités pour s'opposer au vide de la mort, révèle ici son lien avec elle et c'est en rapport avec la mort que l'on peut tenter d'en comprendre la signification ultime.

L'URGENCE ET LA MORT

Pour saisir cette signification profonde de l'urgence, il faut considérer la manière dont nous nous projetons par rapport à notre propre finitude. Pour cela, il n'est pas inutile de rappeler de quelle façon l'homme parvient à donner un sens à son action durant le temps qui lui est imparti avant sa mort et à échapper ainsi au sentiment du néant. Le philosophe Marcel Conche[5], dans *Temps et Destin*, mentionne les principales « illusions » auxquelles l'homme a recours pour ce faire.

– La première est *l'illusion morale*, lorsqu'on se figure qu'en agissant moralement, « on acquiert des mérites qui nous demeurent attachés comme des propriétés » : l'homme moral acquiert en quelque sorte un droit sur le temps. C'est la signification de l'impératif moral dont Kant a montré la nature catégorique. Cet impératif signifie simplement qu'il faut faire ce qu'on doit parce qu'on le doit, en sachant bien pourtant qu'il n'y a rien à attendre ; il faut agir moralement en dépit de la mort. « Tu dois, bien que mortel », disait Montaigne. La volonté morale est essentiellement une volonté tragique.

– La deuxième est *l'illusion religieuse*, selon laquelle notre existence – ou celle en nous d'un principe immortel, l'âme – « se poursuivrait indéfiniment après la mort ». Cette croyance, en anéantissant la mort dans la nuit des temps, exerce ainsi une fonction d'illusion, d'ailleurs dénoncée par Freud. Dieu existe peut-être mais s'il ne sert qu'à dissimuler à l'homme sa condition mortelle, il n'est qu'une illusion.

– La troisième est *l'illusion sociale*. « On lutte contre la mort et l'oubli en se donnant la peine de "se faire un nom" », d'acquérir considération, notoriété, prestige ou gloire. On s'efforce vainement de ne pas mourir, de durer (peut-on rendre son nom immortel à l'échelle de la vie de l'humanité ?) pour transcender le destin humain qui implique la mort.

– La quatrième est *l'illusion ontologique* : je crois qu'« il y a » : « Tandis que je regarde ma maison, mes livres, mon jardin, je me laisse prendre à l'apparence de consistance du "réel" ». J'oublie que tout cela n'est qu'apparence. Croyant à la consistance des choses finies, je m'oublie en elles. Je suis là sur le versant de la *possession* et de l'*avoir*, non sur celui de la sagesse qui impliquerait le détachement à l'égard du périssable.

– La cinquième est *l'illusion pratique,* dans laquelle l'*agir* intervient comme opium ou divertissement. Dans l'action, l'homme pense à court terme, à ce qu'il y a à faire dans un avenir immédiat et proche. Il vit dans un temps rétréci « en oubliant le temps immense de la nature et la mort universelle ». Il a en vue seulement le fait de faire quelque chose, sans avoir conscience que ce quelque chose est voué au néant. L'homme agissant, qui s'occupe et s'affaire, vit dans un état de distraction (au sens pascalien du terme) par rapport à sa condition et à ce qui l'attend. « Il faudrait pouvoir consentir à l'action sans se perdre et s'illusionner en elle ». Mais l'action n'est souvent qu'une « fuite en avant », fuite de soi, remède à l'angoisse.

Quels liens pouvons-nous tenter d'établir avec la société contemporaine ? De toutes les illusions que nous avons citées, il est clair que notre société est fondée sur les deux dernières : la *possession* et le *faire,* l'*agir.* Les deux sont liés : agir pour posséder plus, conquérir de nouveaux marchés, de nouveaux objets. Agir pour ne pas mourir, garder notre place, assurer notre survie mais aussi, en tentant par tous les moyens de reculer les frontières de la mort, conforter notre illusion de toute-puissance. Dans cette course à la conquête et à la possession, l'urgence, renvoyant « à un temps social raréfié qui nous presserait d'agir de plus en plus rapidement pour en tirer avantage », constitue une « violence du temps », selon l'expression de Zaki Laïdi[6], un temps qui « aurait pris le pas sur l'homme » et que l'on cherche plus que jamais à maîtriser.

Le rapport subjectif à une situation d'urgence présente en effet une double facette. D'un côté il peut être vécu comme une contrainte (impossibilité de prendre le temps nécessaire, obligation d'agir sans délai), de l'autre il exprime une volonté de puissance. Dans tous les cas, l'urgence fait ressortir de manière extrême un rapport au temps sous-tendu par cette logique de possession et de rentabilisation dont nous avons parlé. Nous ne cessons de chercher à nous approprier le temps. Il se présente à nous comme une donnée quantitative que nous cherchons à posséder : *avoir* du temps, *manquer de* temps, *perdre* son temps, *gagner* du temps, les mots expriment bien cette volonté de soumettre et dominer le temps. Mais, tandis que nous cherchons à posséder le temps, bien souvent, au contraire, c'est le temps qui nous pressure et qui nous tient. Et si le temps nous possède, c'est qu'il nous est compté, qu'il n'est pas illimité, qu'il s'inscrit dans des limites étroites au bout desquelles se tient notre mort. Impossible, on l'a dit, de penser le rapport au temps sans poser le rapport à la mort et, à ce titre, l'urgence apparaît comme une exacerbation ultime de la tension du temps par rapport à l'échéance de la mort. La définition du mot « urgence » est d'ailleurs là pour le rappeler depuis le latin *urgere* qui signifie presser, pousser, bousculer, talonner, serrer de près, écraser, fouler, imprimer une force sur, voire accabler, tourmenter. Le mot a également été employé dans le sens de « s'occuper avec insistance de quelque chose, s'acharner à la poursuite d'un but ». Un peu plus tard apparaît, par exemple dans le *Trésor de la langue française*, cette notion de « qui contraint à agir sans délai, dont on doit s'occuper sans retard », notion que l'on retrouve aujourd'hui dans le *Grand Larousse Universel* où est défini comme urgent « ce qui ne souffre aucun retard » et implique « la nécessité d'agir vite ».

Comme le rappelle très bien Francis Jauréguiberry[7], « l'urgence naît toujours d'une double prise de conscience : d'une part, qu'un pan incontournable de la réalité relève d'un scénario aux conséquences dramatiques ou inacceptables et, d'autre part, que seule une action d'une exceptionnelle rapidité peut empêcher ce scénario d'aller à son terme… Dit autrement, on court à la catastrophe si rien n'est immédiatement mis en œuvre». Or quelle est la catastrophe par excellence? La mort, bien évidemment, d'où tout ce déploiement d'activités pour l'empêcher d'advenir. Et c'est là que l'urgence révèle l'irréversibilité du temps, parce qu'elle met le doigt sur une échéance au-delà de laquelle il sera trop tard, on ne pourra plus revenir en arrière[8] et on basculera dans la mort, c'est-à-dire dans l'absurde puisque, dans notre société, il n'existe plus de sens extérieur à la réalité que nous vivons. Avec la déthéologisation (plus de Dieu transcendant) et l'abolition des grands systèmes «porteurs de sens» (plus de Sens transcendant), il n'existe plus de parcours symbolique à accomplir pour tendre vers un sens qui existerait au-delà du présent immédiat : tout se passe ici et maintenant, dans le seul présent, un présent que l'homme contemporain absolutise et sacralise[9], ce qui explique et justifie la logique de l'urgence.

C'est donc en rapport avec la volonté de triompher de la mort que l'urgence des sociétés contemporaines prend tout son sens. Elle est reliée à deux logiques : une *logique de survie*, très présente dans la compétition économique actuelle, de même que dans le traitement des catastrophes humanitaires, et une *logique de puissance*, dans laquelle la volonté de maîtrise du temps se corrèle à celle de la maîtrise de l'espace : le «désir d'ubiquité», de gain de temps, de multiplication d'opportunités (par le biais des nouvelles technologies – Internet, téléphones mobiles… etc.) est, en filigrane, une aspiration à la puissance divine[10].

Le désir de triompher du temps apparaît ainsi comme l'expression de cette ubiquité existentielle, dont nous avons parlé, correspondant à la volonté de vivre sur le maximum de registres en même temps. Porté par le souhait de réussir sa vie dans tous les domaines, mû par un souci permanent de performance et d'intensité, « l'homme pressé » est en cela parfaitement représentatif de l'individu contemporain[11]. Son rapport au temps et à l'espace n'a plus grand-chose à voir avec celui de ses prédécesseurs et le « système de temporalité » dans lequel il s'inscrit dorénavant fait l'objet d'une reconfiguration profonde. L'urgence y est aux premières loges parce qu'elle est justement porteuse de cette intensité et parce que, synonyme d'accélération, elle semble permettre plus de performances, donc plus de réalisations. Chercher à la maîtriser peut alors être vu comme un moyen de se rendre maître du temps et donc de triompher de la mort.

Dans cette perspective, le fait de vivre dans l'urgence permanente et de « prendre » les urgences au-delà du nécessaire constitue moins une manière de calmer une anxiété intérieure, qu'un moyen de vivre plus intensément et une source de jouissance personnelle. Un cadre travaillant dans une agence d'intérim l'exprime de façon très explicite : « On est obligé de gérer en permanence toute une série de demandes parallèles et simultanées qui sont toutes urgentes. Il y a celle du client qui veut un intérimaire ayant telle ou telle compétence, celle de l'intérimaire lui-même qui cherche à se placer et qui, si on ne lui répond pas dans la demi-journée, est déjà pris en face par la boîte concurrente, celle de l'administration enfin qui nécessite de remplir des contrats très vite, tout en respectant toute une série de procédures très lourdes. On a en même temps la pression du client et celle du produit – c'est-à-dire le gars à placer – et ça nécessite une organisation très puissante et qui, en même temps doit s'adapter en permanence. Mais *c'est ça que j'aime, cette espèce de mouvement continuel, où tout bouge en permanence, cette impression qu'on n'a pas le temps de penser mais qu'on vit à trois cents à l'heure, le plaisir de l'action, résoudre plein de problèmes très vite et en même temps, trouver des solutions tout le temps, voir plein de gens qui vous disent merci, c'est un sentiment de toute-puissance, l'impression de tenir tout avec maîtrise, une espèce d'étourdissement...* »

Un dirigeant de ressources humaines appartenant à la même grande société d'intérim confirme ce sentiment, tel qu'il l'observe de l'extérieur en voyant fonctionner le personnel des agences : « On a l'impression que *si ça s'arrêtait, ils ne supporteraient pas, c'est-à-dire qu'il y a une jouissance dans cette espèce de folie,* ils adorent ça. Comme, en plus, c'est très relationnel puisqu'ils ont affaire à des gens en permanence, c'est plein d'émotions, mais c'est aussi plein du sentiment de vouloir gagner avant les autres, et ils disent qu'*ils sont shootés à ça !* » L'urgence s'inscrit alors comme un de ces comportements « addictifs », une sorte d'amphétamine de l'action qui permet de vivre plus vite, plus fort, plus intensément. Elle apparaît comme l'expression d'une immense pulsion de vie, qui résout les problèmes et apporte des solutions, ou plutôt comme le moyen de faire triompher la pulsion de vie sur la pulsion de mort qui se cache aussi bien derrière la monotonie routinière d'une activité morne, sans intérêt ou dépourvue de sens, que derrière les éventuelles conséquences dramatiques des scénarios pouvant survenir dans tel ou tel pan de la réalité, si on n'intervient pas très vite pour les empêcher d'advenir.

Héros de soi-même : l'ivresse de l'urgence et la jouissance de l'instant

Les problèmes à régler en urgence qui jalonnent la vie professionnelle sont alors vécus comme autant de batailles à livrer et d'exploits à accomplir dans un parcours «héroïque» de sa vie professionnelle ou de sa vie tout court, exploits qui procurent ce surcroît d'intensité de vie dont on a besoin pour se sentir vraiment exister. C'est en tout cas ce qu'exprime Sylviane, consultante senior dans un grand cabinet de conseil et de formation, mère de deux enfants, et pour qui les urgences sont un pain quotidien.

«Le métier que j'exerce est un métier commercial et l'urgence a plusieurs origines. D'abord, nous recevons des demandes de l'extérieur, avec des *deadlines*, des délais. Ces délais, il faut les respecter parce que c'est le premier signe positif qu'on va donner à un client mais, du coup, ça implique un rétro-planning avec une multiplicité d'acteurs dont il faut que j'intègre les contraintes, ce qui implique une multitude de tâches avec, pour chacune, un micro-planning à effectuer. Chaque tâche est un facteur d'urgence en elle-même, ce qui fait que le processus tout entier va se dérouler en urgence. Parfois, je reçois cent e-mails par jour, auxquels je dois répondre sur des micro-trucs et il faut gérer l'ensemble sur un laps de temps très court. C'est accentué par le fait que *nos clients ont tendance à réduire de plus en plus les délais qu'ils nous donnent pour ces réponses : il y a six ans, on avait un mois pour répondre, maintenant c'est dix jours et ces délais raccourcis font peser sur nous de nouvelles contraintes*, qui sont d'ailleurs une répercussion de celles que vivent nos clients. Et puis, il y a une urgence qui vient du management de mon équipe, parce que j'ai des demandes qui pleuvent sur moi en permanence, auxquelles il faut que je réponde là aussi dans l'instant. Enfin, il y a ma vie personnelle et là, l'urgence est chronique, c'est-à-dire que quand je rentre chez moi, *j'ai tout un tas de tâches à remplir vis-à-vis de mes enfants, en un laps de temps très précis, entre sept heures et huit heures trente le soir – bain, cuisine, dîner, histoire à raconter* – et tout ça doit être conduit de manière accélérée, tout en maintenant la qualité de la relation. Et pour gérer ça, là aussi, il faut tout le temps anticiper. Sur ces tâches que j'enchaîne, j'ai toujours un temps d'avance : par exemple quand j'ouvre l'eau du bain, je réfléchis au dîner et je me dis "est-ce que c'est long à cuire ou court ?". Si c'est long, je sais que je vais devoir mettre les choses en route immédiatement après avoir fait couler le bain. Si ça peut passer au micro-ondes, je peux prendre un peu plus de temps et, par exemple, laver les cheveux de mes enfants. Mais j'essaie d'anticiper à quelle heure j'aurai fini et j'ai l'impression de me projeter en permanence pour organiser la bonne articulation entre ces différents moments, de manière à ce qu'il n'y ait jamais de heurts ni de télescopage et que tout s'enchaîne… Mais en fait, que ce soit dans le monde professionnel ou sur le plan personnel, *la gestion des urgences implique une montée d'adrénaline que moi, je trouve agréable*. Le fait d'être sous tension, d'agir vite, rapidement, efficacement, me fait me sentir dans *une position un peu héroïque*. Je suis au milieu de l'action et je maîtrise un certain nombre d'éléments, qu'ils soient physiques, relationnels, temporels ou autres, et *j'en retire une sensation de puissance*. C'est un peu ridicule de dire ça, mais *il y a une fonction héroïque à gérer des urgences*. Je me sens, comment dire, *puissante* dans ces moments sous tension, ça me force à me dépasser et ça me met dans une position hyper valorisante vis-à-vis de moi-même. Quand je me rends compte que je suis en train de traiter une montagne de choses en même temps, que j'ai l'impression d'être au cœur d'un processus que je dois aider à naître et à se dérouler, en hiérarchisant mes priorités, en anticipant ce qui va se passer, en prenant en compte les contraintes des autres, dans tout ce processus complexe que je suis en train de gérer, quelque part, *je me sens... pas le Maître du monde... mais... tout juste!* Je me sens *vivre plus fort*, il y a vraiment un plaisir lié à ça. J'aime bien sentir cette montée d'adrénaline, j'ai plaisir à *dominer le temps*, ces processus complexes, ces relations en interaction... Pas dominer au sens d'écraser, mais au sens de maîtriser. C'est comme un plaisir de sportif, un plaisir assez intense et ponctuel, et qu'on oublie. J'ai vécu plusieurs situations d'urgence faites de choses tellement intenses que ma mémoire les efface, j'oublie... En fait, on est tellement focalisé sur une action précise, tendu vers un but que le reste n'existe plus. Et c'est ce qui est grisant, être entièrement dans une action difficile mais dont on pressent qu'on pourra l'accomplir et le plaisir qui va consister à dire "OK, je l'ai fait!", en oubliant tout le reste. C'est des moments intenses, on se souvient du résultat et de la tension qu'il y a eu avant, mais une fois que tout ça est terminé, c'est l'oubli.

Question : Vous avez dit qu'il y avait une dimension héroïque dans le fait de gérer des urgences ?

Un héros, c'est quelqu'un qui accomplit des actes extraordinaires *en se surpassant,* en faisant des actions que la personne normale aurait du mal à accomplir. Une partie de la jouissance vient de là, du fait de se sentir au centre d'un processus et de *se surpasser en faisant des choses hors du quotidien, c'est certainement assez jouissif.* Et ces exploits, ces petits exploits que j'accomplis dans ma vie professionnelle, ça me valorise à mes propres yeux, parce que je me sens vivre plus fort, j'ai l'impression que les choses s'accélèrent, que je vis des moments forts et que je les vis avec plus d'intensité. Même s'il n'y a que moi qui les vois, ces moments-là, je me dis "eh bien, tu vois, ma vieille, tu t'en es encore sortie cette fois-ci !".

J'aurais du mal à travailler dans l'urgence, si je ne croyais pas au but que je poursuis. Aujourd'hui, je suis très *autonome*, ce sont mes clients qui me donnent mes urgences, c'est le challenge de gagner un beau projet, je fais des choses dont *le but m'intéresse et me porte*, mais si on me forçait à faire des choses auxquelles je ne crois pas ou dont je pense qu'elles sont mauvaises, là le travail en urgence n'aurait plus de sens. Il y a plein de gens dans l'entreprise qui sont confrontés à ce genre de situation. *Moi, le truc qui me dérange, et là-dessus, je me voile la face, c'est que je ne sais pas trop ce que ça pourra m'apporter sur le long terme*, c'est-à-dire que lorsque ces urgences, un jour, ne me seront plus imposées par ma vie professionnelle, je me demande *quelle sera ma capacité à gérer l'après urgence ou les périodes d'urgence plate ou une vie professionnelle sans urgence*. Je pense que je m'ennuierai et que je me mettrai des urgences en me fixant des échéances qui me forcent à retrouver ce mode de fonctionnement, parce que c'est intrinsèque chez moi. Ou alors, de temps en temps je fantasme complètement et je me dis au contraire que *j'aimerais écrire, poser une œuvre*, quelque chose à moi de concret, quelque chose que j'aurais construit. J'ai toujours ça dans ma tête : "un jour j'écrirai". *C'est un peu ma soupape*, comme une marionnette que je sors de ma boîte. Actuellement, si je pars du cabinet, je laisserai un département qui a doublé de volume en trois ans mais c'est tout. Et je me rends compte *qu'on est parfois prisonnier du plaisir qu'on a à gérer ces urgences*, c'est comme *une drogue* et ça fait qu'on s'oublie du point de vue personnel. Ce bouquin, je l'ai dans la tête depuis des années et je me dis qu'un jour viendra, quand les enfants seront plus grands… Je ne capitalise pas vraiment dessus dans la mesure où ma vie est tellement remplie qu'il n'y a pas de place pour autre chose, mais j'espère un jour voir se dégager une petite place et que j'arriverai à la combler et que j'écrirai. Aujourd'hui, ma vie est assez pleine, des enfants en bas âge, une vie professionnelle intense, bien que je me rende compte que par rapport à ce que vivent certaines personnes dans les entreprises, ma vie professionnelle est loin d'être dévorante, *les urgences ne me mangent pas, j'arrive à trouver des moments où je peux récupérer pour pouvoir en gérer d'autres*. Mais c'est grisant de travailler dans l'urgence, *c'est grisant au sens où on oublie le reste et où on est dans l'instant, l'instant de l'exploit*, et donc ça, c'est satisfaisant, tout en ayant à l'arrière-plan une espèce d'inquiétude où je me dis : "Tout ça, où est-ce que ça te mène, qu'est-ce que tu construis avec tout ça ?, ton mur avec tes briques, c'est quoi ?". Évidemment, c'est moi, c'est moi qui me construis, mais ça n'a pas forcément la qualité qu'on aimerait que ça ait… Et l'exploit y contribue, mais *l'exploit, c'est une petite mort, et c'est un summum aussi*. Après il faut se ressaisir et passer à autre chose. Mais ça, on ne pourra pas nous l'enlever, ces moments intenses qu'on a vécus. C'est une petite pierre au mur dont je parlais. »

Plusieurs points paraissent importants dans ce témoignage :

– Il faut d'abord noter que Sylviane travaille dans un contexte de relative autonomie, qu'elle souligne d'ailleurs elle-même. Elle est responsable de son département et, si elle rencontre et même recherche l'urgence, elle ne la subit que de manière relative. L'urgence ne s'impose à elle qu'au travers des demandes de ses clients et de la gestion des partenaires impliqués dans le montage des différents projets sur lesquels elle travaille et dont le but l'« intéresse et la porte ». À la différence de bien des cas évoqués jusqu'ici, il n'existe pas d'interférence de l'organisation à laquelle elle appartient pour lui imposer un rythme qui ne serait pas le sien ou des obligations qui ne seraient pas relatives aux projets eux-mêmes. Elle est en prise directe avec l'urgence, sans interférences, avec une possibilité de prévisions et d'anticipation qui lui permet de ne pas la subir et d'être en position de l'affronter pour la maîtriser.

– Le thème de la volonté, ou plutôt du désir, de maîtrise du temps est le plus évident. C'est le fait de *posséder le temps* qui est source de plaisir et même de jouissance, parce qu'il permet de se sentir tout-puissant. Quand elle dit se sentir *le maître du Monde* ou tout comme, on retrouve ce sentiment de puissance déjà évoqué à propos des technologies de l'instantané qui, permettant de se sentir *maître du temps*, laissent pointer en filigrane le désir de puissance divine qu'elles recouvrent.

– Le thème du plaisir, procuré par le fait de vaincre l'urgence, est très clair aussi. Il comporte une connotation sexuelle évidente : plusieurs des expressions utilisées renvoient directement à ce registre : *jouissance*, *jouissif*, *puissant*, l'exploit comme *« petite mort »*, expression synonyme de l'orgasme sexuel, et aussi comme *« summum »*. C'est un plaisir très intense, qui ne laisse pas vraiment de souvenir, si ce n'est le désir de le renouveler très vite, c'est-à-dire, ici, de traiter de nouvelles urgences.

– Le thème du *« héros »* est particulièrement intéressant. Cette fonction *héroïque*, dont parle Sylviane à propos de la gestion des urgences, s'inscrit dans toute la problématique de la construction de soi qui traverse tout l'entretien. Un « héros », dans la mythologie, c'est d'abord quelqu'un qui siège dans un entre-deux mondes, à mi-chemin entre les hommes et les dieux, parce qu'il est fils d'un dieu ou d'une déesse et d'un ou d'une mortel(le). Cette comparaison choisie par Sylviane renforce notre observation précédente sur le désir de puissance divine qui se dévoile au travers du désir de maîtriser le temps. Toujours dans cette acception mythologique, le mythe classique du héros comporte l'idée d'un voyage périlleux, au cours duquel le héros doit surmonter une série d'épreuves difficiles et accomplir des exploits où il fera la preuve de sa bravoure, avant de pouvoir prendre le chemin du retour. La partie la plus périlleuse du voyage, dans le mythe classique du héros, peut se passer sur terre ou sur mer mais, comme le souligne Campbell[12], elle est « au premier chef intérieure – dans les profondeurs où d'obscures résistances sont vaincues, où des pouvoirs oubliés, depuis longtemps perdus, reprennent vie, qui pourront être mobilisés pour la transformation du monde ». Une fois qu'il a traversé son épreuve surhumaine, le héros archétypique réapparaît, transformé en une personne qui a le pouvoir de répandre de grands bienfaits sur son prochain. Si l'on prend à présent une acception plus littéraire du terme, le héros désigne le personnage principal d'une œuvre littéraire, dramatique ou cinématographique.

Dans le cas de Sylviane, tous les éléments concordent : les exploits à accomplir, les combats à gagner sont ceux de la vie quotidienne, professionnelle ou personnelle, mais ils sont rendus très difficiles du fait de la complexité des situations à gérer (multitude d'actions et d'acteurs à coordonner) et surtout de la lutte contre le temps qu'ils impliquent. Le récit que fait Sylviane de son *timing* personnel, et que l'on retrouve d'ailleurs chez d'autres femmes, montre un combat quotidien et une tension permanente pour gagner la bataille du temps : anticipation continuelle, planification, rétro-plannings, coordination des tâches en fonction de la durée anticipée, il n'est pas une seconde qui ne s'inscrive dans un corps à corps avec le temps, dans une mobilisation de toute la personne pour venir à bout de l'ennemi. C'est le Temps qui figure le monstre dont les héros contemporains de l'urgence se sont donnés pour mission de venir à bout, c'est le temps qu'il leur faut soumettre et dominer. Les impératifs de la société marchande (décrocher le plus de contrats possibles dans les meilleurs délais possibles) se conjuguent ici avec ceux de la construction personnelle de soi et c'est dans le combat pour pouvoir réaliser toutes les potentialités de sa personnalité, tous ses « talents », toutes les facettes de son identité, que se joue la dimension intérieure du voyage que nous évoquions plus haut. C'est dans l'affrontement avec la complexité et les difficultés d'une vie professionnelle difficile et chargée et dans la capacité à la cumuler avec une vie personnelle réussie qu'on parvient à se révéler à soi-même ce dont on est capable et, ce faisant, à construire, brique par brique, ce mur de l'édification de soi-même dont parle Sylviane.

– Le dernier thème qui parcourt le témoignage de Sylviane est celui de l'*intensité de l'instant*. Elle parle à plusieurs reprises du plaisir très fort et des moments *intenses* qu'elle a vécus, au cours de ces actions accomplies dans l'urgence. Mais elle dit aussi que ces moments intenses, une fois accomplis, s'oublient, qu'il ne reste pas de souvenir du contenu, seulement celui de l'intensité. Et c'est là que s'opère la jonction avec l'autre temps du témoignage, celui justement du regret du temps long et de l'œuvre qui dure, celui, lancinant, de la nostalgie de pouvoir un jour mettre sa vie en récit. D'où ce projet entretenu comme *une soupape*, dit-elle, *une marionnette*, de pouvoir un jour, écrire un livre. Ce livre, on n'en connaît pas le genre – roman, essai, histoire –, mais on sait qu'il est ce qui permet à Sylviane d'assumer la tyrannie du temps court, celle de l'instant aussitôt évanoui, dans laquelle se déroule l'essentiel de sa vie professionnelle. Mais il est aussi, ce projet d'écriture, le fantasme qui lui permet de continuer à goûter les plaisirs immédiats et grisants de l'urgence. Toute la fin du témoignage de Sylviane évoquant «la fin des urgences», l'avènement des urgences plates, c'est-à-dire d'une vie sans urgence, est passionnante à observer sur ce point. Elle prend la forme d'une longue oscillation entre le désir de trouver le temps nécessaire pour écrire et celui de se fixer des échéances pour retrouver ce rythme d'urgence dont elle a besoin pour continuer à fonctionner et se sentir exister comme elle aime, c'est-à-dire intensément. Après avoir mentionné cette nécessité des échéances, elle passe au thème de l'écriture comme substitut d'intensité, puis évoque sa vie trop remplie, qui ne lui permet pas de s'y livrer. Elle évoque aussi le fait qu'elle est prisonnière du plaisir éprouvé à gérer l'urgence, celle-ci fonctionnant comme une drogue. Puis elle revient au livre qu'elle aimerait écrire, tout en précisant immédiatement après que, les urgences ne la mangeant pas totalement, elle trouve néanmoins des moments pour récupérer *afin de pouvoir gérer d'autres urgences*, ce qui lui permet de revenir sur la *griserie* de l'urgence, avant de s'interroger sur la signification profonde d'une vie absorbée dans l'intensité de l'instant vécu – «*qu'est-ce que tu construis avec tout ça, ton mur avec tes briques, c'est quoi?* » – et de terminer sur l'exploit comme «*petite mort*», qui constitue, à sa manière, une brique dans l'édifice de la construction de soi.

Toute sa réflexion constitue un long balancement entre la jouissance d'une temporalité courte, celle de l'instant, évanoui aussitôt que vécu mais porté à l'incandescence par la griserie de l'urgence, et celle d'une temporalité longue, celle de l'avenir, celle du temps d'après la jouissance du moment, celle de l'écriture, celle, enfin, du récit. Car ce qui manque à Sylviane, dans ce moment de sa vie et de ce témoignage, c'est bien cette possibilité de mettre sa vie en récit pour pouvoir donner un sens à sa trajectoire et dépasser l'aporie du temps. Seul un récit, en tant que médiation narrative, nous aide en effet – comme le rappelle Paul Ricoeur[13] – à saisir le temps, à tenter de le capturer avant qu'il s'évanouisse. Tandis que l'urgence, qui nourrit la volonté folle d'annuler le temps et, surtout, en donne l'illusion, est un piège du temps. Alors qu'on croit la maîtriser, elle prépare sa revanche : elle grise l'individu, elle le drogue et l'étourdit, lui laissant aux lèvres le regret de l'intensité mais minant en lui la capacité à se projeter dans le temps. Elle est bien, en cela, «la marque d'un temps qui aurait pris le pas sur l'homme[14].» Et Sylviane, héroïne de l'Instant, le sent bien, qui se raccroche à son désir d'écrire pour ne pas disparaître tout entière dans la griserie de l'urgence.

Femmes dans l'urgence : la tension des temporalités

Tout ce que nous avons évoqué jusqu'ici à propos de l'urgence, dans sa double dimension externe et interne, s'applique à notre sens aussi bien aux femmes qu'aux hommes. L'urgence économique et la culture d'urgence s'imposent à tous. Quant à l'urgence intérieure, elle renvoie à l'histoire personnelle de chacun et n'a rien à voir avec le fait d'être homme ou femme. De même, la tension ou le plaisir suscités par les situations d'urgence ne sont pas affaire de sexe. Il est cependant une spécificité propre aux femmes qui rend plus fréquentes pour elles ce type de situations et plus aigu le sentiment d'urgence. La dualité des temporalités, professionnelle et domestique, à laquelle elles sont soumises est en effet source d'une beaucoup plus grande tension. Le témoignage de Sylviane le donne à voir quand, après avoir énuméré les différents types d'urgence auxquels elle est confrontée durant sa journée professionnelle – celles tenant aux clients, aux délais, au management de son équipe – elle évoque «l'urgence chronique» qui l'attend le soir, dans sa vie personnelle. Le récit qu'elle en fait semble une répétition de ce qu'elle a vécu sur son lieu de travail : ici, comme là-bas, déferle sur elle une multitude de tâches – bain, cuisine, dîner, histoire – à accomplir en un laps de temps réduit, donc de manière accélérée. Quant aux dispositifs auxquels elle a recours pour y faire face, ce sont ceux qu'elle a mis en place dans sa vie professionnelle : anticipation permanente – «est-ce que c'est long à cuire ou court ?» –, micro-planning pour chaque tâche à effectuer – «si ça peut passer au micro-ondes, je peux laver les cheveux de mes enfants» –, projection constante pour assurer une bonne articulation des différents moments.

Ce qui rend le problème plus aigu pour les femmes, c'est d'abord le fait que l'intensité de leur effort se déroule sur deux «fronts» en même temps, ce qui est loin d'être le cas pour la grande majorité des hommes, malgré les tentatives publicitaires pour nous faire croire le contraire. C'est ensuite le fait que les années décisives d'une vie professionnelle, celles au cours desquelles se construisent les étapes importantes d'une carrière, coïncident pour les femmes avec celles permettant de vivre l'expérience de la maternité. Du fait du laps de temps relativement étroit qui leur est donné pour avoir des enfants, les femmes sont d'abord habitées, beaucoup plus que les hommes, par une urgence biologique : passé un certain âge, la maternité ne sera plus possible. Elles sont ensuite confrontées à une pression domestique qui se télescope avec les exigences de leur vie professionnelle. Devant assumer en même temps la plénitude de ces deux vies et la multiplicité des efforts qu'elles requièrent simultanément, les femmes vivent, plus que les hommes, dans la tension permanente de ces temporalités contradictoires. Gérer en même temps les obligations qui relèvent de ces deux registres ne peut souvent se faire qu'au prix d'une intense pression et d'un régime d'urgence plus ou moins permanent. Une urgence issue de l'impérieuse nécessité d'achever une tâche en temps voulu pour pouvoir aborder les suivantes, dans un contexte où la multiplicité de ces dernières exclut souvent la moindre pause. La volonté de beaucoup de femmes d'assumer la plénitude de leurs potentialités, donc de ne rien lâcher, ne fait qu'accroître ce phénomène. « J'étais dans une situation, explique ainsi une femme cadre supérieur dans une grande entreprise de services, où il était impensable pour moi de ne pas m'occuper de mes enfants et impensable de ne pas travailler. J'avais deux enfants à vingt-quatre ans, trois à vingt-sept. La seule manière de m'en sortir à ces moments-là, c'était d'aller très vite. C'était un pré-requis. Il fallait que je capte à toute vitesse, que je synthétise à toute allure, que je produise très vite. La vitesse était mon seul recours, sinon ça ne tenait pas. J'ai toujours vécu avec ce sentiment que tout devait être au carré. C'est au millimètre que ça se passe dans le découpage de ma vie, entre les courses, les enfants, le bureau et le reste. Il y a très peu d'espace. Je ne le vis pas mal, d'ailleurs, j'ai toujours fait des choses qui m'intéressaient, je ne me suis jamais interdit quelque chose qui me passionnait. Mais le prix à payer, c'est que je ne peux pas « déconner » avec le temps, laisser des trucs traîner, repousser les choses que je dois faire, ne pas tenir mes engagements ou alors me mettre par ma faute en situation d'urgence parce que je n'aurais pas anticipé suffisamment. C'est ça le prix que je paye, c'est cette maîtrise très serrée de mon temps et de mon organisation personnelle à laquelle je suis contrainte. »

Chapitre 5

Les pathologies de l'urgence

Ce qui ressort des sentiments positifs suscités par ces nouvelles modalités du temps que sont l'instantanéité et l'urgence, c'est ce sentiment que nous avons souligné de pouvoir maîtriser, voire abolir le temps, et l'impression de toute-puissance qui en découle. Dans le cas de Sylviane, il est indéniable que l'urgence agit comme un formidable démultiplicateur de performances. L'urgence la stimule, l'incite à donner le maximum d'elle-même et à se surpasser sans cesse. On retrouve là les caractéristiques classiques du stress dit «positif», qui agit de la même façon[1]. Mais si l'urgence fonctionne ainsi pour elle comme un *booster*, c'est aussi parce qu'elle croit à la finalité de ce qu'elle fait et des projets auxquels elle travaille, qu'elle peut les inscrire dans une continuité de sens. C'est aussi, nous l'avons dit, parce qu'elle affronte l'urgence de manière relativement autonome et non subie. Tel n'est pas le cas dans toutes les entreprises où, bien souvent et comme l'exprime une des personnes que nous avons interviewées, «la ligne directrice n'est pas droite, elle est brisée : on nous demande de travailler sur un projet super important et, du jour au lendemain, d'un coup il n'y a plus rien parce qu'un budget n'a pas été accepté ou n'importe quoi d'autre. Du jour au lendemain, c'est fini et ça arrive souvent. Alors, pour comprendre la logique et pour savoir ce qui est urgent et pas urgent… ! ».

Au lieu d'une victoire remportée sur le temps, confortée par le succès de l'action entreprise, c'est à un engluement que les caprices de l'urgence confrontent alors l'individu. Loin de pouvoir transformer cette contrainte à l'immédiateté dans la réponse à apporter aux exigences du marché – marché économique, marché de la réussite de soi-même – en une occasion de développement et de succès, l'individu se retrouve enfermé dans une obligation de réactivité tous azimuts qui lui interdit toute prise de distance par rapport à l'ici et maintenant et l'enserre dans la « tyrannie de l'urgence[2] ». L'urgence se révèle alors comme une perversion du temps. Perversion du temps physique, devenu celui du fonctionnement « en temps réel », qui bouscule le déroulement des activités quotidiennes dans un permanent processus de télescopage et, par son emprise sur le temps subjectif vécu par l'individu, conduit celui-ci au sentiment de ne plus pouvoir faire face et, à partir de là, à des pathologies diverses dont la fameuse « dépression », maladie caractéristique de notre époque, constitue l'une des formes les plus tangibles.

Ces pathologies favorisées par l'urgence – car l'urgence ne crée pas, en soi, de pathologies spécifiques – n'ont pas été étudiées en tant que telles. Certains auteurs, comme Denis Ettighoffer et Gérard Blanc[3], ont cependant esquissé le portrait de ce qu'ils appellent *l'homme stochastique*, d'après le terme utilisé pour désigner les phénomènes relevant du hasard et des probabilités : « ses valeurs sont emportées dans un maelström de sensations fugaces qui ont perdu toute logique… L'homme stochastique n'a plus de discipline personnelle, on ne sait pas s'il rentrera chez lui ce soir et à quelle heure… éclatée, sa trajectoire est aussi erratique que sa vie, laissant mille malheureux sur sa route. Un jour, on le trouvera cramponné à son téléphone et à son portable, dans les toilettes d'un TGV qui part pour une destination qui n'a rien à voir avec celle de son billet… Branché sur les réseaux électroniques, l'homme stochastique est vidé de son sens, soumis aux pures sensations de l'immédiateté, qui lui sert désormais de stimulus artificiel dont il a du mal à se passer… Ses sens sont surstimulés, son esprit survolté, son langage haché, comme ses phrases qu'il ne finit jamais : il surfe…[4] » On pourrait penser qu'il s'agit là d'un tableau extrême. Et pourtant, nombre de personnes entraînées dans les tourbillons de l'immédiateté et de l'urgence ne sont pas loin, par moments, de ressembler à ce portrait.

Sans aller aussi loin, cependant, ce qui est certain, c'est que le sentiment de ne pouvoir échapper à l'urgence et de devoir accélérer sans cesse génère l'impression d'être pris dans un cercle vicieux auquel on ne peut échapper. Dans certains cas, l'accélération obligée du rythme auquel on est soumis dans l'univers professionnel génère le sentiment d'être pris dans un tourbillon mortifère : « Une de nos difficultés, explique ainsi l'un des dirigeants d'une grande entreprise française, c'est de faire comprendre qu'à partir du moment où on arrête de progresser, on se dégrade… Mais on est tous éclatés en deux, car qui dit "progrès permanent" dit "aller de plus en plus vite" et on va jusqu'à se crasher, parce qu'on est absolument persuadé que qui dit arrêt du progrès dit mort. Mais le rythme s'accélère de plus en plus… » En caricaturant à peine, on pourrait résumer ce constat de la façon suivante : « Si on n'accélère pas le rythme, l'entreprise va mourir, mais si on accélère trop, c'est nous qui allons mourir. » Se révèlent, à travers ce témoignage, aussi bien l'indissolubilité du lien entre performance, vitesse et accélération, que l'angoisse de mort qui sous-tend l'ensemble.

Si les pathologies liées à l'urgence et l'accélération obligée n'ont pas été étudiées en tant que telles, c'est parce qu'elles se sont inscrites dans tous les désordres liés au stress qui ont fait, eux, l'objet d'une abondante littérature[5]. Il est néanmoins intéressant de cerner plus précisément comment ces situations, liées au changement obligé du rapport au temps, traversent les individus, modifient profondément leur comportement et entraînent parfois une véritable «corrosion» de leur personnalité, ou plutôt de leur «caractère».

LA «CORROSION» DU CARACTÈRE

Dans son dernier ouvrage, traduit sous le titre *Le travail sans qualités*[6], le sociologue américain Richard Sennett utilise une expression très pertinente – la «corrosion du caractère» qui constituait d'ailleurs le titre original de son ouvrage : *The Corrosion of Character* – pour étudier les conséquences humaines de la flexibilité exigée par les formes nouvelles du capitalisme. Estimant que l'expression était impossible à rendre en français, les éditeurs français de Richard Sennett ont choisi de renoncer à une formulation pourtant particulièrement appropriée pour rendre compte des modifications profondes induites sur les personnes par les nouvelles contraintes et par le rythme du travail contemporain. En ce qui concerne le mot *caractère*, Richard Sennett prend soin, dans l'introduction de son livre, d'expliquer pourquoi il a choisi ce terme, plutôt que celui de *personnalité* : l'idée est que le caractère se réfère plus aux relations que nous avons avec les autres, de même qu'avec l'évolution à long terme de notre expérience émotionnelle. Il se rapporte aux traits de personnalité que nous apprécions le plus en nous et par lesquels nous cherchons à être appréciés par les autres. La personnalité, en revanche, ne comporte pas cette dimension d'interaction avec les autres, elle désigne davantage les désirs et sentiments «couvant en chacun de nous à l'abri des regards indiscrets».

Le propos de Richard Sennett se centre sur la façon dont notre société du «court terme» entre en conflit avec la possibilité de poursuite des objectifs et surtout des valeurs de long terme : «Comment décider de ce qui a une valeur durable pour nous dans une société impatiente qui ne s'intéresse qu'à l'immédiat... comment cultiver des loyautés et des engagements mutuels au sein d'institutions qui sont constamment disloquées ou perpétuellement refaçonnées? » Son ouvrage s'ouvre sur l'histoire de Rico, un jeune Américain qu'il a connu enfant et qu'il retrouve longtemps après, lors d'une rencontre fortuite dans un aéroport. Entre-temps, Rico a «réussi» et créé son propre cabinet de conseil, après avoir connu plusieurs expériences de forte mobilité. Néanmoins, dans le récit qu'il fait de sa vie, il met en avant le malaise ressenti du fait de l'impossibilité où il se trouve de satisfaire, dans sa vie personnelle, aux valeurs qu'il estime essentielles à la protection et la continuité de sa vie familiale – loyauté, fidélité, engagement –, toutes valeurs de long terme irrémédiablement perverties, érodées par le type d'existence que lui imposent la mobilité et la flexibilité permanente exigées par son travail. Richard Sennett s'interroge alors sur le fait de savoir comment entretenir des relations sociales durables, comment se forger une identité et se construire un itinéraire dans une biographie faite d'épisodes et de fragments : «Dans la nouvelle économie, l'expérience dominante est celle de la dérive de lieu en lieu, de job en job [...] Le capitalisme du court terme menace de corroder [...] les traits de caractère qui lient les êtres humains les uns aux autres et donnent à chacun un sentiment de son moi durable[7].» Malgré le désir de Rico de résister à cette dérive et son attachement aux valeurs temporelles de loyauté, d'engagement et de détermination qui le définissent de manière permanente et fondamentale, sa volonté est devenue statique et il est pris au piège : il ne peut qu'affirmer ces valeurs, *il ne peut plus les vivre*. Et Sennett de montrer que ce qui manque entre les deux extrêmes de la dérive et de l'affirmation statique, «c'est un récit, une narration susceptible d'organiser sa conduite. Les récits sont plus que de simples chroniques des événements. Ils donnent forme à l'avancée du temps, suggérant pourquoi les choses arrivent et en montrant les conséquences. Enrico [le père de Rico] avait pour sa vie un récit linéaire et cumulatif, un récit qui avait un sens dans un univers éminemment bureaucratique, Rico vit dans un monde plutôt marqué par la flexibilité et les flux à court terme. En termes de récit, ce monde n'a pas grand-chose à offrir, ni socialement ni économiquement. Des sociétés sont démantelées ou fusionnent, des emplois apparaissent et disparaissent, comme des événements sans lien les uns avec les autres [...] Le régime temporel du néo-capitalisme a créé un conflit entre le caractère et l'expérience, l'expérience d'un temps disjoint menaçant l'aptitude des gens à se forger un caractère au travers de récits continus[8]».

On retrouve, à propos de Rico, cette nécessité de la mise en récit, dans laquelle l'individu peut inscrire et trouver un sens à sa destinée, que nous avions soulignée à la fin du chapitre précédent. C'est cette même nécessité qu'avait perçue Sylviane, dans ce désir d'écrire auquel elle revenait de façon lancinante et qu'elle entretenait comme une bouée de sauvetage indispensable pour ne pas disparaître dans l'intensité de l'instant, évanouie aussitôt que vécue. Faute de cette possibilité, qui peut s'exprimer par l'écriture mais aussi, par exemple, dans un parcours analytique (qu'il relève de la psychanalyse ou de toute forme de thérapie permettant à l'individu la mise en perspective de ce qui lui arrive par rapport à l'histoire de sa vie), c'est la continuité de soi et le sens de sa trajectoire qui se trouvent mis à mal, lorsque les conditions de l'existence se font trop discontinues, trop hachées. D'où le recours croissant à ces types de thérapie ou aux expériences d'« histoires de vie », où les individus en groupe peuvent mettre leur vie en perspective et en question, tout en la confrontant à celles des autres participants[9].

Il est cependant un terme, dans le titre choisi par Sennett pour son ouvrage, que nous n'avons pas commenté : c'est celui de *corrosion*, et c'est le plus important. Si nous choisissons de le reprendre, c'est qu'il nous paraît pertinent pour décrire non seulement les phénomènes étudiés par Richard Sennett, mais également ceux qui résultent de cette « violence du temps[10] » que constitue l'urgence. La corrosion comporte en effet l'idée de ronger, d'entamer progressivement quelque chose par une action autre que mécanique (chimique, par exemple). Elle correspond à l'idée de dégradation d'un matériau sous l'action du milieu ambiant. Dans la comparaison faite avec le caractère d'un individu, il y a donc bien l'idée que, tel un matériau et sous l'action du milieu environnant, celui-ci serait progressivement attaqué dans sa couche protectrice, rongé dans sa capacité de résistance, entamé dans son intégrité personnelle et sa capacité à entrer en relation avec les autres. Il se retrouverait alors « à vif », inéluctablement altéré dans sa capacité à faire face et à résister aux agressions de l'environnement. Or, c'est exactement l'observation que l'on peut faire à propos des dégâts personnels observés chez les personnes soumises trop durablement à un régime d'extrême pression, dans un contexte d'urgence permanente. Les altérations ne se limitent pas d'ailleurs au « caractère », dans sa fonction d'interface avec les autres. Il existe toute une graduation des troubles que l'on peut observer, qui commencent avec cette « corrosion » du caractère, cette altération du comportement social, et se poursuivent par le développement d'affections psychosomatiques plus ou moins sévères pour culminer dans des processus graves d'épuisement et d'« implosion dépressive[11] ».

Parmi les premiers éléments de « corrosion », c'est une certaine altération du comportement qui s'observe en premier lieu. Elle peut prendre des formes diverses et, dans les cas les moins graves, se traduire par ce qu'un médecin du travail d'une grande entreprise du secteur industriel appelle une « binarité » du comportement. « Ce que j'observe, explique-t-il, chez certaines personnes qui ont changé de niveau de responsabilité et se retrouvent avec une surcharge phénoménale de travail à accomplir, c'est un changement très net dans leur caractère. Pour certains, ça devient caricatural. L'un d'entre eux, par exemple, a complètement perdu sa bonhomie et il s'est mis à fonctionner avec les autres de façon "binaire", c'est-à-dire que la relation avec lui, c'est devenu : une question/une réponse. Point. C'est "tu viens me voir, tu as besoin de ça, tu as le droit de poser ta question, elle dépasse pas deux lignes, j'écoute, je donne la réponse". Boum, terminé. Il n'y a plus de recul, c'est très surprenant. C'est "tu veux ça, j'évalue instantanément. Oui, non. Au revoir". C'est une perte de subtilité complète. Ces types-là, qui étaient chaleureux avant et qui voudraient l'être encore certainement, deviennent complètement "à l'emporte-pièce" parce qu'ils n'ont plus le temps. C'est dramatique, parce que quand on a besoin de les voir, ou bien on a un rendez-vous trois mois après, ou bien c'est en urgence et ça donne "tu passes ta tête à huit heures du matin, mais à huit heures quinze, j'ai mon premier rendez-vous, il faut qu'entre huit heures et huit heures quinze, j'aie tout compris, alors tu m'envoies ça sur ma messagerie, je regarde, tu arrives". Quand on arrive, il a lu, et il dit : "tu veux ça, ça, ça. Pour ça, non, pour ça oui, pour ça, non. Tu veux ça pour quand ? OK. Au revoir". Quelle relation affreuse ! »

Une autre altération, plus sérieuse celle-là, et que toutes les personnes rencontrées constatent soit dans leur entourage, soit pour elles-mêmes, c'est une grande irritabilité, une forte nervosité et une capacité à se mettre en colère de façon fréquente, injustifiée et imprévisible : « vous faites des choses qui ne correspondent pas à votre comportement, explique ainsi un directeur commercial dans une société de services. Moi, je suis plutôt ouvert, tolérant, patient, notamment avec mes collaborateurs, c'est mon tempérament, je suis plutôt pédagogue et je cherche en général à trouver des solutions. Mais, avec cette pression, au bout d'un moment, vous devenez irritable, vous n'expliquez plus, vous êtes plus directif, vous allez à l'encontre de votre tempérament, mais vous y êtes *forcé*. Vous le voyez ou vous ne le voyez pas vous-même, donc on vous le dit et c'est comme ça que vous finissez par vous en apercevoir ».

Ces observations, concernant la perte des capacités relationnelles, se corrèlent parfaitement avec la perte du lien social que nous observions plus haut.

Dans nombre de cas, le problème va plus loin et certaines descriptions font état d'une situation qui frôle l'hystérie : « À la base, explique ainsi une assistante dans un grand groupe multimédias, les gens sont sympathiques mais, *sous la pression, ils deviennent odieux*. Certains en ont presque une *double personnalité*, parce que d'un moment à l'autre, ils peuvent changer. Le grand DRH du groupe, par exemple, tout le monde en a peur parce que c'est quelqu'un qui peut arriver à n'importe quelle heure et se montrer très sympathique ou totalement odieux, parce que lui-même a des délais, des urgences. L'une de ses adjointes directes, DRH de l'une des entités du groupe, est à peu près dans le même état. C'est une personne qui a aussi des *réactions complètement imprévisibles* et qui devient, à la limite, folle. Elle a énormément de pression, elle n'arrive plus à la gérer et elle est tellement stressée qu'elle en devient de plus en plus hystérique. À la base, elle était très sympathique et, au début, elle en voulait, elle était très dynamique, elle avait la pêche mais, au fur et à mesure, *on l'a vue changer, son visage a vieilli brusquement et elle est tantôt triste et morose, tantôt complètement hystérique*. Mais dans cette boîte, on a aussi le sentiment que le fait de paraître pressé fait partie du système. *Les gens courent dans tous les sens*. Il y en a un, qui fait partie des cadres dirigeants, il passe tout le temps en courant, complètement stressé, le regard affolé, il pousse les portes battantes comme un fou et si on est derrière, on se les prend en pleine figure. C'est un type tellement pressé, stressé, pressurisé, dans l'urgence en permanence, qu'il en devient horrible et il traite les gens comme des chiens ! Mais c'est général dans cette boîte. Il y a *beaucoup d'arrêts de travail* et les gens craquent nerveusement. Ça ne se dit pas tout haut mais quand vous pouvez parler avec eux, *ils disent qu'ils n'en peu-*

vent plus. Tout le monde prend des calmants, *beaucoup divorcent* mais, en fait, la boîte trouve ça très bien, parce que ça veut dire qu'on est tout seul et donc qu'on va pouvoir donner plus à l'entreprise. Mais tout ça, c'est du non-dit, *on n'a pas le droit d'aller mal, c'est interdit*, prendre des médicaments, ça ne se dit pas, aller voir un psy non plus. Moi, cette perte d'humanité, je trouve ça horrible ! »

Cette description peut paraître caricaturale ou, à tout le moins, spécifique à certaines entreprises, surtout quand des « contrats de progrès », incluant une variabilité dans le salaire en fonction de la réalisation des objectifs, viennent aviver une compétitivité interne qui s'ajoute ainsi à la pression externe. Si l'on prolonge cependant la réflexion sur ce point, on voit bien que certains modèles managériaux, certaines façons de se comporter contribuant à générer un climat collectif aussi profondément destructeur, sont en fait valorisés par certaines entreprises. Ainsi, la capacité à mettre une pression formidable sur une équipe pour obtenir des performances élevées et très rapides peut être vue comme un critère de bonne gestion, sans aucune considération pour les dégâts humains qu'elle peut provoquer. Les colères imprévisibles de certains managers, si dévastatrices pour leur entourage, sont aussi directement produites par le mode de fonctionnement de bon nombre d'entreprises. Le fait, par exemple, d'exiger des réponses ou des informations dans l'instant et de se mettre en colère si l'information n'est pas donnée tout de suite témoigne, certes, de l'exigence d'assouvissement immédiat du désir et d'une incapacité à tolérer la frustration, induites par l'avènement de l'instantanéité généralisée. Mais ce type de comportement doit aussi être mis en relation avec la façon dont certaines entreprises fonctionnent et ce qu'elles valorisent. Se comporter de cette façon peut en effet être perçu comme le fait de savoir faire avancer les choses et aboutir les projets, bref d'être un bon manager, générateur de performance, et qui sera, à ce titre, promu et récompensé.

Il est évident, par ailleurs, que l'extraordinaire multiplication des plaintes pour harcèlement moral, depuis l'apparition de ce concept, est liée au développement du travail sous pression et dans l'urgence qui affecte profondément la nature des relations interpersonnelles et peut conduire certains patrons à adopter des comportements « harcelants », ou vécus comme tels, dans lesquels il est souvent difficile de faire la part entre le contexte et une pratique délibérée. Le jugement rendu en octobre 2002 à propos de la plainte pour harcèlement déposée par une jeune directrice de programmes à l'encontre du patron de la société Canal Numédia, filiale de Canal Plus, le montre clairement. Décrite comme « dynamique, fonceuse, passionnée et dotée d'un enthousiasme débordant », la jeune femme, tombée en dépression nerveuse après avoir subi « des comportements humiliants » et avoir été évincée du comité de direction de la société, avait déposé une plainte pour harcèlement contre son patron. Bien que plusieurs témoins aient confirmé les brimades subies, le mépris et les humiliations répétées, l'un d'eux notant d'ailleurs qu'il était parfois nécessaire de harceler « pour que les choses avancent », l'accusation de harcèlement moral n'a pas été retenue par le tribunal qui a jugé qu'elle ne revêtait pas un caractère personnel et s'inscrivait dans un climat général de pression et de stress affectant l'entreprise dans une période particulièrement difficile[12].

Les effets pervers de ce mode de fonctionnement sont cependant considérables. « Les modèles managériaux qui se développent sont complètement psychopathiques, commente ainsi un psychiatre. Avant, il y avait une assez grande résistance à la frustration, parce qu'on avait la perspective que les choses pourraient aller mieux plus tard et que, avec le temps, ça allait s'arranger. Aujourd'hui, on fonctionne dans une sorte de certitude qu'on n'a pas le temps et que si on ne fait pas les choses immédiatement, ça ne s'arrangera pas, on va perdre un marché, l'entreprise va crever ou que soi-même, on ne s'en sortira pas. Les vrais enjeux ne sont plus du tout correctement appréhendés, ils sont considérablement exacerbés et amplifiés, et *certaines personnes "décollent" complètement par rapport à la réalité, elles se placent dans un registre du tout ou rien, de la vie ou de la mort*, n'écoutent plus personne et ne cherchent plus qu'à mobiliser les autres au service de leur obsession. Du coup, elles génèrent des paniques totalement inutiles et des pathologies de fonctionnement qui, finalement, s'étendent à tout le monde. »

Le témoignage rapporté plus haut, décrivant l'hystérie collective dans un groupe multimédia, corrobore clairement cette constatation. Il est d'ailleurs confirmé par nombre d'observations qui font surtout état, à un degré peut-être moindre, des conséquences destructrices similaires de ces modes de fonctionnement : mêmes changements – brusques et imprévisibles – dans le caractère des gens, même vieillissement, soudain et prématuré, de certaines personnes, même croissance des taux de divorce et, surtout, mêmes phénomènes de détérioration mentale et psychologique. Cette perturbation forte des capacités relationnelles et personnelles, cette altération parfois pathologique du comportement illustrent bien cette notion de corrosion du caractère, comme si l'intégrité personnelle et psychique de la personne était attaquée sous la pression extrême de l'environnement, comme si l'individu se retrouvait « à vif », sans plus aucune défense par rapport aux agressions et aux sollicitations de son entourage, et que l'équilibre de sa personnalité et de sa vie se trouvait rompu, comme décomposé, sous les coups de boutoir d'une exigence toujours plus inflexible. Ce ne sont pourtant là que les premiers symptômes d'un mal qui, pour certains, s'en prend directement au corps ou à l'esprit.

Désajustements temporels et désordres psychosomatiques

Les affections psychosomatiques atteignant ceux qui travaillent dans l'urgence et la pression permanentes sont relativement nombreuses. Un psychiatre mentionne pêle-mêle les migraines, le mal de dos, les insomnies, tous maux assez banals que l'on rencontre dans toutes les problématiques de stress. Celui-ci, rappelons-le, constitue un « syndrome général d'adaptation[13] », mobilisant la « capacité à faire face » (*coping*[14]) des individus, par rapport aux sollicitations et agressions de leur environnement et déclenchant, pour ce faire, toute une série de réactions physiologiques et hormonales destinées à leur permettre de répondre à ces agressions et de s'adapter à ces demandes. Lorsque l'individu ne parvient pas, de manière durable, à y faire face, il développe une série de symptômes psychosomatiques ou physiologiques, des plus légers – insomnie, migraines, troubles cutanés... – aux plus graves – ulcères, maladies cardio-vasculaires, cancers... –, selon le type de pathologies auxquelles il est plus ou moins prédisposé de par sa constitution personnelle. Dans les cas que nous avons étudiés, beaucoup de symptômes psychosomatiques n'étaient pas différents de ceux rencontrés dans les situations de stress. Un médecin du travail mentionne ainsi, par exemple, des troubles cutanés, comme des eczémas du visage ou des accès de psoriasis apparaissant d'un seul coup, sous l'effet d'un stress trop intense.

En revanche, certains symptômes paraissent plus spécifiques. Plusieurs témoignages relèvent ainsi le cas de personnes se mettant à fonctionner comme « des piles électriques qu'on ne peut plus débrancher » ou, au contraire, qui « tournent en rond, comme un embrayage ou une boîte de vitesses qui tourne dans le vide ». Sur le même registre, nous avions précédemment cité le cas de ces « cadres fusibles » qui, brutalement, « fondent les plombs ». Cette analogie avec des processus mécaniques ou électriques, pourvoyeurs d'une énergie qui propulse une mécanique, est bien significative du rapprochement que l'on peut établir avec le mode de fonctionnement requis par un contexte exigeant une réaction immédiate et instantanée. N'étant plus sollicitée au niveau de sa réflexion, ne pouvant plus prendre le temps du recul et de l'analyse, sommée de réagir de manière toujours plus rapide pour gérer un télescopage permanent d'actions ou de réponses à apporter dans l'instant, la personne finit par fonctionner sur sa seule dimension « énergétique », comme une centrale électrique ou un circuit électronique dont, à certains moments et du fait d'une surchauffe prolongée, les branchements ou les connections sautent brutalement, comme sous l'effet d'un gigantesque court-circuit. Significatif à cet égard, apparaît cet incident relaté par un médecin du travail à propos d'un cadre supérieur, bras droit du directeur de la stratégie d'une grande entreprise française, et qui, ayant dépassé toutes ses possibilités d'adaptation physiologique, a connu un épisode de «déconnexion», aussi brutal dans sa survenue qu'impressionnant dans la forme qu'il a revêtue : «Il a perdu la tête pendant quelque temps, explique le médecin, il ne savait plus où il était, il n'était plus capable de parler. On avait un tableau clinique très proche de l'accident vasculaire cérébral, mais ce n'était pas ça, ça simulait ce type d'accident mais dans une forme neuro-psychologique, c'est-à-dire un état de confusion mentale sans paralysie vraie, mais avec des petits troubles neurologiques frustes qui étaient quand même suspects. Il a fallu l'emmener à l'hôpital et lui faire un scanner pour s'assurer qu'il n'y avait pas d'accident vasculaire. Cette incapacité de fonctionner a duré pendant une semaine : il était *psychologiquement déconnecté, comme si les branchements, d'un seul coup, avaient disparu et ces branchements, on ne savait plus où ils étaient.* Il a fallu le mettre au repos forcé. Après, on a pu avoir avec lui une discussion critique sur ce qui lui était arrivé et il a expliqué que la pression et les enjeux qu'il avait subis avaient été tels qu'il avait dépassé toutes ses limites physiques et était allé au-delà de ce qu'il aurait jamais pu imaginer pouvoir faire et de ce dont son corps était capable.»

Indépendamment de ce type de manifestations dont les symptômes semblent en correspondance symbolique avec le mode de fonctionnement requis dans les situations de pression et d'urgence impliquant une «surchauffe énergétique» constante, certains psychologues, que nous avons rencontrés, ont tenté d'établir un lien entre d'une part le mode de rapport au temps des managers – selon un axe passé, présent, futur –, d'autre part le type de difficultés rencontrées par eux dans des situations d'urgence, et enfin les types d'affections psychosomatiques dont ils souffrent, lorsqu'ils outrepassent leurs capacités d'adaptation. Ils établissent ainsi une typologie managériale assez simple, distinguant ce qu'ils appellent les *réalisateurs*, les *innovateurs*, les *sécurisants* et les *empathiques*. Les deux premiers types auraient un comportement plutôt individualiste, centré sur le « je » plutôt que sur le « nous » collectif de l'organisation, tandis que les deux autres fonctionneraient de façon inverse. Cette typologie ne constituerait qu'un échantillon de plus dans tout le fatras des classifications développées par divers cabinets de consultants[15], si son originalité ne consistait à mettre ces catégories en relation avec le mode principal de relation au temps développé par les managers des différents types (voir figure 2).

«JE»	*PRÉSENT* RÉALISATEURS	*PASSÉ* SÉCURISANTS	*«NOUS»*
	FUTUR INNOVATEURS	*TEMPS DES AUTRES* EMPATHIQUES	

Figure 2 : Typologie managériale et relation au temps

Ainsi, les « réalisateurs » seraient des managers particulièrement centrés et performants sur les objectifs à court terme et les résultats quotidiens, utilisant le présent pour faire face aux obligations du moment mais ayant parfois, en revanche, un certain mal à se projeter dans le futur. Les « innovateurs », au contraire, auraient une dynamique tournée vers le futur, l'innovation, la nouveauté. Les « sécurisants » seraient plutôt dans une dynamique d'analyse et utiliseraient le passé, les références et les expériences qu'ils y ont acquises pour sécuriser leur position et leur décision, tandis que les «empathiques», avant tout tournés vers la relation, chercheraient surtout à s'adapter au temps des autres, le plus important pour eux étant le consensus collectif dans l'action. Chaque type managérial serait plus attiré et plus en convergence avec certains types d'entreprises ou de métiers qu'avec d'autres. Ainsi, les start-up regorgeraient d'«innovateurs» mais seraient en pénurie de «réalisateurs» ou de «sécurisants», tandis que les entreprises tournées vers le service ou l'humanitaire attireraient des «empathiques» et que les commerciaux et hommes de marketing se retrouveraient dans la case «réalisateurs», de même que nombre de dirigeants. Les banques et sociétés d'assurances rechercheraient, quant à elles, plutôt des «sécurisants», profil qui correspondrait également à celui de beaucoup d'ingénieurs, travaillant dans l'industrie sur des process lourds ou dans des fonctions de maintenance ou encore de certification.

Dans un contexte d'urgence, tous ne seraient pas à égalité. Les mieux armés seraient les «réalisateurs», en raison de leur capacité à trier, hiérarchiser et établir très rapidement des priorités. Les «innovateurs», centrés sur le futur, auraient tendance à réagir de manière un peu frénétique, se dispersant et lançant pêle-mêle toute une série d'actions, avec un système de gestion du temps assez anarchique, accentuant ainsi parfois la panique ambiante, tout en parvenant néanmoins à dégager, parmi la masse d'actions lancées, des opportunités pour faire face aux problèmes. Les «empathiques», quant à eux, projetteraient sur les autres leurs propres angoisses, créant des court-circuitages de communication et accentuant par là même le désordre ou le stress ressenti. Les plus mal lotis en situation d'urgence seraient les «sécurisants», particulièrement malheureux que les délais exigés ne leur permettent pas de satisfaire leur sens du travail bien fait et leur imposent de faire les choses d'une manière qu'ils estiment bâclée ou insuffisamment réfléchie.

Là où les problèmes apparaîtraient le plus nettement, ce serait lors d'un changement de contexte (à la suite d'une fusion, par exemple) ou d'entreprise, lorsque le rythme de l'activité, les procédures de travail, la culture de la nouvelle entité ou de la nouvelle entreprise heurteraient de plein fouet les habitudes et manières de fonctionner de nos quatre types. Le problème naîtrait alors du désajustement entre les attentes, les valeurs, les manières d'agir des individus et celles requises par le nouveau contexte ou la nouvelle structure. On cite ainsi le cas d'un responsable de ressources humaines type «réalisateur», habitué à fonctionner dans une entreprise anglo-saxonne, très tournée vers les résultats, les performances à court terme et la prise de risques et qui, désireux de varier ses expériences, se retrouva dans une entreprise de presse «franco-française». Dans cette organisation à la structure hiérarchique lourde et contraignante, pratiquant une gestion du risque frileuse et minimaliste, il se vit privé de l'autonomie à laquelle il était habitué, obligé d'endurer des procédures interminables et coûteuses en temps et finalement coupé de son élan moteur. Venu dans l'idée qu'il allait «faire bouger le système», il se retrouva en fait complètement figé par lui. À l'inverse, un directeur général de type «sécurisant», très performant mais dont la société s'était fait racheter par une multinationale anglo-saxonne, se retrouva, à la suite de la fusion, à la tête d'une des filiales de la compagnie et soumis à des exigences de résultats à court terme extrêmement contraignantes. «Il a tenu trois ans, explique l'ancien responsable des ressources humaines du groupe, au bout desquels il a demandé à négocier son départ, non parce qu'il était incompétent, mais parce qu'il ressentait une insatisfaction permanente sur la manière dont les choses étaient gérées et sur le niveau qualitatif de ce qu'on lui demandait. Il partait du principe que faire du résultat à court terme n'avait pas de sens, que l'actionnaire n'était pas prépondérant pour la pérennité d'une entreprise et que, se trouvant de ce fait en décalage trop grand par rapport à ses propres valeurs, il préférait partir. »

Dans cette approche, à chaque type managérial correspondraient des types de pathologie psychosomatique prédominants. Ainsi, en cas de crise ou de tension particulièrement aiguë, les « innovateurs » exprimeraient leurs problèmes par des pathologies gastriques, crampes d'estomac, coliques ou vomissements très accentués. Bref, ils fonctionneraient plutôt dans l'« expulsion » de leurs problèmes. Les « empathiques », toujours à fleur de peau dans leurs relations aux autres, seraient les champions des problèmes dermatologiques : desquamation, plaques rouges et autres eczémas exprimant leur déstabilisation par rapport à des perturbations survenues dans leur équilibre relationnel de travail. Les « réalisateurs », quant à eux, seraient prédisposés aux migraines, ainsi qu'aux douleurs cervicales, et connaîtraient, à force de « serrer les dents » (au sens propre et au sens figuré), des problèmes d'« inclusion » au niveau des mâchoires. Enfin, les « sécurisants », en recherche des certitudes du passé, manifesteraient leurs difficultés par des problématiques de « rétention » : constipations, ballonnements et autres anémies graisseuses. Quant aux problèmes de sommeil et aux affections cardiovasculaires, ils concerneraient tout le monde avec, pour ces dernières, une prévalence nette pour ce que, dans les études sur le stress, on appelle les « personnalités de type A ». Ces personnalités « de type A », identifiées depuis longtemps dans les recherches épidémiologiques conduites sur le stress[16], correspondent à un profil psychologique d'« action-émotion », renvoyant chez le sujet à un sens permanent de la pression du temps, un effort incessant pour accomplir un maximum de choses en un minimum de temps, un sens constant de la compétition et de la concurrence, une impatience chronique avec les gens et les situations perçus comme contrariants et enfin un niveau élevé d'aspiration à la réussite[17].

Si ces correspondances peuvent prêter à sourire – il n'existe aucune corrélation stricte entre un type psychologique ou une catégorie de problèmes et une pathologie leur correspondant de manière infaillible – elles paraissent néanmoins en accord avec certaines observations de la médecine psychosomatique. La corrélation existant, par exemple, entre les maladies cardiovasculaires et un certain profil de personnalité semble, par exemple, assez nettement confirmée. Plusieurs études médicales, réalisées sur des durées longues – plusieurs années – dans des entreprises américaines ont confirmé ce lien. Les individus classés « type A » après une étude approfondie de personnalité, mais ne présentant au départ aucun signe déclaré de maladies cardiovasculaires, se retrouvaient, huit ans après, deux fois plus atteints de cardiopathies que les autres sujets ne présentant pas ce profil de personnalité[18]. Ce qui est par ailleurs frappant, dans la description du profil « personnalité de type A », c'est sa correspondance presque parfaite avec le modèle managérial dominant dans beaucoup d'entreprises, c'est-à-dire avec le type de personnalité requise pour fonctionner en situation d'urgence permanente et, finalement, avec un certain modèle de comportement valorisé et recherché par les entreprises, parce que bien adapté aux exigences de performances rapides et à court terme réclamées par tout le contexte économique et financier que nous avons décrit au début de cet ouvrage.

Concernant les autres correspondances dont font état les observations que nous avons rapportées, la prudence est de rigueur. Toutes les typologies du type de celle que nous avons présentée étant toujours – et forcément, du fait de la simplification qu'elles opèrent – un peu réductrices, c'est la raison pour laquelle toutes les observations ont été mises au conditionnel. Certaines d'entre elles, cependant, recouvrent assez bien celles de psychiatres intervenant en entreprise ou recevant dans leurs consultations ceux que le rythme effréné auquel ils sont soumis conduit à rechercher une aide, médicale ou psychothérapeutique.

L'INDIVIDU « MALADE DE L'URGENCE » ET LA PULSION D'EMPRISE SUR LE TEMPS

Outre la corrosion du caractère et les affections psychosomatiques touchant, à des degrés divers, tous ceux qui sont soumis à des situations de stress et d'urgence très intenses, ce qui se joue aussi, dans la manière de faire face à ces situations, c'est donc la faculté de se projeter dans le futur, le besoin de référence au passé ou la focalisation sur le présent, avec le désajustement auquel peuvent conduire certaines situations. Il est cependant un autre aspect, très important dans son lien avec les pathologies liées à l'urgence, qui concerne le rapport de l'individu à la maîtrise de son environnement, ainsi qu'à celle de son travail et à la manière de le faire. C'est le fait – et cette question avait été effleurée, à travers la problématique des « sécurisants » évoquée un peu plus haut – que ceux qui « souffrent » le plus en situation d'urgence sont ceux que leur sens du travail parfaitement fait et le sentiment qu'ils sont les seuls à pouvoir le faire aussi bien rendent peu adaptables aux exigences de tâches à effectuer dans une précipitation et un déferlement permanents. Ce qui se joue dans cette affaire est un certain rapport à la perfection, que certains psychiatres rapprochent de ce qu'on appelle, en psychanalyse, des personnalités «surmoïques», voire «obsessionnelles».

Les personnalités «surmoïques» sont celles qui sont gouvernées par leur Surmoi, cette instance psychique mise en lumière par Freud et correspondant à l'intériorisation psychique des interdits de la société, acquise à travers l'éducation parentale et l'expérience des châtiments et punitions qui accompagnent, dans l'enfance, la transgression des interdits. Une personne «surmoïque» est donc particulièrement soucieuse, sous peine de se sentir coupable, de respecter ses engagements et ses devoirs et d'agir en accord avec les valeurs personnelles d'obéissance et de conformité intériorisées dans son enfance. Un des psychiatres intervenant en entreprise, que nous avons rencontré dans le cadre de cette étude, les assimile à des personnalités à tendance obsessionnelle, ce qui, à notre sens, n'est pas tout à fait la même chose. Les personnalités obsessionnelles se caractérisent en effet, d'une manière générale, par une préoccupation pour l'ordre, le perfectionnisme, le contrôle mental et inter-personnel, au détriment de la souplesse, de l'ouverture et de l'efficacité. Elles impliquent aussi un souci constant par rapport aux détails, aux règles et à l'organisation, allant jusqu'à faire perdre de vue le but recherché, de même que le fait de privilégier le travail et la productivité par rapport aux loisirs et à l'amitié, l'existence de scrupules et de rigidité morale, ainsi que l'incapacité à déléguer. Ce sont des personnalités souvent décrites comme rigides et têtues. Bien que le Surmoi joue évidemment un rôle fondamental dans la constitution d'une personnalité obsessionnelle, on ne peut considérer ces deux appellations – personnalité obsessionnelle et personnalité surmoïque – comme strictement équivalentes. La première relève du registre de la pathologie, l'autre non. Les deux, néanmoins, se rencontrent dans l'entreprise, même à des degrés ne relevant pas de la pathologie avérée, et ce sont elles qui, dans les contextes d'urgence, s'en sortent le plus mal : « elles se mettent une pression interne très forte en termes de perfectionnisme et elles se sentent terriblement coupables à l'idée de ne pas bien faire ce qu'elles "doivent" faire », explique notre psychiatre. Du coup, leur anxiété est très grande, elles ont beaucoup de mal à ne pas faire parfaitement ce qui leur est demandé et veulent tellement bien faire qu'elles n'ont jamais fini : c'est en cela que consiste leur côté « surmoïque ». Mais la dimension « obsessionnelle » réside dans l'absolue nécessité dans laquelle se trouvent certaines d'entre elles, du fait de leur tendance perfectionniste, de contrôler parfaitement ce qu'elles font, de même que ce que fait leur environnement, et dans le fait qu'elles ne peuvent supporter que d'autres puissent porter sur elles un regard critique. La conjugaison du côté « perfectionnisme » et de la dimension « contrôle » constituera donc, en contexte d'urgence, un handicap redoutable, toute la difficulté, dans ce type de situation, consistant précisément à devoir accepter de ne pas complètement maîtriser les choses et à pouvoir tolérer qu'elles ne soient pas faites aussi parfaitement que ce que l'on aurait voulu.

Il faut cependant faire la part des choses et bien distinguer les différents types de situations. Le sens du travail bien fait n'est pas une pathologie. C'est même, et heureusement, une qualité fort louable. Ce qui pose davantage problème, c'est, plus que l'incapacité à « lâcher » sur la qualité du travail, le fait de vouloir tout assumer soi-même, parce qu'on est convaincu que les autres ne feront pas aussi bien. Se joue là un rapport de pouvoir par rapport aux autres et de réassurance vis-à-vis de soi-même quant à sa propre supériorité à leur égard. À ce tableau, correspondent ces personnes qui ne savent pas déléguer et qui, voulant tout contrôler, prennent tant de choses en charge qu'elles sont en permanence débordées.

Ainsi, ce qu'il y a de plus frappant chez ceux qui ont le sentiment de vivre dans un contexte d'urgence permanente et qui fonctionnent sur un mode très perfectionniste contribuant à amplifier l'urgence et les problèmes ressentis, c'est qu'ils se disent dans l'impossibilité d'agir autrement. L'urgence apparaît dans leur discours comme une nécessité absolue, sans qu'il soit possible de remettre en cause ce qui constitue pour eux comme un postulat de base : tout est urgent, tout doit être effectué dans l'immédiat et, simultanément, tout doit être très bien fait. Le sujet « malade de l'urgence » perd alors ses capacités à hiérarchiser les problèmes – ils sont tous aussi urgents les uns que les autres – et se montre en même temps incapable de renoncer à un certain nombre de choses (faire ceci plutôt que cela ou ceci moins bien que cela), comme de dire pourquoi il ne peut y renoncer. Du fait qu'il est simultanément incapable de renoncer à une certaine manière de faire les choses, c'est-à-dire très bien, le plus parfaitement possible, la combinaison des deux est évidemment problématique, puisque, pour faire très bien les choses, il faut du temps et que le temps, dans le contexte actuel d'extrême intensification de la concurrence et d'instantanéité du temps mondial, c'est précisément ce qui manque le plus.

Ce qui est à noter, dans la problématique du sujet « malade de l'urgence », c'est la dimension d'hyper contrôle dont il est animé, qui correspond bien à la personnalité à tendance obsessionnelle dont nous parlions plus haut. Il veut garder le contrôle – de lui-même, des autres, de la situation – et, pour cela, relever le défi de tout réussir dans les contraintes de temps qui lui sont données. On retrouve ici la problématique de toute-puissance dont nous parlions dans un chapitre précédent. Dans ce contexte, le temps devient l'objet premier du désir, quelque chose que l'on veut posséder et qui échappe sans cesse. Un objet qui apparaît aussi comme un manque à être, un peu comme l'objet « petit a » dont parlait Lacan[a].

Tout se passe donc comme si, dans cette problématique de l'avoir et de la possession que nous avons soulignée, le temps, objet insaisissable et toujours dérobé dans le contexte d'urgence généralisé qui caractérise notre société, faisait l'objet d'une sorte de pulsion d'emprise. Et c'est quand cette possibilité de contrôle disparaît, parce que les contraintes de la réalité font que l'individu n'arrive plus – faute de temps, entre autres – à être à la hauteur des exigences intérieures de perfection et d'idéal qu'il a investies dans son travail, que peut survenir un épisode dépressif. Une dépression comme pathologie de l'insuffisance[19], pathologie de l'estime de soi, qui atteint l'individu lorsqu'il ne parvient plus à vivre l'idéal qu'il s'est lui-même fixé. Elle surgit lorsque celui qui voulait être son propre souverain, fût-ce dans l'entreprise, n'y parvient plus parce qu'il ne peut plus agir, vaincu par le temps.

---

a. L'objet a, dans la théorie lacanienne, désigne l'objet désiré par le Sujet et qui se dérobe à lui, au point d'être non représentable et de devenir un reste non symbolisable. Il n'apparaît que comme un manque à être ou sous une forme éclatée, à travers quatre objets partiels détachés du corps : le sein, objet de la succion, les fèces (matières fécales), objet de l'excrétion, la voix, le regard, objets du désir lui-même. (Roudinesco et Plon, *Dictionnaire de la psychanalyse*, Fayard).

Chapitre 6

L'homme dépressif ou le ralentissement du temps

Dans nombre des témoignages que nous avons cités, le sentiment de pouvoir vaincre le temps, le maîtriser, le posséder, constituait une source de plaisir importante et participait au sentiment de toute-puissance. Sans même aller aussi loin, on peut dire que la maîtrise du temps – le fait que nous ne soyons pas en permanence débordés et que nous parvenions à faire ce que nous devons dans les délais qui nous sont impartis – est un élément important de la maîtrise de soi. Celui qui passe son temps à courir après le temps le passe aussi à courir après lui-même. Maîtrise du temps et maîtrise de soi sont étroitement corrélées.

Or, ce que nous venons de voir à propos des pathologies de l'urgence, ce sont tous les dysfonctionnements qui survenaient précisément quand la personne, du fait des pressions qu'elle subit ou des délais trop serrés qui lui sont impartis, ne parvient plus à « tenir » dans le temps. Ces dysfonctionnements peuvent, on l'a vu, prendre la forme de modifications du comportement ou s'exprimer à travers divers types d'affections psychosomatiques. Ils peuvent aussi déboucher sur des pathologies plus graves comme celles de la dépression, catégorie clinique aux contours flous, que nous tenterons de préciser. Cette affection atteint de manière prévalente ceux que leur sens du devoir et du travail parfaitement fait confrontent à une contradiction personnelle puissante entre deux injonctions devenues pour eux incompatibles, celle de satisfaire aux délais demandés, de plus en plus impossibles à tenir, et celle de fournir un travail dont la qualité réponde aux critères de leur exigence intérieure. Cette corrélation entre un certain type de personnalité et la survenue d'épisodes dépressifs avait d'ailleurs été notée par un psychiatre allemand, H. Tellenbach[1], qui constatait que les traits de personnalité se retrouvant chez tous les sujets atteints de forme périodique de dépression reflétaient un attachement à l'ordre. Tous ces malades, entre les accès dépressifs, se montrent scrupuleux, très sensibles aux exigences morales, avec un sens du devoir développé à l'extrême. Ces traits de caractère ne suffisent pas bien entendu à eux seuls à définir une personnalité pathologique. Ce sont leur intensité et la place qu'ils occupent dans la personnalité qui confèrent à celle-ci un profil particulier que Tellenbach qualifie de « type mélancolique », la mélancolie étant le premier terme qui a servi à décrire ce que nous nommons aujourd'hui « dépression ».

Le lien entre cette problématique de la dépression et la nouvelle temporalité qui accompagne les mutations socio-économiques dont nous avons parlé est en fait beaucoup plus global. Pour le comprendre, il faut examiner l'ensemble des éléments qui font apparaître une corrélation entre la montée en puissance d'une relation au temps fondée sur la vitesse, l'urgence et l'accélération permanente – avec les dysfonctionnements qu'elle induit – et la montée en régime d'une forme de pathologie – la dépression – qui, depuis un peu plus d'une vingtaine d'années, se propage à vitesse grandissante et prend, en ce début de troisième millénaire, la forme d'une véritable épidémie psychique[2].

De la mélancolie à la dépression : le sentiment de perte

Le premier élément qui sous-tend cette corrélation entre la culture d'urgence généralisée et la dépression est celui de perte. Pour l'analyser, il nous faut remonter aux origines du concept de dépression et aux symptômes qui le caractérisent. Trois notions ont donné naissance au concept actuel de « dépression ». La première est la *mélancolie*, signifiant « bile noire » et identifiée dès le Ve siècle avant Jésus-Christ par Hippocrate. Ce serait un excès de « bile noire » qui, en envahissant le sang, créerait dans le corps et l'âme du malade un état caractérisé par la tristesse et l'abattement. C'est là la première formulation de ce qui deviendra le trouble dépressif, et notre langage courant en garde la trace lorsqu'il évoque « l'humeur noire » qui correspond à un état de tristesse prononcé. Cette explication s'inscrit dans un système général de description et de classification des maladies, en fonction des perturbations affectant ce qu'Hippocrate appelait les « humeurs » du corps (sang, « flegme », bile, « atrabile »...). Les perturbations du fonctionnement de l'âme sont dues à une viciation des humeurs mais toutes deux sont dans un état de dépendance réciproque, les premières influant également sur les secondes. C'est en tout cas à partir de cette description initiale d'Hippocrate qu'est née la clinique de la dépression.

Deux autres termes ont cependant joué aussi un rôle important. D'abord la *neurasthénie*, très en vogue à la fin du siècle dernier et dont la notion sera abandonnée par Freud, qui correspondait à un état chronique de tristesse et de fatigabilité physique et intellectuelle, une sorte de passion triste, se traduisant par un comportement ralenti. Ensuite la *psychasthénie*, décrite par Janet[3] comme une fatigue psychique, un état anxio-dépressif chronique lié, selon lui, à un déficit de la tension psychologique. De ces trois notions, seule la première est restée vivante, la mélancolie, concept *princeps* désignant un état dépressif particulièrement sévère, caractérisé par une douleur morale intense, accompagnée de sentiments très prononcés de culpabilité, d'auto-dépréciation et de tristesse. Les deux autres ont apporté leur pierre au concept de dépression mais l'une – la psychasthénie – est devenue obsolète, sinon dans sa signification, du moins dans son usage, tandis que l'autre, la neurasthénie, demeure utilisée dans le langage courant pour désigner un état marqué par la tristesse, la fatigue et une sorte d'absence à soi-même.

Quoi qu'il en soit, c'est de la convergence de ces trois notions qu'est issu le concept de *dépression*, « entité molle[4] » aux contours flous[5], renvoyant à l'idée de fatigue, de déficit ou d'affaiblissement de la personnalité. Ce concept s'est imposé avec un succès grandissant, depuis le milieu du XXe siècle, pour désigner un état de mal-être à la fois psychique, physique et moral atteignant nos contemporains de façon de plus en plus insistante. On peut d'ailleurs observer, sur ce plan, un destin similaire des termes de « stress » et de « dépression », devenus tous deux des concepts plus ou moins « fourre-tout », par lesquels se traduit et s'exprime le malaise croissant des individus, en liaison avec un environnement de plus en plus agressif et un contexte social et relationnel difficile et souvent peu épanouissant. Ainsi, entre le début des années 1980 et celui des années 1990, le taux de dépression aurait, selon le CREDES[6], augmenté de 50 % en France. Indépendamment de l'extension prise par ce terme, incitant les personnes à se déclarer plus facilement déprimées qu'elles ne le faisaient auparavant, la principale raison de cet accroissement tiendrait à l'augmentation des situations défavorables en lien avec la crise économique – solitude, faibles revenus, précarisation sociale, chômage – et au fait que la dépression se situe au carrefour d'une multiplicité de problèmes sociaux et psychopathologiques (violences, toxicomanie, alcoolisme, précarité, exclusion... etc.)[7], produisant une détresse se traduisant en psychiatrie par de la dépression. Le concept de dépression aurait aussi, au passage, mordu largement sur celui de névrose, central dans la conception freudienne, la névrose apparaissant de moins en moins comme une pathologie en tant que telle et se trouvant souvent englobée dans l'idée de « dépression névrotique », celle-ci constituant l'une des nombreuses formes de la dépression. Il se serait aussi enrichi de tout ce qui, jusque-là, était classé dans la catégorie de l'anxiété. Celle-ci bascule en effet dans le continent dépressif, lorsque le DSM 3 (1980) la classe dans les troubles « anxieux » puis « anxio-dépressifs » et qu'elle devient, avec l'inhibition, le principal symptôme de la dépression[8].

Dans cette montée en puissance des symptômes dépressifs, le problème que nous étudions, à savoir le bouleversement du rapport au temps, joue lui aussi son rôle, à travers le sentiment de perte de maîtrise qu'il induit. Le contexte de sollicitations incessantes, de bouleversement permanent des calendriers et de pression généralisée conduit en effet les individus qui y sont soumis à un sentiment global de perte de contrôle : contrôle de ce que l'on fait, contrôle du temps qui échappe de toutes parts et, finalement, contrôle de soi-même. La maîtrise de soi implique, nous l'avons dit, une certaine maîtrise du temps. À partir du moment où le temps ne peut plus être maîtrisé, c'est une partie de lui-même qui échappe à l'individu. Ce sentiment est bien souligné par les psychiatres que nous avons rencontrés pour cette étude. «Les gens sont plus fatigués, observe ainsi l'un d'entre eux, ils sont plus déprimés, et cela y compris dans les entreprises publiques qui devraient, plus que les autres, être épargnées sur ce plan. Or la dépression, qu'est-ce que c'est? C'est sentir qu'on n'est plus maître de ce qu'on fait, avec un sentiment d'impuissance, de manque de perspective, de perte de contrôle, de perte de la reconnaissance et d'impossibilité de se fixer des idéaux.» Perte de ce que l'on fait et de la possibilité même d'agir, perte de l'idéal ou plutôt de la capacité à s'en fixer, toutes ces pertes sont bien celles d'une partie de soi. Or la problématique de la perte est à la base même de la conception classique de la dépression, telle que Freud en a dessiné les contours dans un de ses articles fondamentaux «Deuil et Mélancolie[9]». Dans ce texte, il comparait le travail de deuil, impliquant un détachement, un désinvestissement progressif de l'objet aimé auquel était fixée la libido, au processus à l'œuvre dans la mélancolie, entendue telle que nous l'avons définie plus haut, à savoir comme une forme très sévère de dépression. Dans la mélancolie, le sentiment de perte est en effet aussi majeur que dans le deuil. Il peut s'agir de la disparition d'un objet aimé, du désenchantement d'un idéal ou de l'éloignement d'une affection. Dans les deux cas, le sentiment éprouvé est celui d'une intense douleur, d'une profonde tristesse et d'un vide. Mais, «dans le deuil, écrit Freud, le monde est devenu pauvre et vide», tandis que «dans la mélancolie, c'est le moi lui-même. Le malade nous dépeint son moi comme sans valeur, incapable de quoi que ce soit et moralement condamnable», comme s'il était atteint, ajoute Freud, «d'un délire de petitesse[10]». Si le moi est ressenti comme pauvre et vide, c'est parce que, montre Freud, après la perte de l'objet aimé ou de l'idéal perdu, s'était produite une identification du Moi à l'objet abandonné ou perdu : «l'ombre de l'objet tombe alors sur le moi», écrit-il, et la perte de l'objet se transforme en une perte du moi. C'est une partie de soi-même que l'on a perdu, celle qui s'était identifiée à l'objet aimé ou à l'idéal sur lequel on s'était investi.

Dans les cas que nous étudions, les sentiments éprouvés ne concernent pas un objet aimé, ils portent sur la perte de la capacité à agir ou à être soi-même dans un contexte qui ne le permet plus. Ils concernent ce que l'on donne de soi-même dans un travail, une entreprise, un objectif auxquels on s'est identifié, qui sont devenus une partie de nous mais dont le caractère éphémère, joint à l'accélération permanente engendrant l'impossibilité de se reconnaître dans une œuvre accomplie, nous dépossède sans cesse. C'est en ce sens que l'estime de soi est atteinte, comme elle l'est dans la mélancolie, comme si l'on se rendait coupable et responsable de cette impossibilité d'agir et d'aller jusqu'au bout des choses. Ce qui est induit par un mécanisme extérieur – une instabilité, une volatilité permanentes de la stratégie et de l'action – se retourne contre le moi de l'individu qui prend à son compte la rupture de sens à laquelle il se trouve confronté et le néant de l'action à laquelle il a consacré son énergie. C'est là le premier lien que l'on peut opérer entre le bouleversement de la culture temporelle et l'état dépressif qu'elle induit parfois.

Cette problématique de la perte, centrale dans la conception classique de la dépression, est loin cependant d'expliquer à elle seule pourquoi cette maladie est devenue à ce point la «maladie du siècle» et encore plus loin de faire comprendre l'ensemble des liens qu'elle entretient avec les changements survenus dans notre rapport au temps. Pour comprendre pourquoi certains ont pu, à juste titre, parler de «société dépressive[11]», il faut se pencher un peu plus sur les symptômes qui caractérisent cette maladie. Il n'est pas neutre en effet d'observer que, parallèlement à la montée en régime de l'accélération du temps, ou plutôt d'une société qui oblige à accélérer sans cesse, on assiste au développement d'une pathologie – la dépression – qui est *aussi* une pathologie du temps, une *pathologie marquée par le ralentissement* et par le sentiment d'un *arrêt du temps.*

UNE PATHOLOGIE DU TEMPS

Dès Hippocrate, l'alternance entre *une phase d'excitation «maniaque»*, marquée par l'euphorie, l'agitation et l'accélération de la pensée, *suivie d'une phase de dépression*, caractérisée par l'abattement, la tristesse et la lenteur de la pensée, avait été perçue et trouvait son explication dans l'opposition entre «bile chaude» (manie) et «bile froide» (mélancolie). Cette alternance de phases aux caractéristiques opposées sera longtemps laissée au second plan et ne sera à nouveau soulignée qu'au milieu du XIXe siècle. C'est à partir de là que l'importance du lien entre ces phases sera redécouvert : on parlera de folie à double forme[12] ou de folie circulaire[13]. Mais ce n'est qu'une cinquantaine d'années plus tard que se trouvera définitivement établie, par le grand psychiatre Kraepelin[14], l'idée que phase maniaque et phase dépressive ne sont que les deux faces d'une même maladie, qu'il nommera *la psychose maniaco-dépressive.* Cette maladie sera qualifiée par Bleuler, autre grand psychiatre contemporain de Kraepelin, de pathologie de «l'élan personnel», sans lequel on ne peut vivre dans le monde. Cette dénomination – maniaco-dépressive – est importante parce que c'est la première fois qu'apparaît, en tant que maladie, la notion de dépression qui, jusque-là, ne faisait qu'exprimer l'abattement consécutif à la tristesse, notamment celle apparaissant au cours de la mélancolie[15]. Cependant, la psychose maniaco-dépressive est loin de représenter la seule forme de dépression et un débat opposera longtemps les tenants de l'unicité, considérant qu'à peu près toutes les dépressions s'inscrivent dans un cadre unique, celui de la psychose maniaco-dépressive, aux tenants de la dualité des dépressions qui opposent à celle-ci la dépression névrotique[16]. La première – psychose maniaco-dépressive, caractérisée par l'alternance des deux phases – serait essentiellement liée à des facteurs constitutionnels, d'origine interne et organique, la seconde – dépression névrotique sans alternance de phases – constituant une réaction purement psychologique à des épreuves de l'existence ou à des tensions au sein de la personnalité[17]. Après ce grand débat sur les différentes conceptions de la dépression, on finira, à la fin des années 1970, par identifier à peu près trois types de causes à cette maladie : il y aurait ainsi les dépressions *endogènes*, d'origine somatique, c'est-à-dire fondées sur des mécanismes biologiques qui agiraient sur les sensations, les émotions, les sentiments (la psychose maniaco-dépressive en fait partie), les dépressions *névrotiques*, dues à des conflits psychologiques mettant en jeu la personnalité et entraînant des désordres psychopathologiques, et les dépressions *exogènes*, survenues en réaction à un événement extérieur douloureux pouvant atteindre n'importe quel type de personnes[18].

Quoi qu'il en soit, les symptômes de la dépression se caractérisent par deux grands ensembles de facteurs. Le premier s'articule autour de la tristesse qui imprègne tout l'univers subjectif du malade : remords et nostalgie à l'égard d'un passé dont on ne cesse de ruminer les souvenirs, désintérêt à l'égard du présent perçu comme vide et sans intérêt, sentiment d'ennui éprouvé vis-à-vis de l'entourage et anhédonie généralisée, c'est-à-dire perte de tout sentiment de plaisir et de toute capacité à en éprouver, sentiment de voir la vie «en noir et blanc», dévalorisation profonde de l'image de soi et perte de l'estime de soi, que l'on rend responsable de toutes les erreurs du passé et de tous les problèmes du présent. Le second ensemble s'articule autour du ralentissement psychomoteur : ralentissement des idées et de la capacité à agir, voire inhibition de l'action. Le ralentissement moteur s'observe dans la démarche lente, la posture et la mimique figées, la pensée qui se traîne : ni vivacité, ni renouvellement, retour lancinant sur des thèmes répétitifs qui donnent à l'interlocuteur le sentiment d'un mécanisme mental qui s'épuise. En réalité, écrit Daniel Widlöcher, «le sujet confesse qu'il continue de s'intéresser à ses activités habituelles, aux êtres et aux valeurs qui le mobilisent en temps normal. Ce qui lui manque, c'est bien l'incitation à agir... Lorsqu'il dispose de qualités introspectives suffisantes, le déprimé perçoit le ralentissement de son activité comme une altération de l'écoulement du temps. Le présent se fige, l'avenir devient opaque et le passé alimente la rumination[19]».

Cette notion de ralentissement de l'action et d'altération du sentiment d'écoulement du temps est fondamentale. Quelques psychiatres l'ont plus particulièrement étudiée, le premier d'entre eux étant Eugène Minkowski qui a analysé le trouble de la temporalité dans la dépression. C'est lui a dépeint la dépression comme une maladie du temps. Le malade n'aurait plus conscience d'un avenir qui viendrait à sa rencontre ou qu'il pourrait percevoir comme un horizon vers lequel il se dirige. Au contraire, il se sent fuir vers le passé, attiré vers lui. Minkowski, à partir de l'analyse d'un grand nombre de cas, met en lumière la différence dans le rapport au temps que l'on peut observer entre la personne normale et la personne dépressive. S'appuyant sur la distinction entre le «temps du monde» et le «temps du moi», il montre les désajustements pouvant exister entre les deux dans la vie normale : «Tantôt le temps du moi semble marcher plus vite que le temps du monde, nous avons l'impression que le temps s'écoule rapidement, la vie nous sourit et nous sommes joyeux; tantôt au contraire, le temps du moi paraît retarder sur celui du monde, le temps alors s'éternise, nous sommes moroses et l'ennui s'empare de nous. Ces modifications dans le "tonus"... dépendent évidemment de nos états d'âme, d'une part et de l'ambiance, avec ce qu'elle a à nous offrir d'intéressant, de stimulant, de varié, d'autre part. Mais c'est dans les états pathologiques, et plus particulièrement dans les états de dépression endogène, que le contraste entre les deux modes de temps devient frappant. Ici le temps immanent semble ralentir singulièrement sa marche, s'arrêter même... selon le mode du ralentissement, ce seront tantôt le présent, tantôt le passé qui exerceront une emprise anormale; il en résultera tantôt l'impossibilité de liquider les situations présentes, tantôt le sentiment d'une détermination inéluctable par le passé[20]. » À propos d'un jeune homme dépressif, il écrit : « Le malade lui-même se considère comme un malade du temps… Dans cet ordre d'idées, vient tout d'abord le sentiment de décalage par rapport au devenir ambiant. Le malade dit même qu'il a l'impression de marcher négativement par rapport au temps, de tourner en sens inverse de la terre. Quant au temps lui-même, il donne l'impression de fuir pour lui bien plus vite que pour les autres, de fuir avec une rapidité "atroce"[21]. »

À partir de ces premières observations, toute la pathologie de la dépression sera décrite par certains comme un trouble de la temporalité. Henri Ey, l'un des deux grands maîtres, avec Jean Delay, de la psychiatrie française de l'après Seconde Guerre mondiale, est l'un de ceux qui en donna les descriptions les plus complètes. Il parle d'une désorganisation temporelle éthique de la conscience et montre que, dans l'expérience mélancolique, se trouve suspendue notre perception habituelle de cet écoulement par lequel nos actes s'inscrivent toujours par rapport à un passé, un présent et un avenir. C'est ce sens anormal de l'écoulement du temps et de notre position qui, à travers nos actes et le sentiment de notre identité, nous place à contre-courant[22]. Les descriptions qu'il fait de ce dérèglement de la temporalité sont particulièrement frappantes et Daniel Widlöcher en cite les plus significatives : « Pathétique immobilité, suspension de l'existence, syncope du temps, la mélancolie est un arrêt. L'entrain, la vitesse, le dépassement, la course, la poursuite, la préparation, la marche, le progrès ou le projet, pour autant que tous ces mouvements désignent des modalités d'existence ou de coexistence dont la finalité se confond avec l'élan de l'action dans le temps, sont radicalement impossibles. Par contre, la stagnation, le piétinement, l'attente, la réitération et la rétrogradation, seules formes d'activité de cette inaction, battant sur place la mesure de cette inertie mélancolique. Le déroulement du temps cesse d'animer et de promouvoir la conscience stoppée dans son élan et il se réduit, comme étranger au mouvement impossible de l'être, à mesurer comme le métronome de l'uniformité et de l'ennui, le défaut de synchronisme entre la durée qui s'écoule comme une hémorragie et la nullité du temps incorporé à l'action[23].» Ainsi, le «figement du temps», mais aussi le pessimisme, la culpabilité ou l'angoisse sont autant d'expressions de ce rapport pathologique au temps qui se noue dans la dépression.

Un des psychiatres que nous avons rencontrés confirme ce fait que la perception du temps chez les déprimés constitue quelque chose d'assez étrange : «le temps s'écoule, mais il paraît interminable, même une seconde est interminable, le temps est suspendu, les choses se passent comme s'ils étaient à côté». Il évoque le cas d'une de ses patientes présentant des traits mélancoliques, «une styliste, surchargée de boulot en permanence, et qui, devant cette pression de l'ensemble des choses à faire, peut se mettre sur son canapé et ne sait plus si elle va y passer deux minutes, un quart d'heure ou deux heures. Elle est là, bloquée par cette pression – ce sont ses termes – et après, elle sort de cette espèce de léthargie et elle ne sait plus quelle heure il est. Ça peut durer trois minutes ou une heure, mais tout est suspendu. C'est un des éléments fondamentaux de sa dépression. Elle ne peut pas dire ce qui se passe vraiment dans son esprit, c'est une pensée qui est présente mais totalement inexprimable. Il se passe quelque chose, mais ce n'est pas dicible. On retrouve cette suspension du temps chez beaucoup de personnes dépressives. À mon sens, c'est très biologique.»

D'autres psychiatres ont également porté l'accent sur ce trouble de temporalité. Ainsi, Tellenbach, mentionné plus haut, qui parle de l'altération qualitative du caractère «historial» qui se manifeste surtout quand le rythme semble supprimé, par exemple «dans la permanence de l'insomnie, de la tristesse et de l'angoisse, dans la monotonie d'une agitation ou d'une excitation anxieuse qui tourne à vide des mois durant[24]». Ce trouble de l'«historial» explique, pour lui, la paralysie de l'action qui survient dans la dépression, dans la mesure où une action qui ne se projette plus dans un futur immédiat n'a plus de sens : «La manifestation la plus complète de cette altération s'exprime dans la notion d'inhibition qui, dans son acception totale, se réfère au flux de l'historial et qui comporte aussi bien la possibilité de la réversibilité, lors de laquelle le flux inhibé s'écoule à nouveau, que l'écoulement trop rapide de la désinhibition dans la manie[25].»

Si nous avons ainsi insisté sur l'importance de ce trouble de la temporalité qui s'exprime au travers du ralentissement psychomoteur, c'est que celui-ci a longtemps été considéré comme une conséquence de l'état de tristesse, de désintérêt et de dévalorisation de soi, c'est-à-dire du premier groupe de symptômes dont nous avons parlé à propos de la dépression. Or, ce qui est particulièrement intéressant dans l'évolution de la compréhension de cette maladie, c'est le fait que, grâce notamment à la découverte du mode d'action des antidépresseurs, ce soit ce second groupe de caractéristiques, celui lié au ralentissement, qui passe désormais au-devant de la scène de la dépression. On s'était déjà aperçu assez vite que les antidépresseurs avaient une action plus rapide sur l'inhibition psychomotrice que sur la douleur morale et qu'ils étaient sans effet sur la tristesse si celle-ci ne s'accompagnait pas d'une certaine inhibition. En cela, ils sont des désinhibiteurs[26]. Mais le véritable changement dans la conception de la dépression commence à opérer à partir du milieu des années 1970[27]. Jusque-là, nous l'avons dit, le ralentissement psychomoteur de la personne, se traduisant dans une incapacité à agir, était plutôt considéré comme une conséquence de la tristesse et de la douleur morale. C'est ce trait qui permettait de distinguer la dépression, trouble de l'élan moteur dans sa dimension corporelle et presque animale[28], de la mélancolie, trouble de l'élan vital, dans sa dimension psychologique et existentielle. Dès la fin des années 1970, Daniel Widlöcher met au point une « échelle de ralentissement psychomoteur », dont l'exploitation statistique et les liens de corrélation établis entre la fatigue et le ralentissement montrent que celui-ci est, avec l'inhibition, au cœur de la dépression. La douleur morale, dans la dépression (non dans la mélancolie), apparaît dorénavant plutôt comme la conséquence du ralentissement psychomoteur et non l'inverse[29]. Selon Daniel Widlöcher, la dépression est ainsi, tout comme l'angoisse, un « style d'action », une réponse comportementale globale et « le repli dépressif constitue une attitude protectrice de retrait qui permet au sujet de survivre quand il ne dispose plus de la faculté de lutter[30] [...] se figer, c'est une attitude qui simule la mort et réalise déjà une sorte de mort psychique ; c'est en même temps mesurer, à tort ou à raison, que les conditions de l'existence ne sont plus acceptables et ne permettent plus aucune autre forme de lutte[31] ». Tandis que l'angoisse serait un moteur de la lutte, la dépression signerait au contraire son abandon[32].

Comment ne pas faire ici le lien entre l'importance de ce ralentissement, dans sa dimension biologique et symbolique, et l'accélération constante à laquelle sont soumis les individus dans les situations que nous avons décrites. Tout se passe comme si le mécanisme du ralentissement se mettait en marche, tant sur un plan biologique – pour contrebalancer les excès d'une accélération « contre nature » – que sur un registre symbolique, comme si l'inconscient déclenchait une sorte de panne de la pensée et de l'action, pour permettre à la personne de rétablir un temps de recul, de prendre une sorte de pause psychique, coupant ainsi au rythme infernal dans lequel elle est plongée. Tout se déroule comme si le temps – si consubstantiellement lié à la dimension subjective de la personne – introduisait des formes d'autorégulation par rapport à la manière dont l'individu compose avec lui, dans la façon dont il « traite » et bouscule le temps, et provoquait par moments des sortes de cassures de rythme forcées, destinées à permettre à l'organisme de « récupérer » malgré lui, fût-ce au prix d'une souffrance certaine.

L'HOMME « INSUFFISANT »

Si l'on poursuit l'histoire du concept de dépression, on s'aperçoit que ce déplacement du centre de gravité de la maladie vers le ralentissement et l'inhibition ne fera que s'accentuer avec la mise au point de la nouvelle génération des antidépresseurs qui agiront d'abord en restaurant les pouvoirs de l'action, ce qui, dans la foulée, améliorera l'humeur[33]. Ainsi, à partir des années 1980, observe Alain Ehrenberg, « la dépression entre dans une problématique où dominent non pas tant la douleur morale que l'inhibition, le ralentissement et l'asthénie : l'ancienne passion triste se transforme en une panne de l'action et cela dans un contexte où l'initiative individuelle devient la mesure de la personne[34] ». Cette inversion de l'importance des symptômes, longtemps dominés par la notion de tristesse et de douleur morale, est liée à deux phénomènes. D'une part, elle semble répondre aux nouvelles formes d'expression de la dépression induites par le contexte d'extrême pression à l'initiative et à la performance individuelles qui s'installe à partir des années 1980. En instaurant une mobilisation psychique intense des individus et en exigeant d'eux une flexibilité constante et une rapidité de réaction toujours plus grande, la société les confronte à des situations dans lesquelles, devant à tout prix agir, il en sont parfois incapables, entre autres parce qu'ils n'en « peuvent plus ». D'autre part, l'accent mis sur l'inhibition et le ralentissement, au détriment de la tristesse, apparaît comme une conséquence, nous l'avons dit, de la découverte du mode d'action des antidépresseurs. Ceux-ci, notamment ceux de la génération « Prozac », appelés ISRS (ou Inhibiteurs Sélectifs de la Recapture de la Sérotonine) agissent au niveau chimique en restaurant la capacité de ce neuromédiateur à transmettre l'information chimique. Le résultat en est une amélioration, souvent spectaculaire, du symptôme de ralentissement psychomoteur, c'est-à-dire que ces médicaments soignent en rétablissant d'abord la capacité à agir. Et c'est par ce biais qu'ils entraînent une amélioration des troubles de l'humeur. Il est à noter ici que c'est à partir du rôle moteur joué par les antidépresseurs sur le mécanisme chimique de la dépression que la seule définition que l'on pourra trouver à celle-ci se fera désormais non plus par le biais des causes (dépression endogène, névrotique ou exogène), mais par celui du médicament soignant le symptôme. La dépression devient ainsi « *la maladie que soignent les antidépresseurs*[35] », caractérisée par les symptômes sur lesquels ils agissent, c'est-à-dire, avant tout, le ralentissement et l'inhibition. Ainsi, à partir de l'ensemble de ces découvertes, la pensée psychiatrique a-t-elle nettement pris conscience du fait que le trouble fondamental de la dépression est psychomoteur : « l'action en panne détrône l'humeur troublée… l'inhibition et le ralentissement dominent sur la douleur morale et la tristesse[36] ».

Simultanément, la dépression apparaît de plus en plus comme ce qu'Alain Ehrenberg appelle une « pathologie de l'insuffisance[37] ». Dans un ouvrage largement médiatisé[38], et dont nous avons évoqué certains aspects, Alain Ehrenberg a montré comment, à la fin du deuxième millénaire, la « fatigue d'être soi » avait pris le pas sur l'angoisse névrotique, pathologie dominante de la fin du XIXe siècle. Au profil du névrosé, défini par un conflit entre le désir et l'interdit, il oppose celui de « l'homme insuffisant » qui souffre d'une impossibilité de se sentir à la hauteur, d'une incapacité à faire face à des exigences intérieures toujours plus extrêmes. Par rapport au premier, sur qui pèse une trop grande pression d'interdits, le second souffre d'une trop grande surcharge de possibles. L'idée d'Alain Ehrenberg, selon laquelle le modèle de l'homme « insuffisant » serait devenu le prototype de l'individu contemporain et l'expression de la nouvelle forme d'individualisme à l'œuvre dans notre société, est une conséquence directe de l'ensemble du processus que nous avons rappelé à la fin du paragraphe précédent. Toute l'histoire qu'il retrace de l'ascension du concept de dépression et de la façon dont ce concept a progressivement absorbé, dans une bonne partie de la pensée psychiatrique, issue notamment des États-Unis, le concept freudien de névrose – dominant à la fin du XIXe siècle – est aussi l'histoire de la disparition de la notion de conflit au profit de celle de déficit et de manque, pour penser le malaise contemporain. Elle est également – et c'est la thèse centrale d'Ehrenberg – celle du passage d'une société où les choses ne se jouent plus sur le registre du permis et du défendu mais sur celui du possible et de l'impossible. Dans une société où, théoriquement, « tout est possible », où l'individu est devenu à lui seul son propre référent[39] et son propre souverain[40], le poids du possible devient considérable et les seuls points de butoir sont ceux du trop grand nombre de possibles ou de l'impossibilité d'agir, quelles qu'en soient les raisons.

Ainsi l'individu contemporain, placé dans la nécessité d'agir à tout prix et de plus en plus vite en s'appuyant sur ses seuls ressorts internes, subit-il moins la contrainte du renoncement (permis/défendu) que celle de la limite (possible/impossible)[41]. Or, « dans une culture de la performance et de l'action individuelle où les pannes énergétiques peuvent être payées fort cher, parce qu'il est nécessaire d'être en permanence à la hauteur, l'inhibition est un pur dysfonctionnement, une insuffisance. L'individu est placé institutionnellement dans la nécessité d'agir à tout prix en s'appuyant sur ses ressorts internes. Il est dans l'initiative plus que dans l'obéissance, il est pris dans la question de ce qu'il est possible de faire et non dans celle de ce qu'il est permis de faire. C'est pourquoi l'insuffisance est à la personne contemporaine ce que le conflit était à celle de la première moitié du XXe siècle[42] [....] Si la névrose est un drame de la culpabilité, la dépression est une tragédie de l'insuffisance. Elle est l'ombre familière de l'homme sans guide, fatigué d'entreprendre de devenir seulement lui-même et tenté de se soutenir jusqu'à la compulsion par des produits ou des comportements[43] [...] La dépression est à l'insuffisance ce que la folie est à la raison et la névrose au conflit[44] ».

La multiplicité des possibles dans tous les domaines et l'impossibilité de les réaliser tous, la quête permanente d'une identité toujours incertaine, le sentiment de ne jamais pouvoir en faire assez et de n'être pas à la hauteur composent ce tableau du sentiment d'insuffisance, tel que le dépeint Alain Ehrenberg. Mais le sentiment de devoir sans cesse courir sans jamais parvenir à maîtriser le temps ou à produire un travail ou une œuvre chargés de sens en sont aussi, selon nous, largement à l'origine. L'ensemble de ces symptômes signe ainsi le revers de l'individu maître de ses entreprises et poursuivant avec acharnement son propre intérêt, cet individu produit de l'« individualisme de marché » décrit par Alain Fox[45] et de l'individualisme « conquérant » évoqué par Robert Castel[46]. Et c'est lorsque le « conquérant » se retrouve dans l'incapacité d'avancer que se développent ces pathologies spécifiques à l'individualité contemporaine. Elles peuvent prendre deux formes : celle des *maladies de l'idéalité* que nous avions étudiées dans *Le Coût de l'Excellence*[47], où l'individu sombre dans la brûlure interne du *burn-out*, quand il a le sentiment de n'avoir pu satisfaire les exigences de son Idéal du Moi. Celle aussi de ces *pathologies de l'insuffisance* qui s'expriment dans une impossibilité à agir et culminent dans « la panne dépressive » atteignant « l'individu-trajectoire[48] », décrit par Alain Ehrenberg.

Si l'« implosion dépressive » constitue ainsi un mode d'expression possible de l'incapacité à faire face et l'une des pathologies privilégiées de l'individualisme contemporain, l'« explosion addictive[49] », dans laquelle on se shoote à l'urgence et au passage à l'acte, en est à notre sens une autre. Or, c'est bien ce à quoi l'on assiste et l'urgence joue souvent ce rôle de « drogue de l'action », induisant le comportement compulsif évoqué plus haut. Le plaisir qu'elle procure, la montée d'adrénaline qu'elle permet d'éprouver font effectivement d'elle une forme de drogue et c'est ce terme, d'ailleurs, que Sylviane avait choisi pour exprimer la façon dont l'urgence démultipliait ses possibilités d'action. Tout se passe dans ce cas comme si, face à la vacuité et à l'angoisse collective actuelle, l'urgence s'installait comme un ersatz de sens, comme si la vitesse de résolution des problèmes et le caractère compulsif du comportement, entièrement absorbé dans l'action permanente, pouvaient à eux seuls donner du sens à cette action[50]. En revanche, quand l'individu ne parvient plus à suivre le rythme de l'accélération et de l'urgence en continu, c'est l'épuisement qui le guette et il est significatif que ce soit ce type-là de pathologie, syndrome de fatigue chronique ou dépression d'épuisement, qui occupe à présent le devant de la scène dans les plaintes des patients confrontés au rythme effréné des entreprises en culture d'urgence permanente.

Le syndrome d'épuisement de la société « maniaco-dépressive »

En 1972, déjà, un psychiatre suisse, Kielholz, identifiait des dépressions consécutives à un état d'épuisement physique et moral[51]. À la fin des années 1970, les tableaux dominés par l'épuisement physique et mental[52] deviennent assez courants, si bien qu'apparaît ce qu'on appelle le syndrome de fatigue chronique (SFC)[53]. Depuis, ces états ont augmenté à un point tel que leur fréquence apparaît beaucoup plus grande que celle de la dépression «classique». Il ne s'agit même pas du fait, évoqué plus haut, que les troubles du ralentissement prennent le pas sur ceux de la tristesse et de la douleur morale mais bien plutôt de l'apparition d'un autre type de dépression, car le terme s'y prête encore, dont le tableau clinique diffère radicalement de celui de la dépression classique. Un des psychiatres que nous avons rencontrés confirme ce point et souligne la particularité des symptômes de ce nouvel état dépressif. «*La forme de dépression la plus importante que l'on voit actuellement, c'est la dépression d'épuisement*, dit-il. C'est ce qu'on observe de plus en plus chez des managers, ou chez ceux qui travaillent énormément. Il s'agit d'une dépression dans laquelle le ralentissement est important, les gens sont fatigués, ils n'arrivent plus à produire et ils ont des réactions émotionnelles du type larmes ou angoisse, qui sont celles que tout un chacun peut avoir lorsqu'il est épuisé, sauf que là, *l'épuisement et la fatigue sont extrêmement importants, de même que les explosions de larmes, l'irritabilité, la colère et l'anxiété.*» C'est donc l'intensité des symptômes d'épuisement, leur exacerbation, qui constituent la première caractéristique de ce type d'état. La seconde consiste en l'absence des autres signes de la dépression : «La tristesse y est peu importante, l'idée de dévalorisation de soi-même est peu importante également, c'est vraiment la plainte "fatigue" qui domine, *une plainte de nerfs à fleur de peau très forte, et une irritabilité, une agressivité extrêmement fortes.* Les gens n'en peuvent plus ! Mais il n'y a pas de dévalorisation personnelle et quand on essaie de voir à quel type de pathologie on a affaire et qu'on leur demande si, par exemple, ils se sentent coupables ou alors nuls, ils répondent "pas du tout, je ne me sens pas nul du tout. Si je n'avais pas douze millions de trucs à faire chaque jour, ça irait très bien!" C'est intéressant parce que ça remet en cause les conceptions maintenant acquises de la dépression, celles qu'on retrouve au premier rang des résultats de toutes les enquêtes épidémiologiques, à savoir que le stress, l'environnement, est un facteur largement insuffisant pour provoquer une dépression. Mais *quand on prend ce problème de dépression d'épuisement, on a au contraire le sentiment que c'est plutôt l'environnement, le contexte dans lequel les gens travaillent qui est la cause majeure.* »

Il faut d'ailleurs faire le lien entre la montée du type de symptômes attachés à cette nouvelle forme de dépression – épuisement massif, anxiété, forte irritabilité, nette agressivité – et l'extraordinaire succès du Prozac et des produits de ce type. Leur spectre d'action « sérotoninergique » les rend en effet très efficaces sur ce type de symptômes, d'où leur succès. Le mode d'action du Prozac semble ainsi en correspondance avec le type de symptômes produits par les mutations de l'environnement socio-économique et son efficacité paraît tenir à ses deux principaux effets. D'une part, il agit très efficacement sur le ralentissement et l'inhibition de l'action provoqués par cet excès de pression auquel l'individu ne parvient plus à faire face. D'autre part il produit un effet de facilitation des rapports sociaux en agissant sur l'irritabilité et l'agressivité induites par le même phénomène. Or, dans l'entreprise contemporaine, observe le psychiatre cité plus haut, « si on n'est pas capable de s'adresser à autrui avec un minimum de calme, on a peu de chances de progresser. Les aspects relationnels sont devenus essentiels et des produits comme le Prozac, qui ont un effet désinhibiteur important, facilitent énormément le contact. Après trois ou quatre mois de traitement, l'agressivité, l'irritabilité, l'hostilité ont beaucoup diminué, les gens disent qu'il leur est beaucoup plus facile de parler avec les autres, qu'ils ont même envie de leur parler, bref que leurs contacts sont facilités». Relativisons néanmoins un peu ce tableau : outre des effets exagérément désinhibiteurs observés dans un certain nombre de cas, le Prozac semble surtout efficace sur les cas que nous venons de décrire, ceux qui présentent – à côté de l'épuisement – l'irritabilité et l'agressivité dont nous avons parlé. Si ces symptômes n'existent pas, son action semble moindre, ce qu'observe notre interlocuteur : «On pourrait dire qu'on a deux pôles dans ce type de dépression d'épuisement : d'un côté, des gens très "émoussés/ralentis", qui n'ont plus rien à foutre de rien, qui ne sont pas particulièrement tristes, qui sont surtout amortis, la vie ne les excite pas, ils ont une espèce d'anesthésie affective du type "je laisse la partie se dérouler sans moi, je ne m'en sens plus partie prenante". Et, de l'autre côté, on a des agités, agressifs, impulsifs et c'est sur ceux-là que le Prozac est particulièrement efficace.»

Au terme de ce long bilan, nous ferons deux observations. La première concerne le symbolisme des mots. Nous n'avons cessé, depuis le début de cet ouvrage, de montrer l'accroissement de la *pression* qui s'abattait sur les individus : soumis à une intense pression à la performance dans un contexte de forte pression du temps, l'individu est *pressé, pressuré, compressé*. Comment s'étonner dès lors que la réaction à cette pression excessive se fasse par le biais de la *dépression*, par la montée en régime de ce type de pathologie, qui apparaît ici comme une réponse presque mécanique, d'autant plus accentuée que la pression s'est faite plus intense. Il faut entendre ici les mots pression et dépression presque comme des phénomènes météorologiques se succédant en sens inverse – haute pression et basse pression – et les comprendre dans leur sens à la fois biologique et psychologique. Il y aurait une pression biologique permettant à l'individu de se contracter face à l'épreuve pour l'affronter avec le maximum de résistance et une pression psychologique lui permettant de tirer le maximum de ses capacités. Et c'est l'excès de ces deux pressions qui conduirait à la dépression dans sa double dimension biologique (épuisement) et psychologique (désintérêt, dérèglement émotionnel).

La seconde remarque consiste à se demander *si ce n'est pas la société tout entière qui fonctionnerait en fait sur un mode maniaco-dépressif*, avec cette alternance de phases d'accélération, d'extrême agitation, d'euphorie aussi – l'ivresse de l'urgence qui permet de se sentir maître du temps – et de phases de ralentissement, de tristesse et d'inhibition qui leur succèdent chez l'individu, alternance comparable à celle qu'on observe dans la psychose maniaco-dépressive, avec ses phases d'agitation maniaque suivies de périodes d'effondrement dépressif. C'est la société tout entière qui, à travers les individus qui la composent et du fait de son mode de fonctionnement, serait alors devenue « maniaco-dépressive ».

Quoi qu'il en soit, on a le sentiment qu'en brusquant son rapport au temps pour le dominer, en le soumettant à des périodes d'accélération foudroyante, en lui refusant la durée nécessaire à telle ou telle action, l'individu contemporain malmène continuellement le temps, qu'il le refoule, en ne voulant ni voir ses contraintes ni tenir compte de son rythme propre. Dès lors, ne peut-on faire l'hypothèse que ce temps malmené, refoulé, cherche à faire retour à sa façon, tout comme un traumatisme ou un souvenir refoulé cherche à faire retour dans le champ de la conscience ? Le temps ferait alors retour en bloquant l'action, en imposant ces périodes de suspension, d'immobilisation, de figement du temps dont nous avons parlé et qui caractérisent l'état dépressif.

Cependant, tout comme le temps subjectif peut se ralentir et se figer, comme pour résister aux violences qu'on lui impose, à d'autres moments le temps social semble déraper, exploser, pourrait-on presque dire, comme pour échapper, là encore, aux contraintes dans lesquelles on essaie de l'insérer, comme pour faire brutalement retour là où il a été trop refoulé. Ces processus conduisent à l'émergence des crises et à la survenue de catastrophes. Celles-ci sont au champ organisationnel et technologique ce que les pathologies du temps sont au champ individuel et subjectif. Ce sont ces processus de dérapage et de « retour du refoulé » que nous allons à présent approfondir en cherchant à comprendre le rôle du temps et de l'urgence dans l'irruption de ces crises et catastrophes, en lien avec les technologies complexes à l'œuvre dans bien des domaines de notre société.

Troisième partie

Le retour du refoulé : Urgence, crises et catastrophes

Chapitre 7 [a]

De la performance à l'urgence, de l'urgence à la crise

Les grandes crises et les catastrophes industrielles, malgré les dégâts et les souffrances qu'elles occasionnent, sont des indicateurs parfois utiles de l'effondrement brutal et ponctuel du culte de la vitesse et de l'urgence. Qu'y a-t-il de commun entre le naufrage du *Titanic*, l'accident ferroviaire de la gare de Lyon en 1988 ou la défectuosité des microprocesseurs de Intel, sinon que ces catastrophes révèlent toutes à leur façon des crises du temps, de la vitesse et de l'urgence dans lesquelles la volonté de faire vite, par souci de compétitivité, a fait basculer des vies, des organisations et des réputations. Réduits fréquemment à des crises technologiques, ces événements nous montrent souvent que, derrière la défaillance majeure, c'est aussi la croyance au caractère positif de la chrono-compétitivité et de l'état d'urgence permanent qui s'effrite.

Pourtant, même si beaucoup d'entre nous semblent s'en plaindre, l'état d'urgence est un état recherché, aménagé, organisé et structuré. Il revêt même des contours rassurants car il garantit l'action

a. Ce chapitre a été conçu et rédigé par Christophe Roux-Dufort.

permanente et l'assurance que les vides éventuellement laissés par l'existence seront largement remplis par la course que nous mènerons chaque jour contre le temps et contre nous-même. Derrière le mythe de l'état d'urgence il y a la garantie du dépassement, de l'extrême limite, de l'excellence, de la performance et pour ainsi dire de l'héroïsme. Les métiers de l'urgence, comme les services d'urgence hospitaliers, le SAMU, les pompiers et la sécurité civile, mais aussi parfois certaines organisations comme les entreprises de messagerie express internationales ou les entreprises de VPC sont valorisés. Ces professionnels démontrent à tout moment leur capacité à vaincre le temps et l'espace pour venir en aide ou pour délivrer des colis sur toute la planète dans des temps records.

Dans sa quête de victoire sur le temps, l'organisation moderne s'est dotée d'avancées technologiques sophistiquées et variées. Depuis l'horloge qui a servi de socle pour la mesure du temps jusqu'au réseau mondial d'informations que constitue Internet, la technologie a entretenu, on l'a vu, un rapport étroit avec le temps et l'urgence. Ces relations sont d'ailleurs si serrées que certaines avancées technologiques nous poussent aujourd'hui à redessiner nos références et nos frontières spatio-temporelles en profondeur. C'est le cas en particulier pour ce que nous appelons ici les technologies complexes ou plus simplement les technologies sensibles ou dangereuses : nucléaire, chimie, transport, etc.

La plupart des technologies complexes que nous exploitons rendent souvent caduc le temps de décision et de réaction des organisations humaines. En rendant obsolètes les rythmes et les séquences humains, ces technologies complexes créent des décalages et des états d'urgence permanents qui sont autant de pièges du temps que les hommes doivent gérer au mieux de leurs possibilités. La vitesse de circulation des informations ou la vitesse d'enchaînement et de propagation des incidents dans une catastrophe industrielle, par exemple, nous dépasse à tel point que nous devenons de véritables prisonniers du temps technologique et des situations d'urgence qu'il produit et qu'il nous est souvent difficile de sortir des pièges ainsi créés. Ce sont les diverses facettes des relations entre le temps, l'urgence, la performance et la technologie que nous allons maintenant étudier, en défendant l'idée que le temps technologique a considérablement affecté le temps humain et qu'il fragilise les organisations et les sociétés en produisant des risques intangibles mais réels. Nous montrerons aussi que certaines catastrophes technologiques sont la manifestation aiguë des pièges tendus aux acteurs par le temps technologique. Au-delà de ce sombre tableau, nous envisagerons des solutions pour sortir des pièges du temps technologique et de l'urgence et, en puisant dans des travaux récents réalisés sur les organisations exploitant des technologies sensibles, nous soulignerons le caractère incontournable et salvateur d'un temps d'improvisation, de bricolage, de créativité, d'instantanéité et de spontanéité, auquel seul l'homme peut avoir recours pour faire face à l'urgence et éviter l'émergence de scénarios catastrophiques.

Temps cyclique et temps linéaire

Notre conception occidentale du temps, un temps quantitatif et linéaire, a jeté les bases du régime d'urgence généralisé qui sévit – nous l'avons vu – au sein des organisations des sociétés développées. Ce régime d'urgence ne relève pas nécessairement d'une situation exceptionnelle mais caractérise le rythme temporel sur lequel les entreprises et les organisations fonctionnent aujourd'hui. Dans ce contexte, l'aléa, la panne ou l'incident qui peuvent se produire sont dramatisés et peuvent prendre des proportions très importantes. Selon les enjeux de ces événements, la perception du temps à disposition pour le gérer, et l'existence ou non de «routines» organisationnelles adaptées, les situations varient. Ce que nous allons montrer, c'est selon quelles modalités on passe d'une situation de gestion routinière à des situations où seul un mode de gestion de crise est pensable.

Que signifie d'abord la notion de temps linéaire? La plupart des auteurs s'accordent généralement pour reconnaître deux conceptions du temps selon la nature objective ou subjective de celui-ci. On distingue en général, rappelons-le, le temps objectif qui se fonde sur un système de mesure externe et le temps subjectif, lequel ne prend sens que par le biais de l'interprétation des individus[1]. Dans un autre registre, il existe deux conceptions majeures du temps que l'on peut rapporter chacune à des métaphores. Il y aurait, d'une part, une conception cyclique et réversible du temps, dans laquelle les événements se déroulent de façon immuable dans la vie des hommes. La notion de progrès ou de tension vers une finalité n'y est pas présente et l'horizon temporel n'y est défini que par le mythe de l'éternel retour[2]. Ce temps cyclique, mis en avant par les anthropologues, serait le temps socialement construit à l'intérieur des sociétés primitives qui l'associent aux événements naturels de l'environnement, ainsi qu'au calendrier[3]. C'est un temps sacré car, dans une conception animiste du monde, les manifestations de la nature et de l'environnement sont fréquemment vues comme des manifestations divines. Les passages d'une période à une autre sont souvent marqués par des fêtes sacrées.

Dans cette perspective, les liens entre le passé et le futur sont étroits, l'un déterminant l'autre : si l'on connaît le passé, on connaît aussi le futur.

La seconde conception est celle du temps linéaire et quantitatif : la métaphore de la ligne contraste ici avec celle du cycle pour représenter le temps sous la forme d'un irréversible scénario tendu vers un but ultime. Ce temps linéaire est quantitatif, en ce sens qu'il s'inscrit en dehors de tout événement et en dehors de toute conscience humaine. Il est indéfiniment divisible et s'exprime en unités de mesure. Cette mesure du temps linéaire doit cependant être nuancée et des conceptions différentes se font jour. On peut ainsi considérer que le temps est fait d'unités temporelles discrètes mesurables et d'égale importance (la seconde, la minute, le jour, etc.) mais aussi que la longueur de ces unités temporelles varie selon la subjectivité de chacun. Une même unité de temps peut être vécue de façon très différente selon les événements qui s'y déroulent : trois heures d'attente pour prendre un train sont vécues de façon probablement différente que trois heures de divertissement dans un parc d'attractions. Par ailleurs, dans une conception linéaire du temps, le présent n'entretient que peu de rapport avec le passé et les événements futurs ne sont que très peu en rapport avec ceux qui sont passés.

À ces deux conceptions du flot temporel, il faut ajouter la notion de temps ponctué[4], dont l'écoulement est fait d'une série d'événements récurrents ponctués par des événements nouveaux et souvent brutaux. Cette conception du temps a souvent inspiré certaines théories de l'évolution, dans lesquelles des épisodes brusques et radicaux suivent de longues périodes de constance. C'est précisément l'alternance de cycles et de ruptures qui favorise l'évolution et le changement[5]. Dans cette perspective, le passé entretient des rapports assez lâches avec le futur.

Si l'on observe l'univers économique et celui des entreprises et du travail, il est clair que c'est la conception linéaire du temps qui s'impose depuis longtemps comme le paradigme dominant. Au sein des organisations, le temps existe indépendamment de tout le reste. En ce sens, il s'inscrit comme une variable de gestion à part entière et pose à l'entreprise le problème de sa mesure et de son optimisation. Pour autant, il n'est pas une variable comme les autres et représente une donnée intangible et difficile à apprivoiser. En ce sens, la gestion optimale du temps constitue un véritable enjeu au sein des organisations : celles qui le maîtrisent semblent pouvoir dégager un avantage sur les autres. Toute une série de travaux récents tend en effet à prouver que la maîtrise des processus clés qui garantissent une gestion du temps supérieure à celle des concurrents peut octroyer à l'entreprise un avantage concurrentiel déterminant[6]. Les sociétés de vente par correspondance, par exemple, ont été parmi les premières organisations en France à miser sur cet avantage. Les délais de livraison chez le client sont ainsi passés d'une semaine à vingt-quatre heures en l'espace de quelques années, ce qui, du point de vue du client, représente une source de valeur importante, surtout au regard des sociétés qui ne peuvent fournir que sous trois ou quatre jours.

En dehors des enjeux de la chrono-compétitivité, la conception linéaire du temps est aussi intimement liée à la problématique du sens[7]. Qu'il soit ponctué, discret et invariablement mesurable, continu ou fait d'unités temporelles variables, par essence, le temps linéaire échappe aux hommes car il est irréversible et leur laisse l'étrange sensation qu'ils peuvent l'apprivoiser mais ne pourront jamais le capturer. Cette irréversibilité suscite inconsciemment et invariablement une angoisse existentielle, tant elle associe la flèche du temps au mouvement irréversible vers la mort. Dans la conception linéaire et quantitative, le temps qui passe est perdu pour toujours. Cette implacable logique de fuite entraîne l'homme occidental – le plus concerné par cette conception du temps – dans un scénario permanent de frustration par sentiment de perte de temps et défaillance du sens. Chaque perte de temps, chaque vide le replonge brutalement devant l'irréversible mouvement vers la mort. En revanche, chaque gain de temps, chaque plein est une victoire sur le temps et sur la mort. L'homme occidental, à chaque seconde de sa vie, se trouve placé devant l'implacable arbitrage du gain ou de la perte de temps. Chaque moment qui s'écoule devient ainsi pour lui une question de vie ou de mort.

L'URGENCE, SPÉCIFICITÉ DU TEMPS LINÉAIRE

Cette guerre déclarée contre un temps qui fuit sans cesse, contre une fin inéluctable, favorise l'édification de ce régime d'urgence généralisé dont nous avons parlé et qui caractérise nos sociétés industrielles occidentales. Faire de plus en plus de choses dans une même unité de temps s'avère souvent l'un des seuls moyens que l'homme ait trouvés pour se donner le sentiment de remplir son temps, de vivre de pleins et non de vides, bref pour donner un certain sens à son existence[8]. Agir et décider à temps, agir en temps réel, c'est-à-dire ajuster ses décisions et ses actes au déroulement irréversible du temps, tel est le jeu dans lequel l'homme s'engage quotidiennement, tant dans la sphère privée que professionnelle. Mais c'est bien dans l'entreprise – nous l'avons vu – que cette logique d'urgence s'exprime de façon particulièrement aiguë et devient un régime de croisière pour beaucoup d'organisations, régime d'ailleurs légitimé par le discours connexe sur la chrono-compétitivité qui laisse peu de place pour d'autres alternatives. L'action en temps réel, la flexibilité, l'adaptabilité, la réactivité se posent ainsi comme des valeurs centrales dans le discours de l'entreprise, tant du point de vue de sa posture stratégique que de celui des comportements attendus des hommes qui y travaillent. Il y a urgence, car les scénarios qui se déroulent sont irréversibles et seule une décision et une action rapide peuvent restaurer le sentiment de maîtrise sur les événements. Cette hypertension temporelle impose parallèlement des conditions de performance hors du commun.

Dans une vision cyclique du temps, l'urgence n'existe pas ou, tout du moins, pas comme nous venons de l'envisager pour le temps linéaire. Dans cette conception cyclique, nous disposerions forcément d'une seconde chance puisque les événements sont récurrents. Dans une vision linéaire, en revanche, la seconde chance n'existe pas. Le temps linéaire, irréversible, est celui de la première et de la dernière chance et le coup d'essai doit être un coup de maître car toute erreur se traduit immédiatement par une perte de temps souvent coûteuse ou inacceptable pour l'organisation. Dans le domaine de la stratégie d'entreprise, plusieurs recherches ont montré à quel point les retards pris dans les projets de développement de nouveaux produits pouvaient s'avérer désastreux[9]. D'autres ont souligné à quel point le premier entrant sur un marché pouvait générer un avantage concurrentiel déterminant[10].

Le temps linéaire instaure donc une pression à l'excellence, à la réussite et à l'irréprochabilité. Il fixe un cadre dans lequel l'erreur n'est pas admise et s'avère catastrophique lorsqu'elle est commise. La relation directe qui s'instaure de cette manière entre le temps, l'excellence et la performance pose ainsi les termes critiques de l'équation de l'urgence. La réification d'une conception linéaire et quantitative du temps a créé les conditions nécessaires à l'instauration d'une vision de la performance indexée au temps, semant ainsi le terreau nécessaire à l'émergence de ce régime d'urgence généralisé au sein des entreprises et des organisations, dont nous tentons d'analyser les méfaits.

L'indexation de la performance au temps s'est aussi accompagnée de la mise en œuvre de méthodes de gestion aptes à encourager une tension temporelle. Certaines méthodes ont un impact sur le développement de l'urgence. Ainsi, les travaux réalisés sur la gestion en flux tendus et à stock zéro dans l'industrie automobile, par exemple, illustrent parfaitement l'installation d'un régime d'urgence au sein des ateliers d'une grande entreprise soumise à de fortes exigences de compétitivité[11]. Dans cette entreprise, l'urgence se mesure par les stocks qui « annoncent le temps disponible de dépannage », s'il devait y avoir des aléas dans la production et qui fixent ainsi une ligne l'horizon claire. Selon le nombre de jours de stocks disponibles, le degré d'urgence d'une situation peut varier.

En dehors des systèmes d'organisation, les méthodes de management – on l'a vu – peuvent aussi amplifier le sentiment d'urgence. Ce n'est pas tant alors l'urgence objective qui est en cause mais plutôt le sentiment d'urgence que les acteurs sont capables de se créer pour eux-mêmes, lorsqu'ils sont soumis à certaines pratiques de management. Le management par objectifs, par exemple, crée un état d'urgence permanent pour celui qui doit remplir des objectifs ambitieux en peu de temps. Plus l'échéance arrive, plus l'état d'urgence va s'intensifier pour celui qui perçoit d'un côté la difficulté à répondre aux exigences de sa hiérarchie et, de l'autre, la nécessité dans laquelle il est de rendre des comptes. L'injonction de rendre compte et l'ingérence hiérarchique sont alors autant de moyens de pression qui contribuent à la généralisation de l'urgence au sein des organisations industrielles[12]. Le temps quantitatif passe alors le relais à un temps qualitatif et subjectif. Car si le régime d'urgence peut se mesurer à l'aune du temps qu'il reste pour répondre à une échéance, c'est aussi la perception de l'urgence que vont en avoir les acteurs concernés qui va influencer leur réaction. Même si l'entreprise pèse fortement et objectivement sur le sentiment d'urgence qui règne, l'appréhension subjective du temps est aussi une donnée fondamentale dans la génération de l'état d'urgence. L'urgence peut être – nous l'avons dit – «fabriquée» par les acteurs qui, selon leur personnalité, leur tolérance à l'ambiguïté et à la pression temporelle, peuvent démultiplier la sensation d'urgence qu'ils ont en eux[13].

Cette capacité des acteurs à créer leur propre régime d'urgence est telle que certaines théories misent sur la nécessité de créer un tel régime pour fomenter le changement. L'urgence devient alors un levier de management. Créer l'état d'urgence ou de crise s'avère parfois un moyen efficace de mobiliser le personnel d'une entreprise autour de changements importants ou de projets stratégiques. La dramatisation d'un événement par tel ou tel dirigeant peut créer un sentiment d'urgence tel que les acteurs vont se mobiliser pour l'empêcher d'advenir ou, au contraire, en précipiter la venue. L'efficacité de certains changements est donc parfois intimement liée à la capacité des acteurs à créer un sentiment d'urgence au sein du reste de l'organisation[14].

De l'urgence à la crise

Dans un régime d'urgence généralisé, l'aléa, l'événement, la panne, l'incident prennent des tournures dramatiques. Leur gravité peut même atteindre un paroxysme qui culmine dans la situation de crise. Tout se passe en effet comme si l'état d'urgence généralisé en place au sein des organisations devait encore monter de plusieurs crans supplémentaires lorsque surgit l'incident. Car tout incident revêt alors un enjeu fort, nécessitant qu'une décision soit prise immédiatement. En réalité, l'événement inattendu, brutal, imprévisible, contribue à la fois à attiser le sentiment d'urgence déjà présent au sein de l'organisation puis à rendre impérative une décision immédiate pour rétablir l'ordre précédent.

Dans les organisations en état d'urgence, l'unité de temps est optimisée et le temps est entièrement absorbé au service de la performance. Tout aléa induit donc systématiquement un syndrome de manque de temps. Rappelons en effet que la conception du temps quantitatif et linéaire entretient des liens intimes avec la recherche d'efficacité et de rentabilité[15] et que dans l'entreprise, aujourd'hui, le temps est entièrement absorbé par les activités rentables ou, pour être plus précis encore, par les activités créatrices de valeur. L'événement, quand il surgit, consomme du temps. Il va donc conduire l'organisation à une réallocation de ce temps. En ce sens, le régime d'urgence sera ressenti d'autant plus fortement que le temps devra être pris sur celui normalement attribué à la gestion de l'activité normale. Comprenons bien qu'ici le temps n'est pas perçu comme extensible par les individus. Il constitue une ressource limitée que l'on doit rapidement réallouer à la gestion de l'urgence.

Dans ce type de situation, on peut alors assister à une exacerbation de l'urgence qui prend progressivement les contours de la crise. En effet, selon la perception du temps nécessaire pour gérer l'aléa, l'organisation se retrouvera dans des situations d'urgence variables, depuis celles où le temps à consacrer pour gérer l'événement n'empiète pas ou peu sur la gestion des activités et qui ne requièrent que la mise en œuvre des routines organisationnelles déjà existantes, jusqu'à de vraies situations de crise dans lesquelles le temps pour gérer l'événement semble inexistant au regard de l'ampleur des enjeux à considérer. La crise est alors la phase ultime de l'urgence, où se combinent de façon dynamique : l'importance des enjeux, l'incompréhension des événements, la contraction brutale du temps de réaction et la nécessité d'une action immédiate.

La façon de gérer les événements urgents au sein d'une organisation peut donc être conçue en fonction, d'une part, des enjeux que l'on y perçoit et, d'autre part, de la perception du temps à disposition pour gérer cet événement (voir figure 3). Même si, dans notre schéma, les deux dimensions apparaissent indépendantes, on notera que, dans la réalité, elles ne le sont pas totalement. En effet, plus les enjeux perçus seront considérés comme importants, plus la sensation de manque de temps s'accentuera. Ce qui prédomine en effet, à ce moment-là, c'est une conception du temps qui n'est plus quantitative mais beaucoup plus qualitative et subjective, dans laquelle le temps se confond avec la perception et la représentation que se font les individus de son écoulement. Cette perception subjective s'étend d'ailleurs aux enjeux et les situations de crise ou d'extrême urgence sont souvent très liées aux dangers et aux enjeux perçus par les individus[16].

La crise est donc un concept associé à la perception que s'en font les acteurs. Une même situation peut être perçue par certains comme une crise et par d'autres comme une simple perturbation inhérente à la vie des affaires. La relation des enjeux et de la perception du temps s'accompagne aussi d'une autre dimension : celle de l'existence d'outils et de procédures à disposition des acteurs pour gérer la situation. Parmi ces procédures, ce qu'on appelle les « routines organisationnelles » ont pour fonction d'automatiser un certain nombre de comportements et de processus de décision au sein d'une organisation. En ce sens, ces dispositifs font gagner du temps à l'organisation dans la gestion de ses activités quotidiennes et routinières. Ils sont alors calqués sur le rythme de travail habituel de l'organisation et sont, par définition, difficiles à mettre en œuvre lorsque le rythme s'accélère. Ainsi, plus les enjeux seront perçus comme importants, vitaux ou extraordinaires, plus les routines en place pourront sembler décalées ou inadaptées pour prendre en charge la situation. C'est donc pour cette raison qu'il existe aussi un autre type de dispositifs qui sont, justement, les procédures d'urgence. Ces routines particulières ont pour fonction de se substituer aux procédures normales de l'organisation pour prendre en charge des situations nécessitant à la fois des mesures d'exception et des mesures rapides. En conséquence, une situation d'urgence se distinguera d'une situation de crise du fait que l'ampleur des enjeux inhérents à la situation ne suffira pas à rendre totalement obsolètes les procédures et les routines en place pour gérer la situation. En ce sens, même en situation d'urgence, on pourra toujours avoir recours à des procédures particulières (les procédures d'urgence) qui permettront de restaurer le tampon temporel nécessaire à la gestion de la situation. En situation de crise, en revanche, les enjeux sont tels que même les procédures existantes ne peuvent en aucun cas fournir des marges temporelles pour faire face à la situation[17]. Ceci amplifie d'autant plus la sensation d'écrasement que peuvent ressentir les gestionnaires d'une crise.

On distingue donc ainsi les situations routinières des situations d'urgence, selon la perception qu'auront les individus du temps à disposition pour gérer des événements dont les enjeux ne sont pas vitaux pour la survie de l'entreprise. Ainsi, une panne au sein d'un site de production automobile, même s'il comporte des enjeux importants à court terme pour le fonctionnement du site, ne revêtira pas, sauf persistance, une dimension vitale pour la continuité de ce site[18] Cette panne sera vraisemblablement gérée sur le mode de l'urgence. En revanche, des événements à faibles enjeux, et pour lesquels on sait que le temps de réaction existe, seront gérés davantage sur le mode routinier. Dans ce mode de gestion, les enjeux sont considérés comme connus ou, pour le moins, gérables dans un laps de temps suffisant. Dans les deux cas, des routines organisationnelles existent et peuvent être mises en œuvre soit sur le mode habituel, soit sur le mode de l'urgence.

Dans les cas plus graves, on distinguera les situations dites de gestion stratégique, fondées sur l'identification d'événements dont les enjeux sont vitaux pour l'organisation, mais pour lesquels une marge temporelle est encore possible (réaction à l'introduction d'un nouveau produit par un concurrent, réaction à une rupture technologique, etc.) de celles dites de crise, dans lesquelles les événements contiennent des enjeux vitaux conjugués à une sensation d'absence complète de temps à disposition pour gérer le problème. C'est le déroulement de ces situations-là qu'il faut approfondir, pour saisir toute la complexité des éléments qui entrent en jeu pour constituer la crise.

Enjeux forts	Gestion stratégique *Mise en œuvre de routines simplifiées*	Gestion de crise *Inadaptation des routines organisationnelles*
Enjeux faibles	Gestion routinière *Mise en œuvre des routines organisationnelles*	Gestion de l'urgence *Substitution des routines organisationnelles par les Procédures d'urgence*
	Temps pour réagir	Pas de temps pour réagir

Figure 3 : Les modes de réponse aux différents types de situation, en fonction des enjeux et du temps pour réagir

Cette idée selon laquelle la crise est une forme paroxystique de l'urgence, dont la dynamique s'appuie principalement sur la perception des enjeux et le sentiment d'urgence que ressentent les acteurs pour agir, nous conduit à penser qu'une des clés de la gestion d'une situation de crise repose au départ sur la capacité des parties prenantes à partager le même sentiment d'urgence et la même perception des enjeux. Lorsque ces conditions ne sont pas réunies, la crise devient inmaîtrisable car les acteurs, guidés par leurs propres perceptions du degré d'urgence, se livrent à des actions dont le rythme et l'immédiateté varient grandement. Ces actions mal coordonnées, voire inappropriées, conduisent parfois à des décisions erronées ou disproportionnées. L'urgence, lorsqu'elle est inégalement partagée, se retourne contre les acteurs eux-mêmes. Cette idée n'est pas une simple hypothèse. Une étude récente, portant sur l'affaire du nuage toxique de Nantes qui a conduit à l'évacuation de 40 000 personnes en octobre 1987, nous permet d'illustrer précisément ce phénomène [19]. Avant d'entrer dans les détails de cette crise, il faut préciser qu'une telle évacuation ne s'était jamais produite en France depuis la Seconde Guerre mondiale. Autre élément de taille, l'évacuation, qui n'a duré que quelques heures, a été décidée alors qu'aucune information crédible et fiable sur la toxicité du nuage n'avait permis d'étayer cette décision. En réalité, ce nuage était sans véritable danger pour les populations, en dehors de celles présentant certains risques comme les nourrissons, les personnes souffrant d'insuffisances respiratoires ou les personnes âgées.

Nuage toxique [a] ?

Il est 9 h 15 du matin dans la banlieue sud de Nantes lorsqu'un incendie éclate dans l'un des entrepôts, situés en bord de Loire, de la compagnie Loiret and Haentjens, dans lesquels sont stockés plusieurs produits chimiques dont du nitrate d'ammonium (produit proche de celui qui a explosé en septembre 2001 dans l'un des entrepôts de l'usine AZF de Toulouse). Un groupe de sapeurs-pompiers se rend sur place et constate un incendie sans feu, d'où se dégage une épaisse fumée. Il leur est difficile d'intervenir, d'une part parce qu'ils n'identifient pas l'origine du feu, mais surtout parce qu'ils ne connais-

---

a. Le cas relaté dans ce paragraphe s'appuie sur l'étude initialement réalisée par B. Vidaillet (2001, 1997) et reprise dans un article en collaboration avec C. Roux-Dufort, 2003, voir bibliographie p. 374.

sent pas le produit chimique entreposé. Réalisant qu'il sera difficile d'intervenir mais pressé par le temps, le chef de la brigade appelle le poste de commandement pour communiquer le code produit (15.8.22) et ajoute que les ouvriers sur place semblent affectés par les fumées toxiques. Au poste de commandement, on envoie une équipe d'intervention supplémentaire et on cherche à identifier le produit à partir d'un manuel technique. Dans l'empressement, le code produit a été mal retranscrit. Le centre de commandement a compris 15.822 et ne trouve pas le produit correspondant. L'officier de service en conclut alors que le code indique la dangerosité du produit plutôt que sa composition. C'est en faisant le tour de l'entrepôt que le chef de la brigade découvre finalement qu'ils ont affaire à des engrais au nitrate. Le nitrate d'ammonium est entreposé un peu plus loin et ne risque pas d'être touché par l'incendie. Ce qui inquiète beaucoup plus les pompiers, c'est l'étrange nature du feu, sans flamme ni chaleur, dégageant juste une épaisse fumée. Les deux techniques d'extinction à disposition – arrosages massifs et produits spéciaux utilisés pour les hydrocarbures – semblent inadaptées. Le chef de brigade craint qu'en arrosant massivement on provoque une pollution de la Loire ; quant aux produits spéciaux ils ne sont efficaces qu'en présence d'hydrocarbures, ce qui n'est pas le cas dans la situation. L'officier de service du poste de commandement, qui n'est pas sur place, s'inquiète de la situation. Il refuse l'utilisation des techniques d'extinction à disposition et craint une explosion majeure due à la proximité du nitrate d'ammonium. Il avertit tout de suite la préfecture pour l'informer d'un risque d'explosion et d'un risque de suffocation des populations environnantes. Il se rend finalement sur place. Il est 10 h 30. Entretemps, une unité antipollution a commencé à faire des mesures. Quand l'officier de service arrive, la situation a empiré. Le nuage a pris des proportions beaucoup plus importantes. Il s'informe des mesures effectuées par l'unité antipollution. Celles-ci indiquent un taux de concentration d'acide nitrique évalué à 50 ppm [a]. Il est confronté en outre à deux avis d'experts contradictoires dont l'un recommande un arrosage massif de l'entrepôt, alors que l'autre s'oppose à cette solution. Peu après le professeur Boiteaux, professeur de toxicologie à l'université de Nantes et expert en matière de contamination chimique, qui a été contacté entre-temps par l'unité antipollution, encourage un arrosage massif des entrepôts. À 16 heures, les pompiers parviennent à contrôler l'incendie.

Un peu plus tôt dans la journée, vers 10 h 30, une cellule de crise a été mise sur pied à la préfecture. Elle n'a pas de contact direct avec les pompiers sur place, si ce n'est par des informations fragmentaires qu'elle obtient en restant branchée sur leur fréquence radio. Les officiels présents prennent note du risque d'explosion dû à la présence de nitrate d'ammonium et de contamination atmosphérique mais ne s'occupent guère du feu. Ils pensent que le feu est un problème qui doit être traité par les pompiers, alors que la cellule doit s'occuper du nuage qui, à cette heure, commence à prendre des proportions inquiétantes. La cellule ne cherche pas d'informations complémentaires. Elle s'en tient à l'information de départ – le risque de contamination – et pense que toutes les populations habitant dans un rayon de 1 km autour de l'entrepôt devraient rester enfermées chez elles.

---

a. ppm : parties par million – taux de concentration. En France, la réglementation interdit une exposition supérieure à 4 ppm d'acide nitrique dans des espaces fermés (ateliers…) soit environ 10 mg par mètre cube.

Elle s'inquiète du nuage, sans savoir quel est son niveau de toxicité. En fin de matinée, le préfet lui-même prend en charge la cellule de crise, qui n'a pas plus d'informations qu'en début de matinée. Vers midi, il rencontre une experte en pollution des eaux qui est aussi présidente d'une fédération d'associations environnementales. Elle insiste lourdement sur le risque pour les populations. À 13 heures, l'unité antipollution et les pompiers informent finalement la cellule de crise qu'une mesure faite au sol sur la trajectoire du nuage indique une concentration d'acide nitrique d'environ 5 ppm. C'est la première information chiffrée dont dispose la cellule de crise qui va batailler longuement pour interpréter cette donnée. Les différentes tables scientifiques à leur disposition présentent en effet des échelles de valeur pour des expositions longues et non pour des expositions courtes et aiguës, comme c'est le cas dans la situation. Le préfet s'inquiète, fait référence aux gaz toxiques utilisés pendant la Seconde Guerre mondiale. Plusieurs experts présents autour de la table avancent leurs propres témoignages. Les estimations et les chiffres s'entremêlent, sans qu'on y voie clair dans le danger réel de ce nuage. Pendant ce temps les pompiers continuent à combattre l'incendie.

Sans autre information que celle d'un taux de concentration de 5 ppm – par ailleurs difficile à interpréter – et celle de conditions de vent défavorables, le préfet décide de faire évacuer sept districts représentant environ 40 000 personnes. À 14 heures, le plan ORSEC est lancé. Les populations concernées sont informées par la police, les autorités municipales et les radios locales. Une évacuation ordonnée est en route. À 15 h 30 un ingénieur, qui s'est enfin rendu sur place, rapporte que le produit concerné n'est pas du nitrate d'ammonium mais un engrais au nitrate classique, information que les pompiers avaient déjà à leur disposition dès 10 h 30 le matin. En outre, il informe que des mesures complémentaires ont permis d'estimer le taux de concentration de l'acide nitrique à environ 1 ppm et 0,5 ppm. À 19 heures, le préfet décide d'arrêter l'évacuation. À 7 heures le lendemain matin, le plan ORSEC est levé.

Dès le début de l'incendie pourtant, vers 9 h 30 du matin, le chef de la cellule médicale d'urgence mobile peut voir le nuage de sa fenêtre de l'hôpital. Il est d'ailleurs le seul à disposer d'une vision d'ensemble du nuage et à se faire une idée de sa taille. Il appelle les pompiers et se renseigne sur la localisation exacte de l'incendie. Il envoie une équipe sur place. L'équipe revient à l'hôpital vers 10 h 30 avec 6 ouvriers affectés par les fumées toxiques. Le médecin entame son examen clinique avant de conclure en fin de matinée que les signes d'une inhalation au nitrate sont évidents, sans qu'il y ait pour autant un quelconque danger pour la santé des personnes affectées. Il accueille ensuite les personnes se présentant spontanément à l'hôpital pour se rassurer. Selon le médecin, il n'y a aucun danger pour les populations mais il ne communiquera jamais cette information pourtant vitale à la préfecture. La préfecture, de son côté, ne se renseignera jamais auprès de l'hôpital.

Dans cet exemple, l'urgence est évidemment à son comble. Elle naît à la fois d'une situation à fort enjeu – risque de contamination des populations locales – et de la nécessité d'une action immédiate et ordonnée pour protéger ces populations. Les récits présentés plus haut suggèrent pourtant que tous les acteurs de cette pièce dramatique ne partagent pas le même sentiment d'urgence ou, tout du moins, n'attribuent pas l'urgence au même problème. Les pompiers sont convaincus que l'urgence réside dans l'extinction d'un feu aux origines inconnues et dans lequel des produits dangereux sont potentiellement impliqués. L'arbitrage difficile entre deux méthodes d'extinction nourrit plus encore ce sentiment d'urgence. Celui-ci devient d'autant plus intolérable que les pompiers manquent d'informations sur les effets secondaires des produits présents dans l'entrepôt et que le risque de polluer la Loire n'est pas nul. La cellule de crise, quant à elle, travaille sur un rythme différent, voire opposé à celui des pompiers. Pour le préfet, les enjeux sont rapidement identifiés : les pompiers s'occupent du feu et la cellule de crise s'en tient au nuage. Bien que relevant d'une certaine logique, ce partage des tâches ignore, d'une part, la très forte interaction entre les deux problèmes et rend difficile, d'autre part, tout partage d'information et d'enjeux entre les deux entités. Dès le départ, le sens de l'urgence et le rythme d'action ne sont en rien partagés par les deux acteurs en présence ni même d'ailleurs par la cellule médicale mobile. Cette arythmie va d'ailleurs progressivement s'intensifier jusqu'à la fin de la journée. Pour la cellule préfectorale, l'urgence est liée au danger et à l'extension du nuage. Elle naît de la conjonction d'une inaptitude à mesurer sa toxicité et d'une exposition importante des populations. Enfin, pour le médecin chef de la cellule médicale, dès lors que son diagnostic révèle un faible danger pour les populations, son sentiment d'urgence décroît radicalement parce que l'enjeu de santé publique n'est pas aussi aigu qu'il pouvait le redouter. Son problème devient celui de la prise en charge des personnes qui se présenteront spontanément à l'hôpital pour se rassurer et des personnes à risque. Cette information vitale pour cerner les enjeux de la crise ne sera jamais communiquée à la préfecture ni aux pompiers. De son côté, la préfecture ne cher-

chera pas non plus ces informations, préoccupée essentiellement de confirmer sa crainte d'un risque de contamination et son hypothèse selon laquelle la seule issue à cette crise est l'évacuation. Pourtant, dès la fin de matinée, on savait qu'il ne s'agissait pas d'un produit toxique – des engrais au nitrate – et que les effets sur la santé des populations étaient limités. Ces deux informations auraient suffi à ne pas ordonner l'évacuation des 40 000 personnes. On se trouve dans une situation où chacun vit sa propre urgence en la nourrissant à sa façon : je cherche des informations qui renforcent mon sentiment d'urgence, car il va guider mon rythme d'action et mes solutions. Mon urgence fixe mon horizon de la crise et ma façon de la vivre et de la gérer. Lorsque tous les acteurs d'une crise rentrent dans un tel mouvement, il devient difficile de coordonner les décisions et d'apporter des solutions à la mesure de la situation.

Le temps de la crise

Comme nous venons de le suggérer, les crises ont toujours entretenu un rapport étroit avec le temps. Elles constituent des épisodes de contraction du temps de réaction et de décision[20] et font converger vers l'organisation un flot d'informations beaucoup plus important qu'en temps normal. La capacité des décideurs à absorber l'ensemble de ces informations est mise à l'épreuve et, plus que jamais, leur rationalité limitée vient entraver l'efficacité du processus de décision. Soumis à une surcharge d'informations et à de fortes doses de stress, les décideurs manifestent plusieurs symptômes dans leur façon de prendre des décisions : concentration sur des problèmes de court terme, incapacité à percevoir les problèmes dans leur globalité, accroissement de la rigidité cognitive[a], difficultés d'estimation des échéances temporelles, difficultés à estimer les conséquences des actions entreprises, comportement d'évitement dans la décision, etc.[21]. Ces symptômes sont d'autant plus importants que la crise se manifeste par des situations mal structurées et complexes qui nécessitent une capacité de réaction adéquate et rapide. De même, le champ d'attention des décideurs est altéré lorsque le volume d'informations qui leur parvient s'accentue[22] et ce phénomène de surcharge d'informations a tendance à accroître la tension et le stress plus encore. La capacité à évaluer le temps est également mise à l'épreuve dans les périodes de forte anxiété et de stress. On assiste ainsi à des phénomènes circulaires dans lesquels le stress, induit par la compression du temps pour prendre des décisions, accentue plus encore cette perception de la compression du temps, ce qui contribue à accroître davantage encore le niveau de stress. Dans ce type de situation, les décideurs, ne sachant comment réagir, sont souvent enclins à se concentrer sur des solutions classiques ou familières et à les appliquer sans prendre en compte la réelle spécificité de la situation. L'augmentation du stress est en effet susceptible d'altérer les capacités des dirigeants à estimer les conséquences potentielles des actions mises en œuvre[23]. Les dirigeants ont alors tendance, sous la pression des situations, à se concentrer sur un horizon à très court terme.

---

a. Cette notion de rigidité cognitive signifie que l'individu perd son sens du discernement. Il tend à simplifier des réalités complexes et à utiliser les premières informations qui lui viennent pour prendre des décisions. Il lui est difficile de mesurer les effets à long terme des décisions qu'il prend. Sa tolérance pour l'ambiguïté et l'incertitude diminue radicalement. Il cherche à recadrer la situation qu'il vit dans des situations familières qu'il a déjà vécues.

En fait, le rapport des crises et du temps a été exploré sous trois angles. Le premier suggère que le temps est un facteur dynamique de la crise et contribue à la fois à son irruption et à son amplification ; le deuxième envisage le temps comme un facteur clé de succès de la gestion et du confinement d'une crise et le troisième envisage le temps comme une source de crise. Pour bien comprendre ce rapport des crises et du temps, il faut d'abord rappeler ce qu'on entend exactement par « crise ».

Celle-ci est souvent définie comme un événement brutal et surprenant. La brutalité suggère la contraction radicale du temps de décision et de réaction qui s'impose aux dirigeants au moment des faits et la crise naît d'ailleurs souvent de l'incapacité de ces dirigeants à faire face à l'urgence de la situation. De ce point de vue, la définition de l'urgence donnée par Francis Jauréguiberry et rappelée plus haut[24] fait écho à ce sentiment d'impuissance face à l'écrasement du temps imposé par la crise. L'urgence, dit-il, « naît toujours d'une double prise de conscience : d'une part qu'un pan incontournable de la réalité relève d'un scénario aux conséquences dramatiques ou inacceptables et, d'autre part, que seule une action d'une exceptionnelle rapidité peut empêcher ce scénario d'aller à son terme ». Or la crise relève bel et bien d'une telle prise de conscience. Elle montre aux dirigeants qu'un scénario potentiellement dramatique est en train de se dérouler (parfois qu'il s'est déjà déroulé) et que seules des décisions et des processus de gestion extraordinairement rapides doivent être mis en place pour, au mieux, confiner et stopper le scénario diabolique ou, au pire, sauver ce qu'il reste à sauver. Cette brutale opposition entre l'irréversibilité du drame et l'impératif de rapidité crée des tensions fortes parmi les gestionnaires qui doivent s'attaquer à la crise. Ils réalisent souvent à quel point leurs structures, leurs méthodes et leurs outils sont inaptes à prendre en charge l'urgence.

La surprise relève, quant à elle, du caractère fortement improbable du scénario catastrophique ou de l'ignorance du moment d'occurrence de ce scénario. Parfois, les scénarios sont connus mais ils sont incertains. On ignore quand ils s'actualiseront. C'est le cas des tremblements de terre dans certaines régions du globe. On sait qu'ils arriveront un jour mais on ignore à quelle date. De la même façon que l'on sait que des accidents aériens continueront à se produire, sans être capable pour autant de prédire leur date d'occurrence. À vrai dire, les tremblements de terre, les catastrophes aériennes ou ferroviaires sont des éléments prévisibles, probables et faisant partie d'un système statistique. En revanche, ces mêmes accidents, lorsqu'ils se produisent, constituent aux yeux des dirigeants ou des responsables des événements brutaux, inattendus, catastrophiques qui instaurent d'emblée l'état d'urgence. D'un côté, les dirigeants sont pris par la surprise de l'événement lui-même ; de l'autre ils sont atterrés par le moment de survenance d'un accident que l'on savait probable mais dont on était incapable de prédire la date de réalisation. Il reste que le temps de réaction s'avère crucial dans la gestion de la crise.

Si la crise accélère les événements ou, pour le moins, amplifie la perception des acteurs de cette accélération, alors il faut agir vite. Paradoxalement, la sidération provoquée par la crise laisse un vide. Vide de l'action pour celui qui ne sait par où commencer, vide de sens pour celui qui s'avère incapable de définir ce qui est en train de se dérouler. Ces vides génèrent deux réactions possibles : soit une prostration temporaire des dirigeants qui, paralysés par l'urgence, n'emboîtent pas le pas aux événements et laissent dégénérer la situation jusqu'à la crise majeure, soit un activisme désordonné, destiné à se donner l'illusion d'agir dans l'urgence car l'événement est d'une telle ampleur qu'il faut bien faire quelque chose. Entre ces deux attitudes extrêmes naissent des processus de gestion de crise qui se doivent d'être rapides et efficaces. Le mouvement de pression des parties prenantes d'une crise (clients, consommateurs, État, associations, familles, etc.) exige en effet de l'entreprise qu'elle fasse « vite et bien », ici et maintenant. Pour garantir cette rapidité, des dispositifs et des outils à la hauteur de l'exception de la situation doivent être déployés et mis en œuvre pour gérer la crise[25].

Dans le maelström de la crise, la décision prend alors des contours particuliers. La contraction brutale du temps dépasse d'une certaine façon les repères temporels humains. Un chercheur, Forgues[26], a ainsi voulu comprendre comment les décisions se prenaient concrètement au cœur d'une situation de crise. Il a mis en évidence plusieurs éléments importants du comportement organisationnel en temps de crise qui pourraient se résumer par le simple constat suivant : en situation de crise, on évite de décider. Parmi les comportements les plus fréquents qu'il repère, il relève le rejet des responsabilités, le conformisme aux procédures existantes, le gain de temps, la décision de ne pas décider ou le déni de la réalité. Pour lui, la plupart des décideurs cherchent à éviter le risque en basculant leur responsabilité sur des experts externes ou temporisent beaucoup avant de prendre des décisions ou encore rejettent souvent les possibilités d'action, telles qu'elles ont pu être évaluées, en présentant sans cesse des objections à la décision.

Cela dit, on doit toutefois souligner que cette réaction globale d'« évitement » constitue aussi une façon naturelle pour les acteurs de restaurer un temps de réflexion et un temps de décision face à l'écrasement temporel de la crise. Ils ressentent ainsi le besoin de redonner du sens à la situation et surtout de restaurer un temps de compréhension. Ils peuvent aussi avoir tendance à revenir aux routines et aux procédures existantes pour gérer la situation, même si celles-ci sont en complète inadéquation avec ce qui est en train de se passer. Un tel comportement semble avoir pour fonction de réinsérer un « mou organisationnel » ou une marge de manœuvre afin de dé-tendre la situation[27]. Ce processus de normalisation, nécessaire pour reprendre la main sur l'écoulement du temps, participe ainsi à un ralentissement subjectif des événements.

Enfin, le temps lui-même peut aussi être considéré comme une source de crise. Dans cette dernière perspective, la crise est la manifestation dramatique et aiguë d'un régime d'urgence poussé à son comble. En ce sens, les entreprises tombent dans les pièges tendus par la recherche effrénée de gain de temps, exacerbée par la chrono-compétitivité. Non seulement la crise peut être vue comme la manifestation critique d'un régime d'urgence mal maîtrisé, mais elle doit aussi être analysée comme un processus cumulatif de dysfonctionnements, dans lequel l'urgence rend l'organisation aveugle sur les zones de fragilité qui s'installent en son sein.

En 1987, par exemple, lors du naufrage du carferry *Herald of Free Enterprise*, les rapports d'enquête avaient établi que les causes principales de ce naufrage résidaient principalement dans certaines négligences humaines. L'une d'entre elles avait été que l'opérateur dont la fonction était de fermer les portes était resté endormi lors des manœuvres d'embarquement des véhicules et de départ du bateau du port de Zeebrugge. En oubliant simplement de fermer la porte d'embarquement des véhicules, il avait permis à l'eau de s'infiltrer dans les cales et de rendre le navire suffisamment instable pour qu'il se retourne. En dehors des autres causes et des circonstances de l'accident[28], il est intéressant de noter les raisons pour lesquelles cet opérateur s'est endormi et notamment de ne pas oublier l'intense concurrence qui règne dans ce secteur d'activité. Un tel climat, alourdi à l'époque par l'imminente menace de l'arrivée du tunnel sous la Manche, avait en effet poussé les compagnies de ferries à faire plusieurs réaménagements dans l'exploitation de leurs bateaux. L'un d'entre eux avait consisté à accroître le nombre de leurs rotations entre deux ports et donc à réduire radicalement les temps de manœuvres pour l'embarquement et le débarquement. Un autre aménagement, dû à ce régime d'urgence, avait conduit les compagnies à réduire leurs effectifs sur les navires. De ce point de vue, plusieurs des personnes naviguantes devaient cumuler des postes et des fonctions souvent incompatibles, principalement parce qu'elles auraient dû se trouver à des endroits différents sur le bateau. Les temps d'opération raccourcis, l'augmentation des rotations, la suppression des effectifs et l'incompatibilité des fonctions, à la fois dans leur contenu et dans l'espace, ont conduit à des situations d'épuisement parmi les personnels navigants et peuvent expliquer, au moins en partie, les négligences humaines constatées. C'est donc bien ce régime d'urgence généralisé, conséquence de la concurrence exacerbée régnant dans ce secteur qui, un jour de mars 1987, a tendu un piège funeste au *Herald of Free Enterprise*...

Écrasées par la tyrannie du temps linénaire, les organisations modernes sont soumises à un état d'urgence permanent. Condition douloureuse mais parfois nécessaire pour maintenir un niveau de performance élevé, l'état d'urgence sème aussi les conditions d'une fragilisation des organisations et un terreau fertile pour le déclenchement de crises et de catastrophes majeures. Pour mieux appréhender la façon dont le temps et l'urgence omniprésente jouent ce rôle, une investigation plus détaillée du lien entre le temps et la technologie doit être présentée. C'est ce que nous allons tenter de faire, avant d'expliquer les enchaînements qui conduisent aux catastrophes.

CHAPITRE 8[a]

TEMPS, TECHNOLOGIE ET CATASTROPHES

Pour bien comprendre le rôle joué par le facteur temps et par l'urgence dans le déclenchement des crises, il nous faut examiner plus en détail les rapports entre la technologie et le temps. En quoi les développements technologiques récents ont-ils modifié notre conception et notre rapport au temps et à l'espace ? Comment la modification radicale qui s'est produite génère-t-elle de nouveaux risques technologiques, sème-t-elle les conditions nécessaires à l'amplification des situations de crise et aboutit-elle parfois à la survenue de catastrophes dont nous tenterons d'analyser la genèse ?

TECHNOLOGIE ET RÉGIME D'URGENCE

La réification du temps, le fait qu'il soit appréhendé comme une chose, est une donnée fondamentale du développement des économies et des organisations. Elle trouve sa justification dans la relation intime que le temps a entretenu avec les développe-

a. Ce chapitre a été conçu et rédigé par Christophe Roux-Dufort.

ments technologiques qui, depuis la révolution industrielle, ont nourri le progrès de nos sociétés. Inversement, le développement de la technologie est lui aussi lié à l'évolution des conceptions et des paradigmes du temps au sein des organisations. Dès le début de l'industrialisation en effet, le travail a été réglé par le temps ou plus précisément par le temps mécanique de l'horloge. C'est elle qui a rendu le temps mesurable et quantifiable et lui a octroyé une valeur fondamentale dans les économies capitalistes[1]. Cependant, en même temps qu'il devenait un levier d'action, le temps est aussi devenu une résistance à vaincre et la technologie est venue au secours de l'homme, dans ce domaine comme dans beaucoup d'autres, pour tenter de réduire l'« épaisseur » du temps. Les avancées technologiques lancées contre la résistance du temps, visant à réduire son épaisseur, revêtent plusieurs aspects qu'il nous faut ici discuter.

D'abord, la technologie favorise l'hyper-réactivité des organisations. Les recherches déjà évoquées de Francis Jauréguiberry[2] montrent à quel point les évolutions des télécommunications et notamment la généralisation du téléphone portable dans les entreprises a considérablement contribué à installer un régime d'urgence permanent, destiné à maintenir une capacité de réaction continue de la part des cadres qui en sont dotés. L'hyper-réactivité implique une disponibilité permanente des hommes de terrain qui, accélération de l'économie oblige, se doivent de répondre en temps réel aux sollicitations de l'environnement (clients, sous-traitants, fournisseurs, etc.). Si les télécommunications reflètent assez bien, à elles seules, ces enjeux, d'autres développements technologiques participent également à ce mouvement : ainsi, les modes de gestion en juste à temps, le réseau mondial d'information (Internet) qui incarne la simultanéité de la circulation de l'information autour de la planète et l'accélération des échanges de biens et de services, la généralisation des ERP (*Enterprise Resource Planning*) qui structurent des réseaux de remontée de l'information en temps réel au sein des organisations complexes et fortement décentralisées, etc.

Au-delà de l'hyper-réactivité, certaines technologies permettent de dédoubler le temps et de multiplier les activités au sein d'une même unité de temps. Nous avons déjà montré à quel point les temps « morts » (comprenons non rentables ou non productifs) ou « perdus » comme les temps de transports sont compensés par une utilisation des téléphones portables qui restaure un semblant d'activité rentable pendant ces frottements temporels[3]. Le même raisonnement peut être fait avec la généralisation des ordinateurs portables qui permettent de rentabiliser ces temps morts, grâce à la mise à disposition des individus d'un bureau permanent relié à un réseau. C'est précisément le développement des réseaux qui a rendu possible cette démultiplication des temps d'activité et le rapprochement virtuel des individus et des organisations. Les moments de communication se sont ainsi littéralement démultipliés, notamment grâce à l'utilisation de notre temps de transport comme un temps de travail, puisque nous conservons, grâce aux technologies miniatures, une disponibilité ininterrompue. Nous en avons vu plus haut les incidences sur le plan personnel, mais le gain de temps, lui, est incontestable.

Les développements technologiques participent enfin à l'installation d'une plus grande transparence au sein des organisations. Cette transparence peut d'ailleurs s'apparenter à du contrôle, voire de la surveillance. À nouveau, l'exemple des télécommunications est éloquent. Le passage du «juste-à-temps» au «toujours-là[4]», suscité par les moyens de télécommunications portatifs oblige certaines catégories professionnelles à une disponibilité illimitée et permet un contrôle permanent de leur activité. Quand bien même ces «branchés[5]» souhaiteraient s'échapper un instant de cette tyrannie de l'urgence et de la disponibilité, les technologies de l'information modernes permettent une traçabilité de laquelle, *in fine*, ils ne pourraient se soustraire. Il en est de même pour nous tous, utilisateurs d'ordinateurs en réseau qui conservent une trace digitale permanente de notre activité.

Le progrès technique est donc intervenu constamment dans notre lutte contre le temps et l'évolution technologique, si elle n'en est pas la cause, a été intimement liée à la compression du temps. Notre paysage spatio-temporel s'en est ainsi trouvé profondément modifié dans la mesure où, au-delà de ces avancées technologiques, nos références fondamentales du temps et de l'espace se trouvent altérées.

La modification des frontières spatio-temporelles

Le réseau mondial d'information incarné par Internet fournit une excellente illustration de ces bouleversements spatio-temporels. En rendant accessible une somme infinie d'informations de tous ordres, puis en organisant la circulation et les échanges de cette information de façon simultanée et dans le monde entier, Internet incarne la victoire de la technologie sur les limites du temps et de l'espace. Il fait s'effondrer simultanément les frontières spatiales et temporelles de la circulation de l'information, de même que celles des biens et des services. Les temps de transmission de l'information permis par cette technologie rendent caducs les temps de décision humains à l'intérieur des structures rigides d'une organisation traditionnelle. La notion de territoire est, elle aussi, modifiée : les communautés d'idées, d'échanges et d'intérêts fleurissent, sans que l'on puisse les rattacher à un quelconque centre physique.

Les frontières spatio-temporelles s'effondrent également sous l'impulsion de nouvelles techniques de gestion du temps qui réduisent considérablement les délais de livraisons, quelle que soit la localisation du client. Les flux d'activité se sont donc tendus, les temps de conception, d'opération et de fabrication ont radicalement chuté, le cycle de vie des produits s'est raccourci et le consommateur exige plus qu'avant le «tout tout-de-suite». Cette chaîne vertueuse a eu pour effet d'accroître de façon sensible le niveau d'interdépendance entre les acteurs d'un même secteur, d'une même filière, puis le niveau d'interaction des composantes des différents processus industriels. Elle a rapproché des acteurs éloignés et parfois peu familiers les uns avec les autres. Mais, ce faisant, elle a aussi rapproché des dysfonctionnements et des problématiques jusqu'alors isolés.

La mise au point d'organismes génétiquement modifiés, la technologie nucléaire ou les techniques d'investigation à partir de l'ADN humain posent à leur tour le problème des frontières du temps et de l'espace, mais en des termes différents. Si les technologies de l'information contribuent à faire disparaître le temps et l'espace, celles que nous venons de citer placent au contraire les individus devant des échelles de temps qui les dépassent. Il est par exemple difficile aujourd'hui de mesurer les effets à long terme de l'introduction d'OGM dans la nature, de même qu'il est difficile d'appréhender les interactions de ces organismes avec d'autres, présents dans la nature. D'un autre point de vue, la technologie nucléaire impose aux hommes et aux organisations des échéances tellement longues qu'elle pose des problèmes cruciaux de protection des générations futures sur plusieurs siècles. En dehors du problème des déchets nucléaires, dont la radioactivité persiste sur des centaines d'années et pose donc la question de leur localisation, c'est aussi le problème de la signalisation qui devient critique. Comment pourra-t-on signaler le danger de mort à des populations qui, dans quelques siècles, n'auront certainement pas la même écriture, les mêmes symboles et le même langage que le nôtre actuellement ? Quant aux techniques d'investigation à partir de l'ADN humain, utilisées de plus en plus fréquemment dans les enquêtes de police judiciaire et étendues maintenant à des champs d'investigation historiques, elles modifient parfois considérablement certaines «vérités» historiques que nous croyions justes ou établies. Ces techniques constituent de véritables technologies de voyage dans le temps et affectent nos anciennes notions de linéarité et d'irréversibilité du temps. En ce sens, le temps quantitatif est en passe d'être doublement vaincu : d'une part par un ajustement constant des flux d'activité humains à l'écoulement du temps, d'autre part par ces capacités à remonter le temps et, ainsi, à préciser ou à rectifier le sens des événements passés.

Les évolutions que nous avons décrites jusqu'ici montrent que le temps est devenu une donnée prégnante et incontournable du développement économique des pays. Mais l'importance qu'il a prise peut aussi avoir des conséquences en matière de risque technologique et, d'une façon générale, de risque majeur. En effet, les évolutions dont nous avons souligné plus haut les contours fragilisent les organisations et les sociétés. Le temps devient en effet une source de risque technologique majeur, dans la mesure où il accroît la complexité organisationnelle, gomme les filets de secours et rend difficiles les temps de rattrapage des actions.

Le concept de risque technologique majeur s'est considérablement étendu depuis une vingtaine d'années. Il ne concerne plus les seuls secteurs nucléaire, chimique ou les seules catastrophes naturelles. La prééminence techno-scientifique qui caractérise nos économies a contribué à étendre le champ de cette notion même si, dans l'esprit de certains spécialistes, elle reste encore circonscrite à des risques bien particuliers. Chaque révolution industrielle s'est fondée sur le développement de technologies nouvelles et structurantes, dont les effets ont été tels qu'ils ont induit des phases de croissance économique très importantes. Le charbon et la vapeur, puis le pétrole, ont été à l'origine des deux premières révolutions industrielles mais, en permettant aux entreprises de générer de la croissance et de la valeur ajoutée, ils ont aussi induit des risques nouveaux. L'exploitation des mines s'est faite dans la menace constante des explosions, puis l'utilisation intensive du pétrole et de ses dérivés chimiques a, à son tour, généralisé la notion d'incendie, d'explosion, de rejets et de pollutions. Ces risques ont nourri les premières préoccupations des États, des scientifiques et des juristes dans l'appréhension du risque majeur. Parallèlement, le développement des transports a aussi généré ses propres sources de risque. La notion de risque majeur est donc intimement liée aux conditions technologiques et économiques de développement des pays[6].

Dans le nouveau paysage spatio-temporel que nous avons esquissé, les crises majeures peuvent étendre leurs effets bien au-delà des frontières de l'entreprise ou de l'organisation. Les impossibilités de confinement et d'isolement, l'interconnexion et la non redondance[a] des technologies[7] expliquent en quoi les crises modernes peuvent affecter non seulement les individus qui peuplent l'organisation et son environnement (victimes), mais aussi la totalité d'un secteur d'activité et, parfois, la société dans son ensemble (pollution, bouleversement d'équilibres écologiques, contamination de produits). Comparées aux crises du début du siècle, l'impact des crises modernes s'est considérablement accentué sur au moins trois dimensions : leur extension spatiale, leur prolongement temporel et leur impact affectif et émotionnel[8].

L'extension de l'impact des crises à des segments de plus en plus larges de la société est l'un des signes les plus frappants que l'on observe lorsqu'on analyse les crises modernes. Leur extension temporelle est

---

a. Les ingénieurs ont beaucoup travaillé sur la redondance des composants dans les technologies complexes. Il s'agit d'installer des doublons de pièces ou de composants susceptibles de prendre le relais des pièces, des composants ou des systèmes défaillants. Dans les car-ferries, par exemple, l'installation de doubles portes voire de triples portes d'embarcation permet de garantir la fermeture des cales dans le cas où les premières portes s'ouvrent ou se brisent sous l'impact d'une mer très agitée. Bien entendu l'ajout de redondance accroît le coût de développement de ces systèmes. Lorsqu'un système devient trop cher à développer et à exploiter on peut être tenté de supprimer certaines redondances si l'on considère que la pièce ou le composant initial dispose d'une fiabilité suffisante à lui seul.

également une caractéristique nouvelle. Lorsqu'elles résultent de l'utilisation inappropriée de technologies complexes, les crises ont tendance à conserver des effets à long terme[9]. Par exemple, la manipulation industrielle de plus en plus fréquente de produits dangereux, tels que certains produits chimiques ou radioactifs, présente le risque de voir advenir des catastrophes dont les effets sur les populations futures seront importants. Les enfants de Tchernobyl en sont un exemple criant. La maladie de Creutzfeld-Jacob, dont la période d'incubation peut excéder une dizaine d'années, en est une autre illustration. La catastrophe industrielle de Bhopal fait encore des victimes parmi les populations vivant toujours dans les bidonvilles qui entourent l'ancienne usine chimique et ce, du fait de la pollution des cours d'eau par les produits dangereux restant entassés dans les ruines du site et continuant à se déverser dans les réserves d'eau de la ville. Les risques technologiques deviennent donc transgénérationnels, traversant d'autant plus facilement la barrière des générations qu'ils font peser des menaces difficiles à circonscrire. Selon les types de risque technologique, le tangible et le visible cèdent souvent la place à l'invisible, au furtif et à l'infiniment petit (atome, gène, information). Si les technologies lourdes de l'ère industrielle sont de mieux en mieux maîtrisées – l'arsenal réglementaire et les recherches ayant contribué à sécuriser les installations sensibles – en revanche, la systématisation et l'évolution des technologies de l'information (banque, commerce électronique, e-business), la généralisation progressive du génie génétique (OGM, agro-alimentaire, pharmacie, etc.), l'évolution des technologies financières et fiscales, la maîtrise (partielle) de la technologie nucléaire sont autant d'avancées qui font des technologies modernes des technologies de l'invisible. Cette dématérialisation rend plus difficile l'appréhension des phénomènes et ceci a d'autant plus d'importance que les enjeux en matière de santé publique, par exemple, sont en train de changer de nature. On passe du risque de santé à effets immédiats sur l'intégrité physique des personnes au risque à effet différé, difficilement observable et dont le diagnostic peut prendre plusieurs années avant d'être posé (ainsi dans le domaine de la radioactivité, des ondes, des mutations génétiques). Cette dématérialisation du risque contribue, à sa façon, à rendre le risque technologique transgénérationnel.

Cette extension temporelle de l'impact des crises industrielles modernes explique aussi que leur impact se retrouve de plus en plus dans les chocs émotionnels et psychologiques qu'elles causent chez les victimes. L'analyse de H.S. Schwartz[10] sur l'explosion de la navette *Challenger* en 1986 illustre combien cet événement fut ressenti comme une perte personnelle par plusieurs millions d'Américains. Le climat émotionnel créé par la médiatisation de la catastrophe en fut l'un des principaux responsables. L'effet *Challenger* est d'ailleurs très compréhensible, lorsque l'on connaît la fantastique mobilisation de la population américaine autour du thème de la conquête de l'espace et l'identification au prestige des États-Unis effectuée par beaucoup d'Américains. D'une manière générale, les efforts considérables faits dans le domaine de la transmission d'informations par les médias ont fortement contribué à amplifier les crises modernes. La médiatisation des catastrophes accélère le climat émotionnel en les rendant visibles presque instantanément et dans une vaste partie du monde. Le risque technologique et le sentiment d'urgence que ce climat fait instantanément monter s'entrechoquent brutalement avec l'état d'urgence permanent dans lequel évolue le monde des médias lui-même. La combinaison de ces deux temporalités démultiplie l'impact émotionnel de la crise. D'autant que les entreprises à haut risque, et plus spécifiquement les technologies à haut risque, font l'objet d'une surexposition médiatique nourrie par le besoin des sociétés d'être informées sur les risques qu'elles-mêmes encourent.

Cette exposition médiatique des entreprises s'est considérablement accrue et porte à la conscience d'un public averti et non averti une somme d'informations importante. La sensibilité de celui-ci a ainsi augmenté au fur et à mesure que cette diffusion et cette exigence d'informations s'accroissaient. Les dispositifs et les technologies de l'information sont tels qu'ils compriment, voire inversent radicalement, les rapports de proximité des individus avec le monde. La disponibilité de l'information sur les entreprises, sur les risques et les dangers présents dans les différentes industries, engendre des données nouvelles dont les entreprises doivent tenir compte. D'une part, elle permet une meilleure visibilité de l'activité de ces dernières et des enjeux que comportent ces activités, d'autre part, elle génère une compréhension, une prise de conscience et une exigence plus grandes du public et abaisse ainsi considérablement son seuil de tolérance au risque. Nous nous trouvons donc dans la situation paradoxale où, alors même que les organisations génèrent plus de risques pour produire des richesses, le public devient de moins en moins tolérant au risque. Cet abaissement du seuil d'acceptation sociale et de tolérance au risque a été favorisé par la couverture médiatique importante qui caractérise les crises modernes, le caractère instantané de la transmission de l'information contribuant de surcroît à amplifier le moindre événement prenant naissance dans un contexte sensible ou à en démultiplier les risques. De même, les nouvelles technologies de l'information contribuent également à rendre très rapidement visible le secret ou l'invisible. Dans un tel contexte, la masse d'informations, la diversité des canaux, l'interconnexion instantanée, la compétition médiatique viennent éveiller et alimenter régulièrement les phobies, les fantasmes et l'incompréhension du public à l'égard de certaines activités ou entreprises. L'utilisation massive des réseaux rend les entreprises extrêmement vulnérables en les exposant brutalement et aveuglément à une population hétérogène, dont les intentions et les profils sont inconnus. Le facteur temps joue ici un rôle majeur dans la mesure où le temps de traitement et de diffusion de l'information est beaucoup plus rapide que celui que peut mettre une cellule de crise à traiter une affaire ou une crise majeure.

Les pièges du temps et la survenue des catastrophes

Les technologies dites sensibles ou dangereuses comme le nucléaire, les transports, la chimie, la pétrochimie ou les manipulations d'organismes vivants mettent en lumière de façon particulièrement pertinente les rapports existant entre le temps, l'urgence, le risque et les crises. Comme dans toute situation d'urgence, le rapport au temps dans les organisations qui exploitent ces technologies est tel que la situation d'urgence peut aboutir, soit à la catastrophe redoutée, soit au rétablissement complet de la situation. Ce qui différencie la situation d'urgence d'une entreprise classique de celle d'une entreprise gérant des technologies sensibles réside dans le fait que les scénarios redoutés sont inacceptables. En ce sens, l'urgence est d'autant plus aiguë et prégnante que chaque dysfonctionnement ou incident fait brutalement resurgir le spectre de la catastrophe majeure. Du fait de la complexité des technologies et du caractère souvent irréversible des erreurs commises, les acteurs qui exploitent et manipulent ces technologies sont soumis à des conditions d'urgence permanentes dans lesquelles ils peuvent, à tout moment, perdre le contrôle du scénario : c'est ce que nous appelons *le piège du temps*. Ainsi, la capacité de ces organisations à rétablir des situations potentiellement dangereuses dépend-elle principalement de la capacité exceptionnelle des acteurs à se sortir des pièges tendus par le temps technologique et par l'urgence. Pour le démontrer, il s'agit d'abord de caractériser la nature des pièges tendus par le temps technologique, avant d'explorer les conditions de sortie de ces oubliettes temporelles.

Les technologies dangereuses sont souvent associées au niveau de risque encouru par la gestion de telles technologies et au niveau de fiabilité requis dans la mise en œuvre de ces technologies. Plus le niveau de risque est élevé, plus les organisations doivent garantir que les risques potentiels ne la conduiront pas à la catastrophe. Ainsi, les organisations dites de haute fiabilité (*High Reliability Organizations*) sont des organisations où le niveau de risque est extrêmement élevé mais où très peu d'erreurs catastrophiques se produisent[11]. La plupart du temps, ces organisations sont atypiques, au sens où elles évoluent dans un contexte politique, social et technologique où le risque est impardonnable. Le nucléaire, le transport, les contrôles aériens, les sous-marins nucléaires sont ainsi autant de technologies exploitées par des organisations desquelles on attend une extrême vigilance et un taux d'erreur proche de zéro. Ces caractéristiques expliquent également pourquoi l'urgence est une dimension clé dans la gestion de ces organisations, dans la mesure où le moindre incident peut tourner rapidement à la catastrophe et où la vitesse de réaction s'avère déterminante. Les scénarios catastrophiques sont d'autant plus redoutés que les systèmes technologiques revêtent des traits qui les rendent à la fois très sûrs et très fragiles.

L'irréversibilité des erreurs commises est l'un des traits caractéristiques de ces technologies. Cette propriété vient du fait qu'elles gèrent des systèmes traditionnellement fortement couplés[12], dans lesquels les possibilités d'absorption, de tampon et de confinement des erreurs sont quasi inexistantes. À titre d'exemple, les ingénieurs qui ont conçu *Ariane 5* expliquent que ce lanceur ne présente que des points de défaillance uniques, ce qui signifie que si l'une des composantes du lanceur fait défaut, c'est l'ensemble du lanceur qui est menacé. En ce sens, les technologies dangereuses ne donnent que peu de marge de manœuvre à ceux qui les exploitent. Un couplage étroit des activités accroît les possibilités d'amplification des erreurs et le risque de dégénérescence des erreurs en catastrophe. Il est par conséquent difficile de reprendre l'action lorsque celle-ci est engagée. En ce sens, lorsqu'une erreur est commise, elle est parfois difficilement rattrapable. L'accident ferroviaire de la gare de Lyon qui s'est produit en 1988 fournit une excellente illustration de la complexité d'un système où les erreurs s'enchaînent mais où, surtout, les temps des acteurs s'entrechoquent pour refuser toute marge de manœuvre temporelle au conducteur du train qui causa la catastrophe.

UN ENCHAÎNEMENT IRRÉVERSIBLE : LA CATASTROPHE DE LA GARE DE LYON

Le 27 juin 1988, à 19 heures, un train de banlieue arrivant de Maisons-Alfort, bondé de passagers habitués des heures de pointe, entre à grande vitesse (entre 50 et 70 km/h) dans le troisième sous-sol de la gare souterraine de la gare de Lyon et percute un autre train en instance de départ. Les deux motrices s'encastrent l'une dans l'autre sur environ 18 mètres. Cet accident fait 57 morts et une trentaine de blessés, c'est l'une des plus grosses catastrophes ferroviaires depuis une trentaine d'années en France. Il est le produit d'une série de défaillances et d'événements qui conduisirent à la catastrophe et montre surtout à quel point les situations d'urgence que les acteurs doivent gérer sont souvent hors de portée du temps de réaction humain au regard des contraintes dans lesquelles se retrouvent ces acteurs. C'est dans cette configuration-là que s'est trouvé, ce jour-là, le conducteur du train.

Quelques minutes avant l'accident, à 18 h 32, le train de Maisons-Alfort se trouve immobilisé en gare de Vert-de-Maison par un passager qui a tiré le signal d'alarme. Aucun arrêt n'est d'ailleurs prévu dans cette gare. Lorsque le signal d'alarme est tiré, l'air comprimé contenu dans le circuit de freinage du train s'échappe et arrête normalement le train. Le mécanicien cherche alors la voiture d'où le signal d'alarme a été tiré et dont s'échappe un sifflement. Il trouve la voiture mais l'auteur de l'alarme est introuvable. Après avoir réarmé l'alarme, le mécanicien tente de débloquer les freins. En vain. Il bataille pendant environ 20 minutes. Pendant ce temps les passagers pensant qu'un train de remplacement viendrait les chercher, descendent du train et s'affairent autour du mécanicien. La manœuvre de réarmement des freins pose toujours des problèmes. Le conducteur doit alors engager une intervention plus poussée pour desserrer le frein qui reste en service. Il porte à cet instant un diagnostic erroné sur le système de freinage, c'est-à-dire qu'il pense que le frein est resté serré du fait d'une surcharge[a]. Le système et l'environnement dans lesquels est en train d'évoluer le conducteur ne lui laissent aucune chance de revenir sur ce diagnostic. Il se trouve alors au carrefour de plusieurs situations d'urgence : celle de la SNCF, celle des passagers et sa propre urgence à réparer l'incident.

À ce moment précis de l'accident, le conducteur doit en effet subir à la fois la pression des voyageurs irrités du retard qui s'accumule, celle du central préoccupé par ce retard et celle des perturbations causées par le trafic. Dans l'empressement, lorsqu'il constate que l'un des freins est resté serré, instantanément le conducteur (qui est loin d'être un débutant, puisqu'il porte le grade T5, le plus élevé à la SNCF) pense qu'il s'agit d'une surcharge – ce qui est une erreur de diagnostic commise du fait, entre autres, de ce contexte de pression temporelle et psychologique. Il met alors en œuvre la procédure pour supprimer la surcharge : la purge des freins. Le conducteur ressort donc et purge les sept voitures du train. Le rapport d'enquête présidé par Christian Malaurie et remis au ministre des Transports de l'époque, Michel Delebarre, stipule que le conducteur a purgé les freins pendant 10 ou 12 secondes alors que les prescriptions exigent de ne pas excéder 3 ou 4 secondes. Le circuit d'air alimentant les freins se vide donc beaucoup plus que prévu. Deuxième

a. Il y a une surcharge lorsque l'un des freins reste serré alors qu'on a commandé le desserrage de tout le circuit.

erreur : il manipule à plusieurs reprises le robinet général d'alimentation en air comprimé qui commande l'alimentation générale du système de freinage de l'ensemble des voitures. À l'issue des manœuvres, le robinet reste fermé alors que la purge trop importante a complètement vidé l'air comprimé du système de frein qui aurait eu besoin, au contraire, d'être réalimenté. En réalité, lorsque le mécanicien constate que les freins sont bloqués, il consulte la fameuse bible des mécaniciens, le «PGM[a]» qui le renvoie à un autre guide, celui du dépannage, qui lui-même le renvoie à des annexes. Dans ce dédale de manuels et de procédures, rien ne lui laisse présager que des contrôles supplémentaires sont à effectuer. Rien, sauf un chapitre (le chapitre VI du PGM) qui, dans le cas de figure, ne s'applique pas. C'est donc un train dont le système de freinage a été purgé sans être réalimenté qui reprend sa marche vers la gare de Lyon, à 18 h 59. Les manœuvres sur le train ont entraîné un retard important (26 minutes) ce qui, à cette heure, cause plusieurs perturbations dans le trafic. Du fait de ces perturbations et pour des raisons de sécurité, un autre train de banlieue en instance de départ va se stationner sur la voie 4 de la gare (le troisième sous-sol n'en comprend que quatre) tandis que, à ce moment, les aiguillages interdisent à tous les trains l'accès aux autres voies. À deux kilomètres de la gare, le conducteur du train de Maison-Alfort s'aperçoit que les freins ne fonctionnent plus mais, à ce moment, il n'a plus le temps d'actionner les freins manuels situés à l'arrière du train. Il passe un feu rouge à l'entrée de la gare (il n'existe pas de mécanismes au sol pour arrêter le train automatiquement) et s'engouffre dans le sous-sol à une vitesse de 50 à

a. Prescriptions Générales pour les Mécaniciens.

75 km/h. Les aiguillages le conduisent tout droit sur la voie 4 où l'autre train attend pour partir. Le conducteur a juste le temps de demander aux passagers d'aller se placer au fond des voitures.

Cette irréversibilité de l'action provient en fait des caractéristiques intrinsèques de ces technologies. C. Perrow[13], qui a étudié ces systèmes technologiques à haut risque, montre qu'ils comportent en effet deux propriétés majeures : d'une part un degré de complexité important et d'autre part un couplage étroit des différentes composantes et activités qui les constituent. La complexité d'un système industriel dépend ainsi essentiellement du nombre de composantes caractérisant le système et du nombre d'interactions et de bouclages possibles entre ces composantes. Cette complexité technologique interagit avec des opérateurs, des procédures, des équipements et des environnements nécessaires à l'exploitation du système. La plupart des accidents industriels ne sont ainsi pas dus aux seules erreurs de système mais également à la combinaison brutale d'échecs au niveau de toutes les composantes : opérateurs, procédures, équipements, environnement et système. La complexité est inhérente aux systèmes industriels modernes et la probabilité d'interactions de plusieurs dysfonctionnements locaux, ce que Perrow appelle la «complexité interactive[14]», peut s'avérer très forte et conduire à des accidents majeurs. Elle n'est cependant pas suffisante pour les expliquer à elle seule. Compte tenu en effet des propriétés des systèmes industriels modernes, les défaillances sont inévitables et peuvent générer des accidents normaux. Pour comprendre ce qui fera la différence entre un accident majeur et un accident normal, il faut faire intervenir la notion de couplage des activités. C'est elle qui permet d'expliquer la propension d'un accident à s'étendre et à s'amplifier rapidement. Certaines organisations ont ainsi des activités fortement couplées, c'est-à-dire extrêmement interdépendantes et qui ne laissent pas d'espace de manœuvre aux acteurs. D'autres, en revanche, ont une capacité d'absorption et de confinement des ruptures qui est plus importante. Ces organisations-là sont dites faiblement couplées : les marges de manœuvre et les tampons y sont suffisants pour éviter une trop grande interdépendance des activités et des acteurs entre eux. Ceci procure à l'organisation un temps de réponse plus long et une flexibilité des opérations plus importante qui permettent de réduire l'amplification des ruptures lorsqu'elles apparaissent. Dans le premier cas – organisations fortement couplées – on risque l'accident majeur. Dans le second cas, il peut plus facilement être évité.

La complexité de ces systèmes, ainsi que les risques d'irréversibilité qu'ils comportent, pousse les organisations qui gèrent ces technologies à amplifier les mécanismes de contrôle et de fiabilisation des processus. Cependant, on constate paradoxalement que l'accroissement de fiabilité peut conduire le système à devenir moins fiable encore, précisément à cause d'un accroissement de complexité pouvant entraîner des interactions inattendues au sein de l'organisation[15]. Par ailleurs, les redondances[a] ou les sauvegardes induisent une probabilité de défaillance du système plus forte, dans la mesure où l'augmentation de la complexité induite amoindrit la capacité de l'observateur ou du contrôleur à comprendre, anticiper ou prédire des échecs potentiels[16]. En outre, l'ajout de redondances peut activer des comportements plus risqués en donnant l'impression aux individus d'une plus grande sécurité. C. Perrow[17] explique ainsi que la

---

a. Voir note *a* p. 220, à l'intérieur de ce chapitre.

mise en place du radar sur les navires de la marine marchande n'a pas eu pour conséquence de réduire le nombre de collisions. Le radar donnait en effet une sensation de plus grande sécurité aux navires qui, du coup, augmentèrent leur vitesse en mer. L'ajout de redondances peut induire des phénomènes de surcompensation dont les effets deviennent contraires aux résultats initialement escomptés. De même, l'adjonction de multiples processus de fiabilisation du système peut générer parmi les membres de l'organisation une confiance excessive dans leur capacité à gérer des situations de crise et les conduire à amplifier cette crise plutôt qu'à la réduire[18].

Les technologies dangereuses offrent donc des contextes extrêmes où des couplages étroits d'activité installent d'emblée un contexte d'urgence latent, en gommant les marges de manœuvres temporelles des acteurs. Elles soumettent aussi les systèmes à des dynamiques et des comportements inattendus et parfois incompréhensibles aux yeux de ces acteurs. Or, les possibilités de redondances ou de substitution sont limitées. Le décalage temporel qui s'installe entre les temps de décision humains et le temps technologique nécessite la mise sur pied d'une organisation apte à réduire ce décalage, ou plutôt à réduire au maximum les situations dans lesquelles les hommes devront intervenir. Chaque fois qu'une substitution technologique est possible ou qu'un mécanisme de sauvegarde est envisageable, il est mis en place. Cette complexité génère alors une formalisation importante des modes de fonctionnement de l'organisation. Ceci se traduit par la multiplication de procédures de toutes sortes, destinées à systématiser et à standardiser les comportements face à la technologie. Les comportements humains, les rythmes, les temps et les séquences d'action sont dictés par des routines opérationnelles, destinées à éviter que les acteurs ne perdent du temps à adopter le bon comportement au moment du traitement d'un incident ou d'une urgence car la complexité et le couplage étroit ne supportent pas des temps de réaction trop longs. Pourtant, cette masse de procédures peut être à la source d'erreurs fatales dans la mesure où elle fragmente les tâches et les fenêtres temporelles des individus devant administrer et exploiter ces systèmes. L'ensemble de ces caractéristiques place les acteurs dans des climats parfois insoutenables. Les degrés d'urgence perçus sont tels qu'ils concourent à paralyser la compréhension et l'action et contribuent plus à fragiliser le système qu'à le fiabiliser.

Prisonniers des procédures : l'accident de Three Miles Island

Ce phénomène est pourtant bien connu des organisations gérant des technologies sensibles. Même si la catastrophe ferroviaire de la gare de Lyon illustrait parfaitement une situation dans laquelle un conducteur se retrouvait prisonnier de l'urgence des acteurs environnants et de sa propre urgence, l'accident de Three Miles Island en 1979 fournit, quant à lui, l'exemple d'individus prisonniers d'une masse de procédures. Cet épisode, qui fut le premier accident majeur dans le secteur de la production électrique nucléaire, mit en effet en scène des opérateurs qui, pris dans des procédures de travail, n'avaient plus les moyens de prendre le temps de corriger des erreurs et se trouvèrent pris au piège par l'urgence d'une situation et la conspiration technologique et procédurière.

Les résultats de la commission d'enquête présidentielle, consécutive à cet accident, ont permis de retracer les événements. Lorsque l'accident s'est produit, une valve de refroidissement était restée ouverte alors qu'elle aurait dû être fermée. Pour l'opérateur de la salle de commandes, qui ignorait ce dysfonctionnement, la valve était encore fermée. Plusieurs opérations furent réalisées par cet opérateur sur l'hypothèse selon laquelle la valve était encore fermée. Un enchaînement de réactions physiques et chimiques se produisit, que les opérateurs ne comprirent pas tout de suite. Les manipulations réalisées pour freiner ces réactions portaient toujours sur un diagnostic erroné et contribuèrent à amplifier les phénomènes. Jamais les opérateurs n'eurent l'occasion de valider le diagnostic initial grâce à des informations complémentaires. Ils laissèrent donc involontairement dégénérer l'incident, entraînant finalement ainsi la fusion partielle du cœur du réacteur. Il fallut attendre la relève du quart, pour qu'on prenne conscience de l'ampleur de l'accident. Prisonniers de procédures de travail strictes et d'un environnement dans lequel chaque décision est rendue irréversible, les opérateurs ont été pris au piège de la fuite du temps, dans laquelle aucune pause ne leur était laissée pour revenir sur leur décision, ni même pour prendre le temps de réfléchir au caractère erroné de leur diagnostic.

Sortir du piège de l'urgence et du temps technologique

Certaines technologies impliquent donc, nous venons de le souligner, des situations d'urgence potentielles, simplement parce que le moindre scénario peut s'avérer catastrophique et que seules des actions d'une rapidité extrême sont susceptibles de l'enrayer. Les technologies dangereuses font peser bien entendu un risque important. D'une part, elles sont exploitées dans un environnement socialement et politiquement sensible, d'autre part elles cachent une complexité qui peut échapper aux hommes. Dans ce contexte, le temps est une donnée cruciale parce que l'urgence est potentiellement présente à chaque moment. L'urgence transpire. Elle est là sans y être. Elle est là parce que l'organisation n'est pas en mesure de gérer tous les dysfonctionnements qui se présentent. Elle est aussi là parce que, à tout moment, les savoirs collectifs absorbés par l'organisation[19] peuvent s'avérer obsolètes. Dans ces moments-là, l'homme devra, seul, prendre le pas sur les routines organisationnelles qui, en situation normale ou en situation d'urgence, gèrent, régulent et contrôlent les technologies en place. Lorsqu'il prend le relais, c'est précisément parce qu'il est le seul qui puisse agir dans un temps approprié à l'événement. En ce sens, seule une décision humaine, inédite et en temps réel, peut l'emporter sur la décision organisationnelle pour faire face à l'urgence et au danger. Ainsi, dans un environnement technologique qui écrase en temps normal le temps des hommes, c'est paradoxalement ce temps-là, celui des hommes, qui semble seul à même de faire face à l'imprévu. Le temps humain va donc complètement s'exprimer et se révéler dans l'urgence. Tout se passe comme si, à ce stade, celle-ci offrait un temps «hors routine», un temps hors de l'organisation, pour tout dire un temps «hors du temps». Ce temps humain de l'urgence dans les centrales nucléaires, les sous-marins ou les transports à grande vitesse est un temps d'improvisation, un temps créatif qui, seul, peut s'avérer déterminant pour gérer l'incident, l'imprévu, l'anormal, et pour circonscrire les conséquences potentiellement catastrophiques du scénario en cours.

Un système ne peut pas traiter avec des situations inattendues s'il est équipé de routines invariables. La fiabilité provient d'une série continue de changements, d'ajustements, de compensations et de gestion de fluctuations[20]. C'est pour ces raisons que la fiabilité doit être considérée comme un processus dynamique, plutôt que comme une structure rigide et contraignante des organisations. C'est également en ce sens que la capacité à traiter l'urgence liée à l'aléa ne peut venir que d'une capacité extraordinaire des hommes à prendre en charge la gestion de celui-ci.

Cette perspective est en même temps assez réaliste. Les technologies dangereuses sont souvent si complexes que les erreurs sont toujours sur le point d'arriver. La tâche principale des hommes qui gèrent ces technologies est de créer systématiquement les conditions nécessaires pour qu'elles n'arrivent pas. Pour clarifier cette idée, on peut, par analogie, poser la question suivante : quelle est l'utilité d'un pilote dans un avion qui est principalement guidé par un pilote automatique ? Une réponse simple pourrait être que les pilotes ne sont pas payés pour exercer leurs compétences mais plutôt pour les exercer seulement en cas d'urgence, ce qui arrive rarement. Dans une situation normale, il est préférable de compter sur la technologie et les routines existantes plutôt que sur le pilote de l'avion, tandis qu'en situation difficile ou critique, l'homme reprendra le contrôle. Dans le même esprit, Karl Weick[21] mentionne une anecdote, dans laquelle un officier d'un sous-marin nucléaire se plaint que toutes ses actions sont vérifiées plusieurs fois. Il prétend qu'on ne lui fait pas confiance pour faire son travail, bien qu'il ait été spécialement formé pour accomplir sa mission. L'ingénieur, auquel il s'adressait, lui répondit que ces vérifications n'avaient aucun rapport avec la confiance et lui expliqua qu'il était satisfait de savoir que, lors de la survenue d'un cas d'urgence, l'officier saurait exactement quoi faire, grâce à ses compétences. Le rôle des hommes dans la gestion des technologies complexes et dangereuses est précisément ce que décrit l'ingénieur : être à tout moment capable de se charger efficacement et collectivement des situations inattendues et substituer son temps à celui de la technologie et des routines.

Certains des auteurs qui ont porté une attention particulière à l'étude de ces phénomènes ont essayé de montrer que la fiabilité des organisations repose sur les processus mentaux collectifs requis pour garantir des niveaux d'attention élevés, en temps normal comme en situation de crise. Karl Weick pose ainsi comme principe que les interactions entre les groupes doivent aussi être analysées comme une source de meilleure fiabilité. Plus précisément, le groupe est conçu comme un système de construction d'action collective et, par-dessus tout, comme un système d'interaction vigilante permettant à chacun de trouver sa place et son rôle dans la gestion de l'urgence et ce de façon spontanée[22]. La vigilance ne serait ainsi pas une caractéristique attachée aux individus pris un à un, mais constituerait plutôt un produit collectif.

Bricolage, résilience et identité

Les exemples d'accidents que nous avons traités plus haut tendaient à montrer que les individus, compte tenu de la configuration dans laquelle ils se trouvaient, ne pouvaient pas revenir en arrière. Ils devenaient brutalement prisonniers de l'irréversibilité du temps. Leur marge de manœuvre et leur capacité à réagir au choc de la situation étaient gommées par les caractéristiques de la technologie et le lot de procédures qu'ils devaient appliquer. Selon K. Weick, ceci n'est pas étonnant : « La créativité est la dernière chose à laquelle on s'attend en situation menaçante[23]. » Dans ce type de situation, les individus ont en effet tendance à activer des comportements hyper-assimilés dans le passé, alors qu'ils devraient être capables de générer des actions nouvelles à partir du chaos et des éléments qu'ils ont sous la main : ce sont là les caractéristiques du « bricoleur » qui sait faire preuve de créativité et utiliser ce qu'il sait pour produire quelque chose et aller au-delà de ce qu'il a toujours pensé. C'est sur cette hypothèse que K. Weick se fonde pour expliquer comment seulement trois membres d'une équipe de douze pompiers, prise au piège d'un feu de forêt à Mann Gulch aux États-Unis, ont été les seuls à sauver leur peau dans une situation qui paraissait désespérée.

Cette équipe de pompiers avait été appelée pour éteindre un feu de forêt qui s'était déclaré dans la région de Mann Gulch. L'équipe est partie avec la certitude que le feu qu'ils allaient affronter était d'un type bien particulier, qui pouvait être combattu en 24 heures, selon une technique de contournement. Cette conviction se nourrissait de leur grande expérience de ce type de feu. Or le feu était d'une nature bien différente. Malgré cela, l'équipe de pompiers n'a jamais été en mesure de changer de registre d'interprétation et s'est trouvée dans l'impossibilité de donner un sens à la situation. Engoncés dans leurs schémas et incapables d'en sortir, les pompiers n'étaient plus en mesure d'analyser la situation et de modifier leur façon de voir les choses. Cette situation peut créer un sentiment de panique lorsque l'on s'aperçoit à la fois que les schémas de pensée, les catégories que l'on avait pour appréhender le monde ne sont plus aptes à produire un sens et que l'on ne dispose d'aucun autre moyen pour rétablir une signification. C'est le fameux épisode « cosmologique » que décrit K. Weick[24], qui surgit lorsque les individus sentent que l'univers n'est plus un système ordonné et rationnel. Dans ces instants, la sagesse peut être source de résilience – la résilience étant la capacité à résister et absorber un choc traumatisant- et procurer aux hommes les moyens de ne se laisser piéger ni par l'excès de confiance (ce qui fut le cas pour les pompiers de Mann Gulch) ni par l'excès de précaution, qui inhibe tout simplement l'action. En situation d'urgence et de crise, la sagesse permet aux hommes de préserver leur capacité de discernement, d'ouverture, d'écoute et de curiosité pour pouvoir rester en contact avec le moment présent et déployer à la fois leur créativité, leur faculté d'improvisation et de « bricolage ».

Pour en revenir à l'équipe des pompiers de Mann Gulch, que s'est-il passé ? Grâce à son savoir, à son expérience et à sa capacité d'improvisation, Dodge, le chef de l'équipe, a inventé une solution inédite, l'allumage d'un contre-feu, qui fut pour lui la seule solution pour échapper aux flammes : en brûlant une partie du terrain, il créait en effet un vide qui empêchait l'incendie principal de se propager davantage. Il lui suffisait alors de s'allonger face contre terre dans cette partie déjà brûlée pour se protéger des flammes de l'incendie qui progressait. L'improvisation permet d'utiliser les ressources du moment et donne l'opportunité aux individus de puiser dans des registres inconnus jusqu'alors. Or, c'est précisément cette attitude, cette capacité de « résilience » dont parle K. Weick[25] qui permet de faire face à l'urgence. Cette possibilité pour une organisation, exploitant des technologies dangereuses, de faire preuve de résilience réside moins dans sa capacité à éviter les chocs que dans celle de ne pas les considérer comme traumatisants, comme ce fut le cas du conducteur du train dans notre exemple de la catastrophe de la gare de Lyon. Un choc ou une discontinuité sont traumatisants, parce que le choc n'est pas attendu ou pas anticipé (ce que nous n'avons jamais connu n'a aucune chance de nous arriver, pensons-nous...) et parce que les schémas continus d'activités et de communications qui organisent les anticipations, s'ils ne permettent pas aux individus de modifier leurs schémas, agissent en fait comme facteurs de destruction du sens. L'aptitude à la résilience permet précisément aux membres d'une organisation de développer de nouvelles solutions, de passer rapidement du rôle qui leur est normalement assigné à d'autres rôles, de se méfier de l'excès de certitude et de maintenir des relations de confiance au sein de l'organisation. Or ces comportements ne peuvent provenir que des acteurs eux-mêmes. En situation d'urgence et face au scénario potentiellement catastrophique qui se déroule, ils doivent sortir du piège du temps et avoir recours à des registres inédits. La capacité qui leur permet de recourir à ces registres inédits qui sauvent la situation, et de développer des capacités hors du commun, repose principalement sur l'identité.

Celle-ci est, pour K. Weick, un concept central pour comprendre les processus de construction de sens et la capacité à devenir résilient. Il explique ainsi que les processus de construction du sens sont profondément ancrés dans la construction de l'identité : « en fonction de qui je suis, ma définition de ce qui est "là devant moi" va changer[26] ». Les individus présentent plusieurs besoins au regard de leur identité : d'abord celui de maintenir un état affectif et cognitif positif, puis celui de se sentir compétent et efficace, enfin et surtout celui de pouvoir éprouver et expérimenter la cohérence et la continuité. En ce sens, la construction du sens leur sert à maintenir une conception d'eux-mêmes qui soit positive et consistante. Ce qui est important, c'est la capacité à avoir accès à plusieurs types de comportement. L'urgence d'une situation impose en effet de sortir de ses rôles habituels pour en endosser d'autres, plus aptes à faire face au scénario. Plus la gamme de rôles et de comportements accessibles est large, plus la capacité d'adaptation et de compréhension d'un environnement sera importante.

L'incendie de Mann Gulch donne à Weick l'occasion d'illustrer ces propos. Pour Dodge, la seule façon d'échapper aux flammes était de battre en retraite. Ce faisant, les pompiers devaient gravir une colline à forte pente parsemée d'herbes hautes et de taillis. Or le poids du matériel des pompiers les empêchait de progresser suffisamment rapidement dans l'ascension de cette colline. Le feu les rattrapait rapidement. Il fallait donc se délester au maximum. C'est au moment de donner l'ordre de se délester que le sens de la situation va basculer pour une partie de l'équipe. Weick montre que la plupart des pompiers ont progressivement perdu leur identité de pompiers et un certain sens de l'efficacité, lorsque leur chef leur a demandé d'abandonner leur matériel. Weick pose ainsi la question : «Dodge dit : "Abandonnez vos outils!". Mais si les membres de l'équipe abandonnent leurs outils, qui sont-ils? Des pompiers? Sans outil? » Cet ordre inhabituel, mais pourtant vital aux yeux de Dodge pour sauver son équipe, est un tournant crucial dans le déroulement de l'incendie. C'est le moment où la structure des rôles va commencer à s'éroder et où les liens entre les individus vont se défaire progressivement. Weick continue ainsi : « Une équipe de pompiers qui bat en retraite – en laissant tout le matériel derrière eux[27] – en prend un coup sur son identité et son moral. Si ces hommes se voient alors ordonner de se défaire de ce qui constitue leur raison d'être, alors le problème devient existentiel. Si je ne suis plus un pompier, qui suis-je ? Avec le feu qui progresse derrière eux, la seule réponse possible devient : un homme en danger dans un monde où chacun doit sauver sa peau[28]. » Plus encore, quelques minutes plus tard, Dodge, après avoir ordonné l'abandon du matériel et voyant que la vitesse de progression de l'incendie dépassait irrémédiablement celle des pompiers, allume un contre-feu et s'allonge dans la partie brûlée en leur demandant d'en faire autant, pour se protéger des flammes. Cette deuxième décision, totalement inédite pour l'équipe, achève de déstabiliser l'univers de référence des pompiers.

C'est précisément parce que les pompiers n'ont plus été en mesure de construire un sens en adéquation avec leur identité et n'ont plus été aptes à anticiper ni à comprendre le comportement de leur chef qu'ils ont abandonné leur rôle dans la structure pour passer à un autre rôle qui allait les perdre : celui de s'en remettre à leur propre destinée et de vouloir se sauver tout seuls. Ils se sont alors retrouvés pris au piège. Ce qui pose problème, selon K. Weick, n'est pas tant le changement de rôle que l'incapacité de ces hommes à adopter d'autres rôles plus adaptés à la situation et surtout leur prise d'indépendance complète vis-à-vis de la structure. Dans l'épisode de Mann Gulch, les pompiers, en partant de leur côté, ont perdu l'occasion de maintenir ces unités élémentaires de sens que sont l'interaction et l'intersubjectivité. Seuls, livrés à eux-mêmes et dispersés dans un enfer de flammes et un univers insensé, ils n'ont jamais su trouver la sortie salvatrice. Bien entendu, l'interaction n'est pas tout. La confiance, le respect, l'honnêteté sont des ingrédients nécessaires pour reconstruire des liens cohérents dans des situations où la structure des rôles s'effondre. Ils donnent de nouvelles solutions et permettent l'adoption de nouveaux comportements que l'on ne verrait jamais apparaître entre les hommes d'une équipe qui se méfieraient les uns des autres. Ce sont ces attitudes qui permettent l'adaptation mutuelle, l'interversion de rôles, le passage d'un leader à un autre. L'éventail des possibilités devient plus large. La créativité est possible, la panoplie des rôles disponibles s'étend et une nouvelle répartition des rôles peut se mettre en place progressivement au milieu du chaos. Seul Dodge, le chef des pompiers et deux autres membres de l'équipe qui ont choisi de rester ensemble pour finalement trouver refuge dans une crevasse, ont pu se sauver des flammes.

Au terme de cette discussion sur les rapports étroits du temps, de l'urgence et de la technologie, plusieurs remarques peuvent être faites. L'homme a trouvé dans la technologie un allié de poids dans sa lutte acharnée pour la maîtrise du temps linéaire. Le progrès technique lui donne cette sensation d'avoir enfin enserré le temps dans les mailles d'un filet. Qu'il s'agisse de maintenir une pression à la rentabilité d'une organisation ou d'une économie, de développer des procédures étouffantes pour ôter toute initiative personnelle malencontreuse ou de garantir un niveau élevé de fiabilité dans les systèmes technologiques complexes, le temps est muselé, refoulé, comprimé voire littéralement asphyxié. Les organisations se transforment ainsi parfois en véritables chambres à vide où le temps de respiration des hommes se raréfie progressivement. Les catastrophes que nous avons évoquées illustrent bien ces pièges tendus par le temps refoulé. Pris dans les méandres des rythmes organisationnels et dans des flux d'activité quasi irréversibles, l'homme n'a plus la possibilité du rattrapage des aléas. De l'erreur à la crise, le scénario de la catastrophe se déroule sans lui. Elle lui échappe d'abord furtivement, puis irrémédiablement. Le sentiment d'urgence qui se dessine alors ne fait qu'accroître le potentiel d'erreur. La logique implacable du temps revient alors, comme pour lui rappeler qu'un système qui ne respire plus ne peut que dégénérer et mourir. C'est le retour du refoulé évoqué plus haut qui, à force d'être comprimé dans les abysses organisationnels, se rappelle souvent dramatiquement au bon souvenir de ceux qui ont voulu l'ignorer.

Quatrième partie

Un homme sans avenir ?

CHAPITRE 9

HOMME PRESSÉ, HOMME-PRÉSENT, HOMME-INSTANT

Dans les parties qui ont précédé, nous avons montré qu'à force de chercher à posséder le temps, à le comprimer, le domestiquer, l'accélérer, bref à le soumettre au rythme d'une volonté de rentabilisation maximum individuelle ou collective, le temps, parfois, faisait retour dans la vie des individus ou des systèmes, sous forme d'une irruption brutale, selon une logique n'appartenant qu'à lui. Dans le premier cas, celui des personnes, ce retour du temps refoulé peut conduire à des implosions silencieuses, dont nous avons vu la signification dans le cas des épisodes dépressifs touchant un nombre croissant d'individus. Dans le second cas, le temps peut rappeler brutalement ses exigences et ses contraintes, en faisant exploser des systèmes ou des organisations, lorsque la complexité du fonctionnement technologique, jointe aux exigences de rentabilité, n'a pas permis de « donner du temps au temps » ou, plus précisément, n'a pas laissé sa place au temps humain de la réflexion et de la solution créative.

Il nous appartient maintenant de comprendre comment ce fonctionnement généralisé de notre société redéfinit le rapport au temps de l'individu contemporain, comment il le conduit à composer différemment avec les grandes «catégories» du temps, que sont le passé, le présent et le futur. En quoi ces grands modes de rapport au temps sont-ils concernés, et éventuellement redéfinis, par l'accélération foudroyante que les dernières décennies ont imprimée au déroulement des activités humaines. Les exigences du présent immédiat, dont nous avons vu la prégnance, avec le règne de l'urgence et de l'instantané, absorbent-elles à ce point l'individu qu'elles ne lui laissent plus d'autre alternative que de s'engloutir dans le seul présent, un présent qui régnerait désormais en maître, déniant toute pertinence à la référence au passé et rendant impossible, voire sans objet, toute projection dans le futur? C'est en tout cas le constat que font plusieurs auteurs[1], dans leur réflexion sur la recomposition de la temporalité contemporaine. La plupart de ces analyses caractérisent cette temporalité par référence au *présentisme* et à l'éphémère, l'hypothèse étant que nous serions en train de passer du futurisme au présentisme, c'est-à-dire à une forme de rapport au temps où le présent serait à lui-même son propre horizon. Un présent sans futur et sans passé ou ne générant, presque au jour le jour, que le passé et le futur dont il aurait quotidiennement besoin[2].

Qu'en est-il exactement? Dans quelle référence temporelle dominante vit la génération qui a grandi avec les technologies de l'instantané? Quel peut être le rapport au futur de ceux qui passent leur temps, «le nez dans le guidon», à devoir régler toujours plus vite des problèmes dont l'urgence – vraie ou fausse – ne fait que croître? Les réponses semblent confirmer les observations que nous mentionnions plus haut, même s'il nous faudra, *in fine*, les nuancer. «Ils vivent dans le présent le plus immédiat et ne se sentent concernés par aucune antériorité», constate ainsi un professeur de philosophie, parlant de ses élèves, et tentant de décrire en quoi leur attitude différait de celle de leurs aînés[3]. Cette centration sur le présent immédiat semble bien le dénominateur commun des enfants de la société de l'instantanéité. Elle apparaît également dans les observations de plusieurs responsables de centres de consultation et de traitement psychanalytiques qui font état de nouvelles formes de symptômes chez les patients qu'ils traitent, ceux-ci apparaissant parfois «captifs d'un éternel présent», selon l'expression de l'un de ces responsables[4]. Ce sont l'origine et les implications de cette attitude que nous allons tenter d'expliquer, pour voir en quoi et comment elles contribuent à tracer et à modifier le portrait de l'individu contemporain.

SÉBASTIEN OU L'IMPOSSIBILITÉ DE PERDRE SON TEMPS

Jeune ingénieur, Sébastien est consultant en entreprise et l'un des principaux associés d'un cabinet de conseil créé depuis quelques années. Spécialiste de la mise en place de systèmes d'information et de communication, il accomplit des missions de longue durée dans différentes entreprises, tout en contribuant aux activités permanentes de la société de conseil à laquelle il appartient. Il évoque, au fil des questions que nous lui posons dans l'extrait d'interview qui suit, la manière dont il gère et vit son rapport au temps et à l'urgence.

«*Il y a des jours où on donne tellement*, on passe d'un rendez-vous à l'autre, d'une réunion à l'autre *en courant*, on sort de chez un client pour retourner au cabinet *en courant*, on sort de la dernière réunion à sept heures, il faut répondre aux trente mails qu'on a reçus entre-temps, finir un compte rendu, regarder ce qu'on a à faire et préparer une réunion pour le lendemain. Et on retourne chez soi *en courant* parce qu'il est tard, à huit heures et demie ou neuf heures du soir. *Quand on sort de là, c'est rideau noir dans le RER et à la maison, c'est la fatigue, le voile qui tombe, plus la force de repartir, d'être avenant, de discuter, plus de force...*

Question : Pourquoi devez-vous courir tout le temps ?

Parce que les activités se chevauchent toutes les unes les autres, les réunions s'enchaînent les unes les autres et il faut faire plusieurs activités en même temps. Dès qu'on sort d'une réunion, il faut rappeler trois personnes, relancer ceci ou cela, écrire un document, répondre à un mail urgent. Les activités sont hachées sans arrêt, il y a toujours un coup de téléphone, des problèmes qui se télescopent, un client à relancer. Il faut courir, travailler vite, relire vite, régler les problèmes vite.

Question :Y a-t-il une répercussion de cette manière de fonctionner sur votre vie personnelle ?

Je ne sais pas, *je suis un homme pressé. Je n'aime pas perdre du temps*, rester sans rien faire, je n'ai jamais aimé. *J'ai toujours été plus ou moins pressé. Je ne suis pas du genre à rester sur la marche de l'escalier roulant*, je monte avec l'escalier ou je descends avec l'escalier, mais je l'ai toujours fait. Même quand j'étais petit, je courais entre un magasin et un autre. Maintenant, *je marche vite* dans les couloirs du métro et, *pour prendre un train, je vais prendre une marge minimum.*

Question : Ce sentiment de perdre du temps, c'est par rapport à quoi ?

C'est pas forcément par rapport à quelque chose, *c'est perdre du temps dans l'absolu qui m'énerve.* Le rythme impose qu'on essaie de gagner du temps partout, tout le temps, dans l'absolu, même quand il n'y a pas forcément des choses identifiées. Parce que même en vacances, je ne peux pas rester sans rien faire. *C'est une notion de manque à gagner, je pense, de manque à gagner pour faire autre chose.* Gagner du temps pour faire autre chose, pour lire, faire du sport, faire autre chose que ce qu'on fait, quelle que soit cette autre chose. C'est l'idée d'une plage de temps qui pourrait être affectée à autre chose. *C'est dégager du temps perdu inutilement pour l'affecter à des tâches plus lucratives* en termes de développement personnel ou intellectuel ou de loisirs ou n'importe quoi d'autre. *Ce que j'essaie, c'est d'évacuer les temps morts, et d'avoir du temps actif, des temps vivants*, de mettre à profit du temps dont, sinon, on n'aurait pas profité. *Pour faire des activités qui laissent un sentiment de ne pas perdre de temps.* Je déteste les pertes de temps. Traîner le soir avant de se coucher ou traîner pour préparer quelque chose. En général, je recherche ce qu'on appelle, dans les modes de gestion par projets, le chemin critique qui consiste à repérer les tâches qui vont prendre le plus de temps. Chez moi, par exemple, si je dois préparer des courgettes qui vont mettre dix minutes pour cuire et des pâtes qui vont mettre cinq minutes, je commence par les courgettes pour qu'il n'y ait pas de temps mort.

Question : Le temps, pour vous, c'est quoi ?

Le temps, c'est de l'argent, pas forcément au sens monétaire, mais c'est de la valeur aussi pour apprendre, partager, avoir des échanges avec des amis, se développer ou faire du sport. À mon travail, j'aime bien arriver tôt, je ne supporte pas les gens qui arrivent à neuf heures et demie. J'arrive plutôt vers huit heures, huit heures trente. Si le matin, j'ai une réunion vers neuf heures ou neuf heures trente, je vais me dépêcher de me préparer et me dire que je suis en retard, non par rapport à mon rendez-vous de neuf heures trente, mais par rapport à mon horloge interne qui me dit que je dois être à huit heures trente au boulot. Ou alors je me dis “il faut que j'aie fini ça avant telle heure”, *c'est une manière de rester dans le rythme. Ne pas perdre le rythme* en me disant : “si, à huit heures du matin, je ne cours pas pour arriver au boulot le plus tôt possible, *est-ce que ça va pas perturber le rythme, est-ce que je serai capable de rester dans le rythme qui est exigé de moi le reste du temps ?”*. Il vaut mieux plutôt prendre le rythme dès le métro, ça donne le rythme de la journée. Quand j'ai une réunion à neuf heures et demie et que je maintiens d'y aller à huit heures trente, c'est peut-être justement pour tenir le rythme. *On est obligé de se maintenir dans ce rythme, cette urgence*, parce qu'entre le lundi matin et le vendredi soir, on est dans l'urgence, et est-ce qu'on arrive vraiment à casser le rythme en rentrant chez soi ? C'est pas sûr et c'est pour ça *qu'on reste peut-être dans l'urgence chez soi parce qu'on n'a pas assez de temps pour casser le rythme...* J'étais en vacances à Madagascar, ils n'ont pas du tout la même notion du temps que nous. Quand ils marchent sur les routes, ils y vont très tranquillement, à deux kilomètres à l'heure. *C'est un pays qui m'énervait parce qu'il n'y a pas d'horaires*. Si on veut prendre un car pour aller d'un endroit à un autre, le car dit : “on part vers sept heures”, mais ça peut être huit heures ou onze heures, il n'y a pas d'horaires.

Je vis clairement dans le présent. Sûrement pas dans le passé. À 27 ans, c'est plus facile. Je ne vis pas non plus dans le futur, *on me reproche même de ne pas faire de projets, je vis au jour le jour* mais, bon, même en termes de carrière, *je n'ai pas de projet, je vis plutôt par opportunités.* Aujourd'hui, je travaille pour SAS Conseil, je reçois beaucoup en termes de valorisation personnelle mais si *demain je trouve mieux, je prendrai, c'est pas sentimental, je n'hésiterai pas à partir.*

J'ai une valeur en moi, c'est le travail. Je compare souvent le travail à un jeu d'échecs. La finalité des échecs, c'est les échecs. D'autres pourraient avoir le sentiment de perdre leur temps, mais on apprend énormément aux échecs : *le travail, pour moi, c'est comme les échecs, on essaie de placer ses pions,* de se développer, on assure une base arrière qui peut être la vie personnelle et puis on essaie d'attaquer, de conquérir, c'est juste développer ses pièces comme on se développe, soi. Il y a *une émulation* qui passe par le jeu d'échecs. *Comme les échecs, le travail porte en lui même sa propre finalité.* »

Cinq points importants ressortent de ce témoignage :

– Tout d'abord, le temps est globalement perçu comme une denrée rare et précieuse, soumise aux lois de la valeur d'échange. Tout le temps « hors travail » est entièrement contaminé par la conception du temps au travail. Les expressions employées par Sébastien pour évoquer la manière d'employer le temps hors travail sont toutes imprégnées de cette conception rentabiliste déjà soulignée. Il s'agit de « dégager du temps perdu pour l'affecter à des tâches *lucratives* », de « *profiter* » du temps, « c'est une notion de *manque à gagner* pour faire autre chose ». L'impossibilité de perdre son temps ressentie par Sébastien est celle-là même qu'avait analysée Jean Baudrillard dans son étude sur « le drame des loisirs[5] », lorsqu'il avait montré comment le temps du loisir était imprégné de l'idéologie du travail aliéné et, comme tel, soumis au même acharnement moral et idéaliste d'accomplissement, à la même « éthique du forcing » que la sphère du travail. Dans le cas de Sébastien, on s'aperçoit que le « manque à gagner » et les tâches « lucratives », nécessaires pour ne pas perdre son temps, portent sur le développement de soi. Le temps, pour lui, ne peut être utilisé que comme force productive – ce qu'il est dans la sphère travail – ou comme « valeur » d'échange contre d'autres types de production : ainsi, dans la sphère hors travail, comme valeur d'échange contre *la production de soi-même*, à travers le développement personnel, intellectuel ou corporel (le sport).

– À ce titre, le seul temps valorisé est celui de *l'activité*, quelle qu'elle soit. Tous les autres sont « perdus » ou « morts ». Le seul temps vivant est celui qui permet de « faire des activités qui ne laissent pas un sentiment de perdre son temps », sentiment que laisserait, par exemple, le fait de « traîner » ou d'attendre devant une casserole de pâtes déjà cuites que les courgettes finissent de cuire, parce qu'on se serait trompé dans l'ordre de rentabilité maximum du temps, qui impliquait qu'on fasse les choses en sens inverse.

– La notion de *rythme* est importante dans ce témoignage. C'est parce que la totalité du temps hors travail est soumise à la suprématie des exigences du temps de travail que le rythme de l'activité, voire même de l'urgence, doit être conservé chez soi, dans la vie personnelle. Malgré le « rideau noir » de la fatigue, il ne faut pas « perdre le rythme » ni le casser et donc se fixer des obligations personnelles, des urgences intérieures, comme « courir pour arriver au boulot le plus tôt possible » ou arriver une heure avant le premier rendez-vous du matin, pour « être capable de rester dans le rythme, dans l'urgence exigés le reste du temps». Sébastien est ainsi le prototype de «l'homme pressé» contemporain, non seulement parce qu'il apprécie ce rythme et en a besoin pour bien fonctionner – il a toujours aimé courir, il ne reste jamais immobile sur l'escalier roulant, il prend les marges minimum – mais aussi parce qu'il perçoit le danger qu'il y aurait à y renoncer dans une société qui réclame toujours plus d'accélération. Il est en quelque sorte obligé de formater sa temporalité intérieure sur celle du travail, faite d'urgence et de vitesse toujours plus grande. On pourrait croire un moment qu'il envie les habitants de Madagascar, ceux qui marchent tranquillement sur les routes et peuvent prendre leur temps, ceux pour qui le temps est confondu avec la vie et qu'il cite comme contre exemple de ce que lui-même est obligé de faire. Mais, en fait, il ne les évoque que pour les désavouer : «c'est un pays qui m'énervait parce qu'il n'y a pas d'horaires».

– Le travail apparaît comme la valeur absolue. Il ne s'agit pas d'un travail qui aurait telle ou telle finalité, porteuse de telle ou telle valeur, à laquelle il croirait et pour laquelle il s'engagerait, mais d'un travail qui est LA valeur en soi. Cela ne veut pas dire qu'il ne s'intéresse pas à ce qu'il fait, mais simplement que cela n'implique pour lui aucune dimension sentimentale ou idéologique et n'est investi que d'une valeur relative, celle d'employer au mieux ses capacités et compétences. D'où son opportunisme : il n'hésitera pas à partir si, demain, il trouve mieux ailleurs. On retrouve là la relation très instrumentale entretenue par de nombreux jeunes diplômés à l'égard de l'entreprise, en correspondance avec une société qui traite ses travailleurs comme des produits, et complètement à rebours de l'attachement «passionnel» sollicité par l'entreprise des années 1980.

– Enfin, le *rapport au présent* apparaît comme le thème central. Sébastien vit clairement « dans le présent ». Il ne se définit ni par rapport au passé, ce qui est compréhensible étant donné sa jeunesse, ni par rapport au futur qui ne semble pas faire partie de son horizon de pensée, ce qui est plus étonnant. Il vit « au jour le jour », dit « ne pas faire de projets » – ce que confirme son entourage – et semble entièrement focalisé sur le présent, comme absorbé par lui. Il incarne en cela le prototype que dresse Zaki Laïdi de ce qu'il appelle « l'homme-présent[6] », et qu'il oppose à « l'homme archaïque » et à l'« homme perspectif » qui lui a succédé. Ce thème du « présentisme » et de l'« effacement de l'avenir[7] » est suffisamment souligné dans les recherches actuelles sur la temporalité contemporaine, pour que nous essayions de comprendre comment il s'inscrit dans le schéma général de recomposition de notre culture temporelle.

L'HOMME-PRÉSENT, UN HOMME SANS PROJET ?

Pour comprendre les spécificités de cet homme d'un genre nouveau, l'homme-présent, il faut l'opposer à ses prédécesseurs, tels que Zaki Laïdi les identifie. Aux premiers temps de l'humanité, vivait l'homme archaïque, dont le mode de vie et le rapport au temps ont été décrits par de nombreux anthropologues. Le sens de la vie s'appuyait pour lui sur la conformité au passé, dont les rites de répétition permettaient de perpétuer la signification. Le temps n'existait alors que comme un rythme et non comme une mesure, le seul but de l'homme archaïque étant de « persévérer dans son être en continuant ce que les ancêtres avaient institué, sans avoir... besoin de recourir à une autre justification que celle de la conformité à l'origine[8]». Dans cette conception cyclique et réversible du temps, le devenir historique n'existait que comme reflet du passé. L'avenir était en quelque sorte «encastré dans le passé», dans la mesure où les présages ne se comprenaient que par référence à un ordre cosmique idéal, mis en place à l'origine des temps et reflété dans les mythes.

Après la transition de la pensée grecque qui, tout en étant fondée sur le mythe, commença à l'ébranler – notamment avec Xénophane qui opéra la première démythologisation de la pensée grecque et disjoignit le temps des dieux et celui des hommes[9] –, vint le temps de la Révélation, celle du prophétisme juif puis celle du christianisme : «Désormais, le temps, aussi bien dans son infinité que dans son présent le plus immédiat, est dominé par Dieu[10]» et la destinée de l'homme se trouve alors inscrite dans le temps, même si celui-ci est rejeté hors du champ de la vie terrestre. Il faudra cependant attendre Saint Augustin «pour trouver une interprétation du temps cherchant à rendre commensurable le temps de la Révélation avec le temps de l'homme» et tenter de mesurer le temps à l'aune des dimensions passé-présent-futur, que seule l'âme permet, selon lui, de relier entre elles.

Le temps de «l'homme perspectif» s'ouvre, pour Zaki Laïdi, avec la découverte, au Quattrocento, de la perspective qui commande à l'homme «de se défaire de la contemplation de l'ordre immuable des universaux pour se créer des perspectives morales et rationnelles». La perspective s'émancipera progressivement de son origine picturale pour devenir point de vue, notamment sur le monde, puis elle entrera dans l'Histoire. C'est l'interaction entre l'Histoire et la perspective qui porte à son apogée l'homme perspectif : «L'homme est histoire et cette histoire est orientée, happée vers l'avenir. Son centre de gravité temporel bascule alors. Il se situe désormais dans l'avenir. C'est l'avenir qui devient, au XIXe et au XXe siècle, la catégorie temporelle à laquelle se raccordera l'homme [11] [...] L'homme perspectif s'est doté d'une perspective ou d'un projet pour se rendre acceptable sa propre finitude, à mesure qu'il se détachait du conditionnement métaphysique. À cette fin, il n'eut de cesse de temporaliser son existence en la projetant dans l'avenir [12] », ce qui le différencie radicalement de l'animal et constitue une laïcisation de l'attente religieuse, déjà tournée vers l'avenir. La perspective marxiste sera l'une des illustrations les plus complètes de ce type de temporalisation.

L'homme-présent se différencie de son prédécesseur en ce que, précisément, il serait, lui, un homme « sans point de vue », c'est-à-dire « privé de distance symbolique entre son être et le monde [13] ». Submergé par les aléas de la contingence immédiate, surchargé d'obligations temporelles, il ne parviendrait plus à se penser sur le mode de l'intentionnalité et du projet. Il fonctionnerait dans un système de sens incapable d'envisager quoi que ce soit au-delà de l'ici et maintenant, un sens focalisé sur la disponibilité et la réalisation immédiate des choses, au détriment de la distanciation entre l'expérience et l'attente, spécifique de la notion de projet propre à l'homme perspectif. L'homme-présent tenterait d'effacer la mort en abolissant le temps [14], là où l'homme perspectif s'efforçait d'en retarder l'échéance en projetant le temps dans l'avenir, c'est-à-dire en se construisant par rapport à une perspective située dans l'à-venir du temps.

On voit déjà combien ce portrait global que trace Z. Laïdi correspond, sur bien des aspects, à celui des personnes qui se sont exprimées tout au long des pages précédentes et combien, plus modestement, le rapport au temps de Sébastien en semble une illustration directe. Nul étonnement à cela puisque l'homme-présent est en fait le produit de la société mondialisée que nous avons décrite, fondée sur « la culture du présent absolu[15] », reposant sur une indifférence totale à l'égard de toute profondeur temporelle. L'homme-présent serait aussi l'expression du passage d'une société reposant sur un certain nombre de significations et de valeurs transcendantes[16], plus ou moins communes à tous, à une société où la seule référence commune serait celle du « risque partagé[17] », où le rassemblement se ferait moins sur un fondement éthique et culturel commun que sur la conscience de courir les mêmes risques, une société, enfin, où l'on se soucierait moins de la réalisation d'un bien commun que de la prévention du pire[18]. Le souci de l'homme-présent ne serait pas de transmettre des valeurs ou des principes, mais d'éviter d'enfermer les générations futures dans des situations irréversibles.

Mais les principales caractéristiques de l'homme-présent lui viennent avant tout de ce qu'il est le produit de la société de marché, décrite au premier chapitre de cet ouvrage, une société qui s'inscrit dans « l'économie du Présent éternel[19] », c'est-à-dire celle qui émane de l'idéologie néo-libérale de la fin du XXe siècle, qui pense le temps comme la forme mobile de l'éternité[20] et dont l'expression culmine avec la pensée de Friedrich Hayek. Selon ce dernier, un individu vivant en société n'a aucun besoin de porter en lui une vision d'ensemble de la société ni d'effectuer une quelconque projection à long terme : « La possibilité pour les hommes de vivre ensemble dans la paix et pour leur profit mutuel sans avoir à s'accorder sur des buts concrets communs, écrit-il, [...] est peut-être la plus grande découverte jamais faite par le genre humain[21]. » Elle tient au mécanisme du

Marché, institution de régulation invisible et supérieure qui doit échapper à toute évaluation critique ou morale et qu'il convient de soustraire à l'emprise du politique[22]. Dès lors, la temporalité courte, pour ne pas dire immédiate, qui est celle des marchés financiers voulant «mettre en pièces le temps et l'abolir car ils y voient une source de risque[23]», et que nous avons largement décrite, domine tout le champ de la construction du sens, par effet de résonance avec d'autres modes sociaux impliqués dans cette construction. Quant aux nouvelles coordonnées du temps, elles s'alignent désormais indissociablement sur les règles du jeu de la société marchande, tandis que l'imaginaire marchand imprègne dorénavant tous les rapports sociaux.

C'est ce point qu'il nous paraît important de prolonger. C'est bien en effet cet imaginaire marchand – c'est-à-dire cette façon d'appréhender les rapports sociaux et de comprendre le sens du monde uniquement au travers des avantages qu'ils procurent immédiatement à l'individu – qui, allié aux facilités de l'instantanéité permises par les nouvelles technologies, crée cette société de la satisfaction immédiate et de «l'éclatement des limites[24]». Dans cette société, l'individu est sans cesse confronté à des situations de choix à opérer séance tenante entre des possibles toujours plus nombreux et les «désirs catégoriques[25]», c'est-à-dire ceux qui confèrent un sens à l'existence en la projetant dans l'avenir, y sont relégués au second plan par rapport aux «désirs conditionnels», reposant sur des impératifs de survie immédiate[26]. Mais il faut entendre ce dernier terme pas seulement par rapport à des impératifs où la survie physique est en jeu, par exemple du fait de la précarité, mais au sens où la survie psychologique serait menacée si elle n'était pas immédiatement satisfaite.

Autrement dit, l'alliance de l'imaginaire marchand et de l'instantanéité contribue à produire un des types d'individu caractéristiques de la société actuelle : un individu dominé par le besoin de satisfaction immédiate, intolérant à la frustration, exigeant tout et tout de suite, dans un contexte où la satisfaction d'un tel besoin est rendue possible, non seulement par l'«hyperchoix» permanent de la société de consommation, mais aussi par la quasi-instantanéité avec laquelle le moindre désir peut être satisfait. Cet individu-là n'est pas seulement un homme-présent, au sens où nous venons de le voir, il est plus encore *un homme-instant*, qui vit au rythme de l'instant présent, passant d'un désir à un autre dans un sautillement et une impatience chroniques, qui sont l'expression d'une incapacité à s'inscrire non seulement dans le moindre projet, mais également dans une quelconque continuité de soi. Le soi de l'individu se fragmente ainsi au rythme de désirs aussi versatiles que compulsifs. On confine ici à la pathologie et l'exemple que nous allons développer l'illustre quelque peu.

L'HOMME-INSTANT ET LE PASSAGE À L'ACTE

Bernard Geniès, journaliste au *Nouvel Observateur*, relate dans les lignes qui suivent l'interview que l'actrice Béatrice Dalle lui a accordée le 12 décembre 1991[27]. La particularité du rapport au temps que nous venons d'esquisser s'y donne bien à voir, de même que son lien avec le comportement compulsif que nous avons évoqué puisque, quelques heures après cet entretien, l'actrice sera arrêtée après avoir commis un vol en flagrant délit dans une bijouterie.

«Elle avait dit : "Je ne veux jamais penser à l'avenir". Et ses yeux avaient chaviré. "Vous ne pensez pas à demain? – Non. – Même pas jusqu'à ce soir?" Elle avait repoussé une mèche de cheveux et allumé une cigarette : "Je fume trop, hein?" Puis : "Non, je n'y pense pas. Je suis là avec vous. Je vous parle, je pense à ce que je vous dis. C'est tout. Je suis là." Son regard avait glissé dans la pénombre du bar, s'était accroché à son verre, belvédère orange où flottait un glaçon; "*pour moi, l'avenir n'existe pas. Je vis dans l'instant. Rien que dans l'instant*[28]. On ne sait jamais ce qui peut arriver. Dans cinq minutes, il peut y avoir un tremblement de terre et on sera morts tous les deux." Le magnétophone ne tournait plus, nous avions parlé de l'amour, son regard avait pris la couleur incertaine des océans houleux : "Je n'ai pas vécu de grandes passions, pourtant chaque fois c'est pareil, je sais que je vais me brûler les ailes, l'autre le sait aussi, on ne peut pas y échapper; c'est terrible! et moi ça ne m'endurcit pas. Je ne cicatrise pas. Chaque histoire est pour moi une histoire d'amour qui reste ouverte." Elle paraissait soudain fragile, une petite fille bouffée par la vie. Nous nous sommes quittés. Dehors, il faisait gris et froid. Un temps de samedi 29 novembre. J'ai relevé mon col et pensé que je faisais un drôle de métier : écouter des gamines qui vous racontent que la terre va peut-être trembler sous nos pieds! Une heure et demie plus tard, l'écorce terrestre tenait toujours le coup mais Béatrice Dalle avait craqué. La police venait de l'arrêter à la sortie d'une bijouterie en gros de la rue des Archives, au cœur du 3e arrondissement. Dans ses cuissardes, elle avait caché 25 000 francs de bijoux en or. »

Dans le commentaire qu'il avait fait de ce fait divers, Tony Anatrella[29] avait insisté sur le fait que la comédienne n'avait pu expliquer son geste autrement qu'en invoquant l'état dépressif dans lequel elle se trouvait. Or, selon lui, la dépression ne pouvait être la motivation d'un tel geste, à moins que l'on veuille apitoyer les autres sur sa détresse ou laisser entendre qu'on n'est pas complètement le sujet de ses actes. C'est cette deuxième explication qui lui paraissait mieux rendre compte du comportement de Béatrice Dalle : « Tout en étant parfaitement conscient et responsable de ce qu'il fait, le déprimé peut avoir le sentiment de ne pas être le sujet de ses désirs, d'être malmené par un sentiment de perte de soi. Et si rien n'a d'importance et que la valeur des choses est dans l'instant – sous le seul prétexte qu'une catastrophe risque d'arriver... –, on manifeste pleinement qu'on fait son deuil de l'Idéalité. Difficile de se donner un avenir quand le sens de l'idéal fait défaut. »

Si le sens de l'idéal est effectivement un élément constitutif important de la possibilité de se projeter dans l'avenir, ce qui nous paraît intéressant dans les propos et le comportement de Béatrice Dalle, c'est ce couplage entre un rapport au temps dénué de toute projection – « je vis dans l'instant, rien que dans l'instant » – et le passage à l'acte[a] qui suit : un vol complètement compulsif[b], non préparé, non réfléchi, comme pour compenser le manque affectif qu'elle venait de raviver en elle, en évoquant une heure auparavant les plaies toujours ouvertes de ses histoires d'amour manquées. C'est parce qu'elle était totalement enfermée dans la sensation de l'instant présent, parce qu'elle ne disposait, à ce moment-là au moins,

---

a. Dans le vocabulaire psychiatrique, le *passage à l'acte* (« *acting out* » en anglais) désigne une conduite violente par laquelle le sujet se précipite, pour éviter l'angoisse, dans une action qui le dépasse : délit, agression ou suicide. Lacan réserve le terme de passage à l'acte pour les situations de rupture intégrale comme le suicide, lorsque le sujet quitte la scène par une mort violente : défenestration, saut dans le vide, etc.

b. La compulsion correspond à une impulsion à agir que l'individu ne parvient pas à réprimer, même s'il essaie de le faire.

d'aucune possibilité de se projeter dans l'avenir, qu'elle ne pouvait, pour se sentir exister et combler l'intensité du manque, que fonctionner sur le mode du passage à l'acte. Dans ce mode, en effet, le temps de la réflexion est inexistant, agir est une nécessité impérative pour combler la violence de l'angoisse ressentie par le sujet. Le fait d'acheter les bijoux en question – les achats compulsifs sont un moyen connu de compensation des manques affectifs – n'est même pas envisageable, dans la mesure où il impliquerait un minimum de délai entre le désir et son accomplissement. Ici, la compulsion à combler le désir est à ce point radicale qu'elle ne peut se résoudre que par le passage à l'acte immédiat. La frontière est ténue, dans cet épisode, entre une façon d'agir accidentelle et unique et une intolérance pathologique à la frustration, que l'on voit à l'œuvre dans le personnage incarné à l'écran par la même Béatrice Dalle, dans le film culte de Jean-Jacques Beinex, *37°2 le matin*.

Dans ce film, l'actrice joue, avec un réalisme stupéfiant, le personnage d'une jeune femme amoureuse et passionnée, Betty (diminutif, d'ailleurs, de Béatrice), emportée périodiquement par des comportements de passage à l'acte violents, dès qu'elle rencontre une contrariété ou qu'elle ne peut satisfaire ses désirs dans l'instant. À la fin du premier épisode du film, durant lequel les deux amoureux gagnent leur vie en repeignant des maisonnettes sur une plage, Betty met le feu au chantier, à la suite d'une algarade avec le propriétaire. Un peu plus tard, convaincue, après la lecture du manuscrit écrit par son amant, du génie épistolaire de l'homme qu'elle aime, elle débarque chez l'éditeur qui vient d'en refuser l'édition, pour l'insulter et lui casser la figure. Puis, devenue serveuse dans une pizzeria, elle plante violemment les dents d'une fourchette dans la main d'un client difficile. Plus le film progresse, plus les passages à l'acte se rapprochent et s'intensifient, à chaque fois que ses désirs ne peuvent être immédiatement satisfaits. Pensant être enfin tombée enceinte et heureuse à cette perspective, elle ne supportera pas le démenti d'une analyse négative et commencera à basculer dans la psychose. Elle lacère d'abord les affaires qu'elle avait achetées pour le bébé, puis se peinturlure le visage jusqu'à se rendre méconnaissable et repoussante, avant de s'automutiler en s'arrachant un œil à la fin du film.

Le retentissement de *37°2 le matin* ne fut pas seulement dû au fait qu'il s'agissait d'un très beau film et d'une histoire d'amour émouvante et passionnée, mais aussi à ce que le réalisateur et, avant lui, l'auteur du roman Philippe Djian, avait capté quelque chose de la sensibilité de l'époque, en décrivant ce couple de jeunes gens vivant dans l'intensité de l'instant, au seul rythme de la satisfaction immédiate de leurs désirs, dans un refus de toute frustration et une totale non-projection dans l'avenir. Les comportements compulsifs et violents qu'il mettait en scène, à travers le personnage incarné par Béatrice Dalle, sont ceux de ces personnalités dites «états-limites», dont le rapport au temps et au passage à l'acte semblent bien caractéristiques de l'imaginaire de la société contemporaine.

L'HOMME «COMPULSIF»

Si nous avons surtout insisté, dans l'exemple précédent, sur la notion de «passage à l'acte», en relation avec une temporalité intérieure réduite à l'instant, il est une autre forme d'expression pathologique du malaise contemporain, moins grave mais en voie d'augmentation : celle des comportements compulsifs, c'est-à-dire déclenchés par une obligation interne impérieuse ne pouvant être ni contrôlée ni différée, des comportements qui ne répondent à aucune nécessité objective et fonctionnent un peu comme des drogues, créant chez l'individu une forme de dépendance, d'addiction[a] selon le terme en usage, qui l'incite à les renouveler sans cesse. Si de tels comportements sont connus depuis longtemps (les toxicomanes, les alcooliques, les joueurs invétérés en sont les premières illustrations), leur nombre et leur variété dans la société contemporaine semblent en pleine explosion. Une récente étude de deux psychiatres, Jean Adès et Michel Lejoyeux[30], répertorie les formes contemporaines de ces comportements compulsifs. Ils en dénombrent six, correspondant aux critères de l'addiction : *la fièvre des achats* (les acheteurs compulsifs, pour lesquels l'acte prend le pas sur la pensée et qui, par exemple, se retrouvent en train de payer un article, avant même de s'apercevoir de ce qu'ils ont acheté), *la frénésie du travail* (les fameux workaholics), *la folie d'Internet* (les cyberdépendants, en pleine expansion depuis 1995, et qui prolifèrent aussi sur le lieu de travail), *les acharnés de l'exercice* (drogués du sport, marathoniens, culturistes et autres haltérophiles impénitents), *la passion du jeu* (que l'industrialisation et la démocratisation des jeux d'argent ont porté à leur comble), et *les drogués du sexe* (les vrais et ceux qui ont trouvé avec Internet une nouvelle forme d'expression de leur sexualité compulsive). Ces comportements, qui ont en commun l'obligation pour ceux qui les pratiquent de les renouveler

a. L'addiction est la dépendance à une drogue ou à un type de comportement dont on ne peut pas se passer.

sans cesse, sont, entre autres, des formes de « recherche de sensations », celles-ci agissant par la stimulation de certaines zones cérébrales qui provoque, de ce fait, excitation et plaisir : « l'addiction est ce phénomène biologique, psychologique et comportemental, suscité par la quête du flash et de la sensation aiguë, qui va transformer le plaisir en besoin, tous les choix en contraintes, et le chercheur de sensations en un toxicomane déstabilisé[31] ». Mais, à côté de ces explications qui s'appuient sur une origine biologique du phénomène, il est un autre type d'explication, psychanalytique, qui les relie avec des problématiques plus psychiques et sociales. Otto Fenichel, disciple de Freud émigré aux États-Unis, a ainsi été le premier à décrire ces états de dépendance à un comportement, c'est-à-dire ces addictions sans drogues : « Toutes les toxicomanies sans drogue sont des tentatives infructueuses de maîtriser la culpabilité, la dépression ou l'angoisse par l'activité[32]. » C'est peut-être là la raison de leur augmentation. Les états dépressifs, la solitude, la détresse que connaissent souvent ceux qui se livrent à certaines de ces addictions, et l'augmentation de ces situations dans la société contemporaine, constituent l'autre versant, sociologique et psychologique celui-là, de ce type de comportement : « Certains comportements, dérivatifs à la monotonie du quotidien, à l'ennui, à la solitude, au stress ou à la détresse parfois, peuvent devenir de véritables drogues et, pour l'individu, de redoutables pièges[33]. »

La caractéristique de ces comportements compulsifs est qu'ils se manifestent de manière impulsive et dans l'urgence. Ils répondent à une urgence intérieure et doivent être satisfaits immédiatement, sans la moindre attente. On voit ici leur lien avec certains de ceux que nous avons décrits dans les chapitres précédents, consistant par exemple à devenir des « accrocs » de l'urgence, des « shootés » à l'urgence, et ce pour les raisons que nous venons de dire, à savoir la sensation de plaisir que provoque la stimulation cérébrale de devoir régler un maximum de choses en un minimum de temps et l'ivresse que procure le plaisir d'y parvenir. À ce titre, l'urgence mérite d'être ajoutée à la liste des addictions énumérées plus haut, même si elle offre certains points de ressemblance avec le workaholisme. Mais surtout, le mode de satisfaction de ces comportements compulsifs, marqués par la frénésie et l'urgence, vient en quelque sorte compléter, à l'autre bout de la chaîne, le tableau que nous avons tracé du fonctionnement de la société contemporaine. Celui-ci serait ainsi marqué d'un côté – sur le plan économique, professionnel et social – par une urgence extérieure imposée par « l'économie du présent éternel » et la dictature de l'immédiat et, de l'autre – sur le plan individuel et subjectif –, par l'urgence intérieure de la nécessité de satisfaction immédiate des désirs. Nécessité de satisfaction immédiate s'inscrivant dans la même logique que celle qui régit l'économie et constituant pour l'individu, au moins partiellement, une forme de compensation en lien avec les états dépressifs, solitudes et détresses déclenchés précisément par le fonctionnement global de la société.

Ces deux urgences se répondraient en quelque sorte l'une l'autre, se renforçant réciproquement et dressant le portrait global d'une société agitée et frénétique, menée d'un côté par la folie des marchés financiers et l'exigence du profit immédiat et, de l'autre, par les gesticulations compulsives d'individus surinvestis, déboussolés ou épuisés. Dans ce contexte, les pathologies qualifiées par les psychanalystes d'« état-limite » ou *borderline* et dont ils constatent le nombre croissant par rapport aux névroses prévalant au début du siècle, ont quelque chose à voir avec le tableau que nous venons de tracer.

PERSONNALITÉS *BORDERLINE* ET CONDUITES À RISQUES : COLLER À L'INTENSITÉ DE L'INSTANT

Esquissées par Freud dès le début du siècle sous le nom de « type narcissique » de personnalités, les personnes *borderline* (en français, « état-limite ») sont souvent très bien adaptées, voire hyperadaptées socialement et capables de maintenir les apparences. Elles peuvent avoir une réussite professionnelle satisfaisante, s'appuyant sur le besoin qu'elles ont d'être admirées et appréciées mais aussi sur des relations d'exploitation d'autrui où s'engage une bonne part de leur agressivité. Elles vivent apparemment leur vie *comme si*[a] elles possédaient une maturité et une possibilité d'expression émotionnelle bien modulée. Pourtant, lorsqu'elles sont engagées dans des relations affectives plus étroites, le caractère instable, mouvant et superficiel de leurs relations interpersonnelles contraste de façon frappante avec leur hyperadaptation de surface. Elles se trouvent alors dans des relations de forte dépendance à l'autre, aussi bien sur le mode d'une attente passive de satisfactions positives que sur celui d'une manipulation agressive. Le danger contre lequel se défendent les personnalités « état-limite » est celui de la dépression, liée à un sentiment de solitude, d'abandon, de peur de perte

a. La psychanalyste Hélène Deutsch les a décrites comme des personnalités « *as if* », pour souligner combien leur comportement extérieur est caractérisé par des changements quasi kaléidoscopiques, qui reflètent les personnalités de leurs interlocuteurs successifs.

d'objet d'amour, d'où l'espérance et l'appel dans la relation de dépendance à l'autre. L'agressivité est très marquée chez elles, se traduisant par des colères, des manifestations d'hostilité et de violence. Leur besoin constant de valorisation narcissique, leur hypersensibilité aux remarques et au comportement d'autrui, leur angoisse d'être abandonnées et leur insatisfaction permanente s'accompagnent souvent de passages à l'acte, tandis que leur impulsivité les engage parfois de façon répétitive dans des conduites de boulimie, d'alcoolisme, de toxicomanie, liées à des besoins de gratifications instinctuelles intenses[34].

Si nous les mentionnons dans le cadre de cette réflexion qui tente de faire le lien entre un certain rapport au temps et les diverses figures de l'individu contemporain, c'est qu'elles en constituent, à notre sens, l'une des facettes, ne serait-ce qu'en raison de la recherche de sensations fortes auxquelles elles s'adonnent, qui les apparentent aux personnalités «addictives» que nous venons de décrire. Cet aspect s'inscrit cependant, pour elles, dans un tableau global plus pathologique et plus angoissé. «L'angoisse, chez ces personnalités que l'on qualifie d'"état-limite", explique ainsi un des psychiatres que nous avons rencontrés, c'est une angoisse où il n'y a rien, un blanc total. L'esprit est totalement vide et ce sentiment de vide est terriblement angoissant, il n'y a rien où se raccrocher, on ne peut même pas raisonner sur l'idée d'un danger parce qu'il y a une telle prise physique, émotionnelle de l'angoisse que la pensée est totalement annulée. C'est pourquoi les patients "états limites" ont recours à des pratiques toxicomanes pour arriver à retrouver des sensations, quitte à ce que ce soit des sensations très fortes mais sur lesquelles, au moins, on peut s'accrocher. La recherche de sensations est très importante chez eux, ça fait partie de l'état-limite. Il y a une telle angoisse, qu'il faut parvenir à la surmonter par un sentiment d'hypercontrôle, d'hyperpuissance et, chez la plupart des adultes jeunes, il y a une recherche totalement désespérée qui va de la recherche de toxiques aux confins de l'hallucination, comme pour dire "moi, ça ne me touche pas, ce truc, je suis capable d'en revenir", jusqu'à des attitudes de prises de risques inouïes, en moto par exemple qui peuvent prendre la forme de conduire une moto à 250 à l'heure entre deux files de voitures, avec 80 cm d'écart entre les deux, comme si on mettait le monde au défi avec une pensée du type "je suis plus puissant que ça et je peux y arriver". Il y en a plusieurs qui se cassent la figure, d'ailleurs : j'ai eu un jeune comme ça qui me disait : "moi, quand ça ne va pas, je vais me faire un petit 250 dans le tunnel de Rocquencourt", et ça à 6 heures du soir ! Là, ils fonctionnent dans un temps hyperaccéléré et avec un sentiment d'hypercontrôle sur ce temps. Donc, dans les états limites, il y a d'un côté un sentiment de vide, d'ennui, de tristesse, d'incapacité à ressentir – ça c'est le versant dépressif – et de l'autre côté, une impulsivité phénoménale. Une opposition entre un sentiment de léthargie, de paralysie par l'angoisse et puis ces moments d'incapacité à contenir sa propre émotion et où le passage à l'acte devient fondamental, de manière totalement imprévisible et très violente. Et il n'y a pas de limite à cette violence, parce que tout est bon pour pouvoir échapper à cette angoisse. »

Quelles que soient les origines individuelles de cette pathologie, ce qui nous intéresse dans la « montée en régime » de ce type de personnalités, c'est le lien que l'on peut opérer avec certains aspects de la société contemporaine. L'alternance de ces phases de passages à vide angoissants – où le fonctionnement de la pensée semble arrêté, de même que la capacité à ressentir – avec des phases de violente impulsivité – débouchant sur des recherches de sensations extrêmes, d'hyperaccélération du temps, d'hyper-puissance –, est également un signe de la difficulté de l'individu contemporain à composer avec les rythmes de la société actuelle. Tout se passe comme si, dans ce type de pathologie, le vécu subjectif du temps était l'objet de « coups d'accordéon » extrêmement puissants, le temps étant ressenti tantôt sur un mode complètement rétréci et suspendu, tantôt sur un mode démesurément accéléré. Le rapport à l'instant vécu est, quant à lui, soit inexistant – la personne est déconnectée de l'instant présent – soit hypertrophié, dans un collage absolu à l'intensité de l'instant, comme si seule cette intensité-là permettait encore de se sentir exister. Aux deux extrêmes de l'expression de cette pathologie – vide de la dépression ou collage à l'instant – la projection de soi est inexistante.

Chapitre 10

Du temps long au temps court : Entre un passé dissous et un futur effacé, le règne de l'instant

Lorsqu'il « n'est pas pressé par ses besoins, il l'est du moins par ses désirs ; car parmi tous les biens qui l'environnent, il n'en voit aucun qui soit entièrement hors de sa portée. Il fait donc toutes choses à la hâte, se contente d'à peu près et ne s'arrête jamais qu'un moment pour considérer chacun de ses actes. Sa curiosité est tout à la fois insatiable et satisfaite à peu de frais ; car il tient à savoir vite beaucoup, plutôt qu'à bien savoir. Il n'a guère le temps et il perd bientôt le goût d'approfondir[1] [...] Je remonte de siècle en siècle jusqu'à l'Antiquité la plus reculée ; je n'aperçois rien qui ressemble à ce qui est sous mes yeux. *Le passé n'éclairant plus l'avenir, l'esprit marche dans les ténèbres*[2] [...] *La trame du temps se rompt à tout moment*[a] et le vestige des générations s'efface. On oublie aisément ceux qui vous

---

a. Souligné par nous.

ont précédés et ceux qui suivront ; les proches seuls intéressent [...] Ainsi, la démocratie fait oublier à chaque homme ses aïeux, mais elle lui cache ses descendants et le sépare de ses contemporains : elle le ramène sans cesse vers lui seul et menace de le renfermer enfin tout entier dans *la solitude de son propre cœur*[3] ». On croirait lire là la description, par un observateur contemporain, de l'esprit et du comportement de la société actuelle. Elle date pourtant d'il y a plus d'un siècle et demi, puisqu'il s'agit de celle tracée par Tocqueville, dans *De la Démocratie en Amérique,* de la condition de l'homme démocratique. Preuve que les tendances que nous analysons ne sont pas nouvelles. Elles se sont simplement considérablement accentuées, accélérées, radicalisées. Mais l'esprit plongé « dans les ténèbres » du seul présent, la trame du temps qui « se rompt à tout moment », pour s'abîmer dans l'instant suspendu, c'est bien la condition de l'homme-présent, de l'homme-instant, que nous avons décrite au chapitre précédent et que Tocqueville semble avoir anticipée et pressentie.

Si la capacité à coller à l'instant vécu revêt parfois les aspects pathologiques dont nous avons parlé dans les pages précédentes, elle n'en correspond pas moins à une tendance générale à fragmenter le temps, comme si l'on essayait de juxtaposer et faire tenir en un seul moment, ou plutôt dans le temps le plus court possible, le maximum de choses, de sensations, de possibilités. Notre époque est celle du *fast*, du *zapping*, du *surfing*, des *flashes*, des *clips* et des *spots*. Il s'agit de capter le maximum de sensations dans l'instant et de vivre l'intensité sans la durée. Au-delà de ces instants fragmentés, la même tendance se donne aussi à voir sur un certain nombre de registres qui, jusqu'à il y a encore peu, étaient ceux du temps «long[a]». Famille, religion, thérapie, littérature dans une moindre mesure, ces institutions, pratiques ou activités traduisent toutes, chacune à leur manière, une évolution allant d'un rapport au temps «long» vers un rapport au temps «court», comme s'il s'agissait de faire tenir le maximum d'expériences dans la brèche de temps accordée à chacun, de capter la sensibilité immédiate au détriment de l'attention soutenue ou d'obtenir les résultats les plus rapides et les plus performants possibles dans le moins de temps possible. La vie «s'éphémérise» et se rentabilise. Les individus, les sentiments, les activités, les croyances sont soumis aux mêmes critères d'efficacité et de rapidité que les objets ou les activités marchandes. Dans ce passage du «temps long» au «temps court», tous les registres de l'existence, imprégnés par l'imaginaire marchand et la satisfaction immédiate des désirs, sont animés du même raccourcissement de l'horizon d'attente et d'action et contaminés par la même exigence de performance et de résultats sinon immédiats, au moins très rapides, que ceux concernant la sphère des activités strictement marchandes.

---

a. Ce que nous appelons ici «temps long» correspond au temps linéaire, celui de la vie sociale découpée en séquences temporelles allant des heures aux années et se déroulant tout au long de la vie. Mais c'est aussi le temps de l'histoire, qui se compte en siècles et dont l'amplitude dépasse largement celle du temps social et individuel. Ce que nous appelons le «temps court» correspond, sur le plan objectif, au temps du moment et de l'instant et, sur le plan subjectif, au temps de la sensation immédiate et du souhait de résultat immédiat. C'est le temps de l'économie du «présent éternel», dont nous avons parlé, celui des marchés financiers, celui de l'urgence et de tous les processus que nous étudions dans le cadre de ce livre.

Dans le registre de la famille, *a priori* éloigné de cet imaginaire marchand et de l'exigence d'efficacité immédiate, ce qui frappe le plus est la façon dont l'éphémère a fait son apparition dans une institution dont les finalités se situent précisément aux antipodes, puisqu'elle a pour vocation de transmettre l'héritage des générations à travers l'histoire sociale. Ce règne du temps court, lié aux nouvelles formes de conjugalité, entre en conflit avec celui du temps long, lié à la filiation, obligeant à repenser la famille contemporaine non plus comme l'institution qu'elle était mais comme une «construction» protéiforme, dans laquelle les épisodes biparentaux, monoparentaux ou recomposés constituent les formes successives que peut prendre, au cours du temps, une même famille[4]. Comme le montre bien Irène Théry, on assiste à une sorte de disjonction de deux temporalités, l'une à temps court, l'autre à temps long. D'une part, le lien de conjugalité se redéfinit comme un lien fondamentalement privé et contractuel, donc plus précaire, articulé autour d'une vie commune pensée comme un itinéraire partagé plutôt que comme le germe d'une institution destinée à résister au temps. D'autre part, les trois composantes de la filiation (parent biologique, parent domestique – celui qui héberge l'enfant sous son toit – et parent généalogique, celui que le droit désigne comme tel[a]), qui coïncidaient la plupart du temps dans le cadre de la famille nucléaire, se délient de plus en plus dans la constellation des familles recomposées, où les enfants

a. Le primat de cette logique a dominé le régime de la filiation durant des siècles avec la fameuse règle remontant au droit romain «pater is est quem nuptiae justae demonstrant» (le père est celui que le mariage légitime désigne comme tel).

circulent «entre leurs deux parents séparés, leurs deux lignées (et) parfois les lignées de ces nouveaux alliés que sont les beaux-parents[5]». L'enjeu de ces nouvelles formes de familles est alors d'«inventer la pluriparentalité[6]», c'est-à-dire de faire coexister «le temps contractuel de la conjugalité», soumis au rythme des désirs, des pulsions et des besoins, et «le temps inconditionnel de la filiation[7]», qui doit permettre à l'enfant de garder des repères stables, au milieu d'une configuration mouvante. Le premier revers de cette disjonction des temporalités, à travers laquelle «le temps court de la vie s'est détaché du temps long de la transmission générationnelle[8]» à laquelle il avait été si longtemps lié, est celui de la solitude, celle de l'homme dont parlait Tocqueville, «enfermé dans la solitude de son propre cœur». La solitude apparaît bien en effet comme «l'envers de l'émancipation individualiste», selon les termes mêmes d'Irène Théry qui souligne que «ce qui nous menace désormais, comme l'ombre portée de l'aventure démocratique, est l'insignifiance d'un présent sans attaches, purement résumé à lui-même[9]». Mais il est un autre revers à cette désinstitutionnalisation de la famille et à la disjonction des temporalités qui en est la cause, c'est que les parents désunis, du coup, se voient rejoints par la logique de l'imaginaire marchand que nous évoquions plus haut : «Quand rien dans un héritage culturel ou juridique ne prévoit la situation où deux personnes sont deux parents sans être un couple, il revient alors aux individus et à eux seuls d'affronter l'inquiétude des liens et des places. De là une sorte de *compétition affective*, qui se déploie avec d'autant plus de violence, ouverte ou sourde, que l'idéologie du privé comme singularité absolue fait de l'intérêt de l'enfant le seul critère de référence… *Rien n'est plus acquis; tout se négocie, il faudra prouver ses qualités, séduire l'enfant, manœuvrer habilement si l'on veut rester un parent.* » D'où une sorte de subversion brutale de ce qui contribuait à définir la filiation, qui fait écho à « une perversion du lien contractuel de conjugalité », et peut conduire à « conseiller aux "nouveaux pères" d'être des "secondes mères", si possible plus maternants encore pour que leurs qualités les rendent *compétitifs sur le marché de la parentalité*[a][10]. »

Ainsi, l'avènement du temps court dans la famille – lié au règne de la satisfaction des désirs individuels et, dans une moindre mesure, à la logique de l'imaginaire marchand – modifie considérablement l'une des institutions les plus pérennes de notre société, l'une des plus étrangères aussi à cette logique. Dans d'autres domaines, comme celui des croyances et de la recherche de sens, le raccourcissement de l'horizon d'attente et d'action se donne à voir encore plus explicitement, joint à une exigence de performances et de résultats sinon immédiats, au moins très rapides, caractéristique de l'impératif de rentabilité qui gouverne notre société.

Le grand marché du Sens : du Salut « à la fin des temps » au mieux-être « ici et maintenant »

L'effondrement des grandes idéologies du XXe siècle, de ces « religions séculières » dont Raymond Aron disait qu'elles avaient pris, dans l'âme de nos contemporains, la place de la foi évanouie, a laissé nombre d'individus dans une situation de « vacance » de sens. Avant elles, l'influence des grandes religions, dans leur forme traditionnelle,

a. Tous les passages en italique sont soulignés par nous.

s'était déjà considérablement amoindrie, du fait de leur incapacité à traduire au plan spirituel le vécu quotidien de la société industrielle. Le seul point commun entre ces deux types de grands systèmes porteurs de sens, c'était le fait que le salut de l'individu, ou son bonheur, était projeté à la fin des temps : au-delà du temps terrestre et dans « l'autre monde » dans le cas des religions (catholique, notamment), après l'avènement des lendemains qui chantent dans un monde transformé par la victoire du prolétariat, dans le cas de l'idéologie marxiste, par exemple. Or, ce qui est très caractéristique de la recomposition du paysage de la recherche de sens contemporaine, celle qui s'est installée dans le vide laissé par les grands systèmes en question, c'est le rapatriement du salut dans « l'ici et maintenant ». Même si, dans certaines religions traditionnelles – protestante, par exemple –, le salut dans l'autre monde n'était pas exclusif de la réussite dans celui-ci, cette réussite terrestre devant même être recherchée en tant qu'indicateur temporel de l'élection divine pour le salut dans l'autre monde[11], c'était néanmoins celui-là – le salut dans l'autre monde – qui demeurait la finalité ultime. Or, dans les multiples formes que revêtent les nouvelles expressions de la religion, ce qui apparaît au contraire dans beaucoup d'entre elles, c'est une attente de résultats dans la vie immédiate – une amélioration ici et maintenant et qui vaut pour elle-même, sans lien avec une éventuelle vie au-delà de la mort – et un souci de performance et d'efficacité, en étroite correspondance avec les impératifs de la construction de soi, dans le contexte de la société concurrentielle.

Les études de Danièle Hervieu-Léger sur les fondements et les méthodes de ces religions « en miettes[12] » montrent ce phénomène avec beaucoup de précision. Le besoin de «croire» contemporain est soumis au même processus d'individualisation et de «subjectivisation» qui accompagne l'affirmation, dans tous les domaines, de l'identité contemporaine. Le souci obsédant de l'au-delà et de la rédemption ne concerne plus tant le devenir de l'âme après la mort que le salut dans ce monde-ci, processus qu'elle appelle, reprenant une étude d'Yves Lambert[13], la réorientation «intramondaine» des attentes individuelles et collectives. La reprise et la mutation de certaines croyances, telle la réincarnation vue comme une nouvelle chance de vie permettant, instruit du passé, de recommencer en faisant les bons choix, ou la fascination pour les expériences NDE *(Near Death Experience)* accréditant l'idée d'une transition paisible entre deux états de vie différents, témoignent du souhait de «réversibilité de la mort» et de celui de prolonger la vie sous d'autres formes. D'une manière générale, se fait jour «une réorientation des enjeux de la croyance vers des objectifs accessibles ici et maintenant[14]» et la régénération de l'individu doit pouvoir être vécue dès ici-bas. Ainsi, dans les mouvements issus de la mouvance chrétienne (catholique, comme protestante, par exemple les mouvements charismatiques catholiques ou les protestantismes de conversion, de type pentecôtiste, de même que les Églises du Christ américaines), l'expérimentation d'une vie «sauvée» dans le moment même de la vie vécue trouve son principal registre d'expression «dans la thématique charismatique des manifestations de l'Esprit Saint[15]». Ces manifestations se produisent dans les groupes de disciples rassemblés pour évoquer l'Esprit Saint, groupes au cours desquels n'importe lequel des participants, pris dans l'émotion associée à ce type d'expérience, peut recevoir et éprouver «de façon sensible... à travers larmes et tremblements» le «baptême dans l'Esprit» et se sentir guéri de ses maux, angoisses et incertitudes. La diffusion et l'accumulation de témoignages de ce type fait apparaître de façon puissante «le lien qui existe entre la réorientation des croyances vers ce monde-ci et l'immédiatisation du but spirituel. On attend de l'Esprit qu'il change la vie ici et maintenant, et l'on atteste à l'infini que c'est bien, en effet, ce qui s'est passé dans l'histoire individuelle de chaque converti… La conversion actualise instantanément, pour tout individu qui se tourne sincèrement vers Dieu, les bénéfices de la grâce activement présente dans ce monde-ci… La religiosité charismatique s'accorde, en son principe, avec une *fast religion* qui s'éprouve directement et instantanément dans la chaleur de l'émotion partagée. La vie spirituelle s'aligne ainsi sur le régime du temps d'une société gouvernée dans tous les domaines par l'impératif de plus en plus prégnant de la rapidité et même de l'instantanéité [16] ».

Une deuxième caractéristique d'un certain nombre de ces expressions contemporaines de la spiritualité (au dedans et au dehors de la sphère chrétienne) est le lien étroit qu'elles opèrent avec la recherche de l'accomplissement individuel de soi, de l'équilibre et de l'unification de soi-même. Elles tentent peut-être de répondre par là à l'extraordinaire pression à la performance et à la réussite dans tous les domaines (professionnel, familial, relationnel, sexuel, etc.) qui sévit dans notre société, pression psychique d'autant plus forte que les grandes problématiques religieuses de l'insuffisance humaine, qui permettaient de donner sens à l'échec en ce monde, tout en appelant à l'accomplissement dans l'autre, se sont culturellement évanouies. Un certain nombre des nouveaux mouvements spirituels contemporains suppléent alors en quelque sorte à cette carence, en proposant des moyens pour faire face à cette obligation d'accomplissement de soi, comprise comme une obligation temporelle relevant clairement de notre trajectoire en ce monde. Leur objectif est le perfectionnement de l'individu et sa «remise en ordre». Elles utilisent, pour ce faire, aussi bien des références psychanalytiques et psychologiques librement réinterprétées, que des techniques corporelles (maîtrise du souffle, etc.) et des pratiques thérapeutiques variées, allant du cri primal au *rebirth*[a], qu'elles n'hésitent pas à allier aux pratiques de méditation s'inscrivant dans les grandes traditions mystiques[17]. Le pragmatisme s'y allie avec l'éclectisme spirituel et intellectuel, puisque «l'important est le résultat obtenu par l'individu, beaucoup plus que la conformité à une vérité unifiée et absolue[18]». Appartiennent à ce registre, au premier chef, les réseaux formant «la nébuleuse mystique ésotérique» du New Age, mais aussi, d'une façon un peu différente, la vague bouddhiste, dont Frédéric Lenoir a analysé les composantes[19] et dont la puissance d'attraction semble tenir à l'affinité qu'on lui prête «avec les attentes d'accomplissement personnel et de réunification du soi qui sont au cœur des aspirations spirituelles contemporaines[20]».

Ce qui est fondamental, dans cette version «intramondanéisée» du Salut qu'expriment ces différents courants, c'est le fait, bien démontré par Danièle Hervieu-Léger, que, après le passage de l'idéal d'accomplissement de l'homme d'un horizon situé dans «l'au-delà» vers un horizon terrestre, sous-tendu par

a. Le *rebirthing*, ou renaissance, est une technique fondée sur l'hyperventilation (travail sur la respiration) visant à changer les pensées négatives que l'on peut avoir sur soi-même, en dédramatisant le traumatisme de la naissance.

l'idée de Progrès et absorbé dans la marche de l'histoire, on assiste à présent, avec la désacralisation et la « désutopisation » radicale de l'histoire – dont la chute du communisme constitue l'emblème le plus significatif – à un repliement de l'horizon d'accomplissement sur le terrain privé de la recherche de réalisation personnelle de soi dans le monde : « La transformation attendue sera purement intérieure et personnelle, puisqu'il n'existe plus aucune possibilité actuelle de la représenter comme le sens de l'histoire, ou même comme un devenir collectif plausible... Autant qu'un effet de l'individualisation du croire, la montée en puissance de cette spiritualité de l'"être-soi" est un indice de l'effondrement de l'utopie d'un monde accompli, à l'horizon de l'histoire[21]. »

Ce qu'il y a en fait de commun entre ces différents mouvements, qu'ils soient de type « conversionniste » (induisant, par le biais de l'expérience émotionnelle, un changement de vie immédiat) ou de type « rationalisation spirituelle[22] » (combinant de façon syncrétique des pratiques empruntées aux différentes traditions d'Orient et d'Occident et proposant des moyens variés d'accès à la maîtrise de soi, au savoir, ou à une discipline de vie), c'est qu'ils agissent comme un contrepoint possible à la chute dans la dépression dont nous avons parlé plus haut et qu'ils constituent une entreprise de « recollection du sens ». Ils permettent en effet à chacun d'organiser ses expériences personnelles « en un récit portant des significations au-delà d'eux-mêmes[23] » et de réorganiser en termes spirituels une trajectoire d'épreuves psychologiques difficiles, en construisant eux-mêmes « en référence à une lignée croyante quelconque, une identité personnelle qui les constitue comme sujets de leur propre histoire[24] ». Ils sont aussi un moyen (notamment les mouvements du second type, ceux de « rationalisation spirituelle») de compenser l'écart pouvant exister entre une formation culturelle consistante et un statut social vécu comme peu gratifiant. D'où le succès de ces mouvements auprès des éléments cultivés des classes moyennes, imprégnés en profondeur par la culture moderne des valeurs de l'individu, mais ne vivant pas leur statut social comme suffisamment gratifiant : enseignants, travailleurs du secteur médical ou social ou professionnels intermédiaires de la culture, par exemple[25].

Certains des mouvements du second type établissent de façon particulièrement accentuée un lien direct entre la régénération spirituelle et la réussite dans le monde, y compris professionnel[26]. Ainsi ceux qui se rattachent au courant dit de la «pensée positive», qui déploient, sous diverses formes, les principes de la «science du mental» popularisés par l'Américain Joseph Murphy et formalisés en un manuel par Ernest Holmes, ou ceux qui, comme l'Église de Scientologie, reprennent la théorie de l'Énergie, formulée par la pensée positive, selon laquelle «l'homme peut mobiliser par la pensée l'Énergie originaire (la conscience cosmique) qui réside en lui et accéder à son "moi divin" en se libérant du mal[27]». La réussite envisagée est largement matérielle et le lien avec le succès matériel et financier comme résultat direct de la conversion et du développement d'un rapport «affirmatif» au monde, clé de la réalisation personnelle, est très clair, par exemple dans les groupes et courants chrétiens prêchant l'Évangile de la Prospérité (il est au cœur du message, par exemple, de la Communauté internationale des hommes d'affaires du plein Évangile ou des télévangélistes américains[28]). Ce lien avec le succès matériel témoigne ainsi de l'envahissement d'une «spiritualité de la performance, déclinant les bénéfices immédiats que le converti peut attendre de son retour à Dieu», car c'est bien d'une obligation de résultats, «qui doivent être visibles dans la vie quotidienne actuelle du converti» que la conversion se trouve alors investie. Mais ce qu'il y a de nouveau, dans cette problématique de l'efficacité spirituelle – et que souligne bien Danièle Hervieu-Léger –, c'est que le changement introduit dans la vie du nouveau croyant «n'est plus, ou de moins en moins, perçu comme anticipation et métaphore du salut ultime : *il est présenté comme le salut même*[29] ».

L'extrême dissémination des croyances, produite par l'individualisation consommatrice de la quête de sens, elle-même induite par la chute des grands systèmes institutionnels porteurs de sens, aboutit finalement à transformer le paysage spirituel contemporain en un vaste supermarché[30], où les individus viennent «s'approvisionner à des stocks symboliques multiples» et «bricoler» leur «solution croyante» personnelle[31], qu'ils élaborent en puisant parmi les ressources spirituelles et les croyances symboliques disponibles. Dans le choix qu'ils opèrent, s'exprime leur revendication d'une identité religieuse composite et comme «feuilletée», où se cristallisent les différentes étapes de leur recherche spirituelle[32]. La référence à l'autorité est ainsi passée des instances religieuses garantes de la Vérité à l'individu lui-même, qui se trouve ainsi en charge de «l'authenticité de sa propre démarche spirituelle[33] ». Ainsi se constitue un système de croyances atomisé[34] et standardisé, un système «à la carte», où chacun a la liberté de puiser au sein de réseaux à la fois distendus et virtualisés, grâce à la multiplication des sites religieux sur Internet. Quant à la dimension théologique, elle se trouve réduite à sa plus simple expression, la relation à la transcendance, rabattue sur la seule proximité affective avec l'être divin dessinant ainsi une sorte de «religiosité réduite aux affects[35]», où la foi n'intervient plus que comme «opérateur d'accomplissement personnel», en correspondance avec l'aboutissement du long processus ayant conduit l'individu à se détacher progressivement d'une façon d'être au monde soumise à un ordre transcendant et à la volonté de Dieu, pour poursuivre une quête personnelle de développement de soi et de bonheur individuel.

Du temps de l'inconscient [a] au traitement du symptôme

«Le déclin de la religion se paie en difficulté d'être soi [et] la société d'après la religion est aussi la société dans laquelle la question de la folie et du trouble intime de chacun prend un développement sans précédent», rappelle Marcel Gauchet[36]. La question des thérapies psychiques y est donc fondamentale. Or, le mouvement de centration sur l'efficacité, sinon immédiate, au moins rapide, que nous venons de constater dans le domaine du «marché» spirituel se donne aussi à voir dans celui des modes de thérapie psychique. En sortant de l'amalgame psycho-spirituel auquel procèdent certains des mouvements mentionnés plus haut – dont nous avons rappelé les emprunts effectués à quelques concepts, librement

a. Il vaudrait mieux parler du temps de la psychanalyse que du temps de l'inconscient, puisque, précisément, Freud a toujours montré que l'inconscient, en tant que tel, «ignore le temps». Le temps que nous désignons ainsi est donc plutôt celui nécessité par le travail consistant à faire remonter à la conscience certains éléments exprimés au travers des manifestations de l'inconscient (rêves, lapsus, oublis...), et ce afin de se dégager des souvenirs douloureux et compulsions de répétition (voir plus loin) qui grèvent la vie de l'individu.

réinterprétés, de la psychanalyse ou de la psychologie jungienne – ce que nous voulons souligner ici, c'est la montée en puissance, à côté des thérapies psychiques « à temps long » comme la psychanalyse, de thérapies « à temps court », comme, par exemple, les thérapies cognitivo-comportementales. Il ne s'agit pas de dire que le second type se substitue au premier – les deux coexistent – mais le second investit cependant des domaines et prouve son efficacité dans des registres relevant jusqu'il y a peu de la seule psychanalyse. Or, ces deux modes dominants de thérapie mentale et psychique ne mobilisent pas, chez l'individu, les mêmes modes de relation au temps.

Ce qui est intéressant dans le temps de la psychanalyse, c'est qu'il s'inscrit résolument à l'encontre du temps de l'urgence. De cette temporalité longue de la psychanalyse, avec son long et difficile travail d'allers-retours entre le présent et le passé et le caractère parfois « interminable[37] » de la cure, notre écriture portera certainement la trace. Ce chapitre, en mettant en évidence le passage d'une temporalité à une autre, *réintroduit aussi le rythme du temps long*, dont on ne peut parler selon le même *tempo* que celui consacré à l'urgence. Ce rythme propre au temps long sera particulièrement sensible dans les propos qui suivent, de même, et plus encore, dans ceux consacrés à la littérature, quand nous aborderons l'œuvre de Proust dont la construction et les modalités d'écriture ont tant à voir avec la psychanalyse qu'elle constitue pour cette dernière un sujet de réflexion inépuisable[38].

Le temps de la psychanalyse, disions-nous, s'inscrit aux antipodes de l'urgence. C'est la raison pour laquelle, d'ailleurs, une personne en état de crise psychique très aiguë a moins besoin d'une cure psychanalytique que de modes d'intervention beaucoup plus immédiats, médicamenteux entre autres, pour surmonter le moment de la crise, quitte éventuellement, après, à se tourner vers la psychanalyse pour travailler sur le long terme les éléments de sa vie ayant pu la conduire à cet état de crise. Une anecdote relatée par le psychanalyste François Duparc[39] reflète bien cette antinomie complète entre le temps de la psychanalyse et celui de notre société, immédiate à elle-même : « Il y a quelque temps, écrit-il, amené à réfléchir sur la publicité comme voie royale pour analyser les idéologies et les souffrances de la société contemporaine, je me suis arrêté sur un slogan qui m'a fait rêver : "No speed limits", disait l'affiche ; pas de limites à la vitesse dans le désir moderne de la technique et de la science. Une image répondait à ce texte, évoquant la suppression du temps grâce aux moyens informatiques modernes. Représentant un chronomètre déchiré en deux sur une photo, elle m'évoquait la déchirure dont souffre notre génération dans son horizon temporel, entre passé et futur. Une fois de plus, l'antinomie du temps des médias (publicité, télévision, actualités) et du temps pour la psychanalyse m'apparaissait à nu. » Et, de fait, la psychanalyse est vraiment un mode thérapeutique sous-tendu par une temporalité à long terme, une thérapie qui travaille le plus clairement *dans* le temps et *avec* le temps, un temps long à la mesure de la vie de l'individu, un temps qui se décline sous toutes ses formes et met en jeu toutes les modalités de relation, tout le vécu subjectif de l'analysant[a] au passé, au présent, et même à l'avenir.

Le temps de la cure elle-même est souvent très long, celle-ci constituant un véritable voyage dans le temps, rarement moins de cinq ans, parfois dix ans ou plus, comme si l'analyse constituait une sorte de

a. On appelle « analysant » le patient qui effectue une psychanalyse, qui est en cours d'analyse.

«seconde enfance[40]» ou une «post-éducation», pour reprendre les termes de Freud lui-même[41]. En fait, ce temps de la cure n'est pas déterminable à l'avance et nombre de psychanalystes[42] (Freud le premier, qui pensait que la durée du traitement était imprévisible, parce qu'on ne connaît pas «le pas du marcheur», avant le début de la cure) estiment que, sur ce plan, l'analyste doit se plier au *tempo* du patient, à son rythme et lui laisser tout le temps dont il a besoin. Pour que le patient ait accès à l'être, il lui faut en effet du temps, celui nécessaire pour que les différents chemins du sens soient parcourus[43]. De plus, le temps lui-même est la vraie matière première de l'analyse. Le patient y vient parce qu'il souffre d'une «fixation intemporelle à un symptôme, un vécu, un souvenir ou une histoire familiale inconsciente[44]». Le travail qu'il effectue avec l'analyste consiste à remonter dans le temps et à tenter, par le biais des rêves et des associations et grâce au transfert sur l'analyste, de faire le deuil et de liquider cette fixation douloureuse. Si tout se passe bien, il ressort de ce long tête-à-tête avec lui-même et son thérapeute avec «une histoire, un héritage, un destin et des projets d'avenir libérés de ses entraves répétitives[45]». En fait, toute l'analyse est un travail du temps, et les termes de *remémoration*, *répétition* et *perlaboration*[46] choisis par Freud donnent une bonne idée du rythme du travail de fond d'une cure analytique, celui qui se fait dans la profondeur du temps passé pendant et entre les séances, dans un rythme plus lent que celui des séances hebdomadaires et qui s'étire sur une échelle de plusieurs mois ou de plusieurs années.

Le premier temps de l'analyse, c'est celui de la remémoration, qui consiste en la reprise par la conscience des événements récents et anciens emmagasinés dans la mémoire à court terme, ce qu'on appelle les «restes diurnes», et dans la mémoire à long terme disponible. «Qu'il s'agisse des aléas du quotidien, de fantasmes de désirs conscients, ou de la trame du souvenir construisant l'histoire du sujet et le roman personnel apte à lui donner sens, tout reste dans un ordre temporel à causalité simple, avec un enchaînement selon le fil du passé, du présent et du futur[47].» Mais cette trame temporelle, apparemment simple et cohérente, est en fait bousculée, perturbée par l'irruption d'abord de rêves, «voie royale» d'accès à l'inconscient, mais aussi de lapsus, d'oublis, d'images qui surgissent du fait de l'association libre (favorisée par la position allongée permettant un fonctionnement proche du rêve) et viennent révéler les soubassements intemporels, symptomatiques et idéologiques de la pensée du sujet. Le rôle de l'analyste consiste alors à aider le patient à dénouer ses défenses et à permettre l'émergence de zones de souffrance refoulées ou irreprésentables.

C'est à partir de là, et grâce à ce transfert d'éléments «hors temps», que le travail de la «perlaboration» peut commencer, travail consistant en une élaboration inconsciente au cours de laquelle l'analysant parvient peu à peu à intégrer certaines interprétations et à surmonter les résistances qu'elles peuvent susciter en lui. Là encore, l'intervention de l'analyste est déterminante pour mettre en lumière les conduites répétitives négatives et aider ainsi le patient à se dégager petit à petit de la «compulsion de répétition[a]» qui

---

a. La compulsion de répétition est le processus par lequel une personne est conduite, inconsciemment, à reproduire sans cesse des actes, des idées, des pensées qui avaient été à l'origine génératrices de souffrance et qui conservent ce caractère douloureux. Tant qu'il demeure inconscient, ce processus est non maîtrisable. Le travail de l'analyse va consister, précisément, à aider le patient à en prendre conscience et, par là, à s'en libérer.

grevait sa vie. Cette élaboration est un long processus et nécessite un travail soutenu, qui ne peut s'effectuer dans l'urgence, ni de manière soudaine, et se construit dans une sorte de tâtonnement interprétatif qui s'élabore lentement au cours du temps. Daniel Widlöcher a comparé ce travail à un travail de deuil, consistant à procéder au détachement de l'objet perdu souvenir par souvenir, puis au tri des investissements libidinaux (entre ceux qui seront abandonnés et ceux qui seront conservés pour une part), avant de pouvoir investir de nouveaux objets, qu'il s'agisse d'investissements amoureux, sociaux ou professionnels. « On a ainsi un mouvement temporel en spirale ou en hélice, qui part de la vie du patient pour y revenir avec, sous l'effet des déplacements, une capacité enrichie de lien et d'élaboration représentative, une meilleure conscience de son désir et de son histoire[48]. »

À côté de ce temps de l'analyse, qui « travaille » au niveau des trois catégories du temps – passé, présent, avenir –, opérant des aller-retours incessants entre les souvenirs et traumatismes du passé et la vie présente du patient, pour comprendre de quelle manière les premiers hypothèquent la seconde et, à partir de là, aider à l'avènement d'une vie future meilleure, d'autres types de thérapie psychique sont apparus. Ceux-là n'englobent pas toute la vie du patient et se focalisent sur les seuls symptômes : ce sont, parmi la foule de thérapies brèves fleurissant sur le marché, essentiellement les thérapies cognitivo-comportementales (TCC) qui « concurrencent » la psychanalyse dans un certain nombre de domaines et se présentent, dans un certain nombre de cas, comme une alternative à une cure analytique coûteuse en temps et en argent. En fait, les objectifs et les modes d'action de ces deux types de thérapie ne sont pas les mêmes : tandis que la psychanalyse s'adresse à l'individu dans sa globalité et dans le déroulement de son histoire (d'où l'importance du temps), les thérapies cognitivo-comportementales visent à corriger un trouble ou un symptôme déterminé. La première cherche à soigner un *trait* de personnalité plus ou moins permanent, problématique et douloureux dans la vie du patient. La seconde vise à corriger un *état* psychique, un trouble psychique apparaissant à un moment déterminé, en un temps T. Le trait renvoie à une idée de permanence dans le temps, l'état à une notion plus conjoncturelle. C'est la raison principale qui différencie les deux régimes de temps, à l'œuvre dans les deux types de thérapie : temps long pour la psychanalyse, de l'ordre de plusieurs années, temps court pour les TCC, de l'ordre d'à peine quelques mois, parfois de quelques séances.

Ces thérapies courtes, bien adaptées pour certains types de troubles – notamment les phobies, les troubles anxieux, les troubles obsessionnels compulsifs, certains types de dépression également –, sont fondées sur le principe de la restructuration cognitive pour modifier les comportements inadaptés et problématiques. Elles travaillent sur les interactions entre les *émotions* suscitées par telle ou telle situation, les *représentations*, c'est-à-dire les idées, les images que l'on se fait de la situation en question et les *comportements* inadaptés ou pathologiques qui en résultent : phobies, attaques de panique, troubles obsessionnels compulsifs, etc. En simplifiant un peu, l'idée est que certaines situations vécues dans le passé ont laissé des traces négatives, au niveau émotionnel (situations ayant causé une peur intense, par exemple, ou ayant eu des conséquences malheureuses) comme à celui de la représentation qui s'est forgée face à ce type de situation. La trace mnésique négative ainsi créée sera alors susceptible d'être réactivée en cas de confrontation avec toute situation pouvant évoquer la première. Dans un tel cas, les émotions négatives entreront en résonance avec les représentations déformées, distordues, erronées, qui s'étaient forgées à l'occasion de la situation initiale, entraînant une réaction dysfonctionnelle et pathologique (le symptôme anxieux, la réaction phobique ou le trouble compulsif...) dont l'individu sera dès lors prisonnier et qui se reproduira à chaque fois qu'il sera confronté à des circonstances pouvant évoquer, par un aspect ou un autre, la situation princeps. Le mode d'intervention consistera à rééduquer progressivement la personne dans sa confrontation aux situations problématiques, et ce tant sur le plan émotionnel, en l'entraînant à ne pas se laisser submerger par l'émotion, que sur le plan cognitif, en lui permettant de rétablir une représentation rationnelle à la place des représentations négatives erronées associées aux situations en question. Dans ce travail de rééducation, les deux niveaux – l'émotionnel et le cognitif – sont étroitement intriqués. Le problème, c'est que la constitution des troubles, qu'ils soient anxieux, dépressifs ou obsessionnels, n'obéit pas, la plupart du temps, à un schéma aussi simple que celui décrit plus haut et s'intègre souvent dans un tableau plus général, concernant l'ensemble de la personnalité. Ce qui fait que, si l'on obtient souvent des résultats très probants en quelques mois, avec la disparition du trouble ayant entraîné la consultation, le problème peut, dans bon nombre de cas, réapparaître sous une autre forme quelque temps après, conduisant alors à élargir et à prolonger le champ de la consultation.

Si l'on voulait schématiser le rapport au temps impliqué par ces deux types de thérapie que sont la psychanalyse et les thérapies cognitivo-comportementales, on pourrait dire que la première travaille d'abord au niveau du passé et du présent, pour désintriquer le second du premier, avant de laisser advenir le temps du projet et du futur, tandis que les secondes sont avant tout focalisées sur le présent. Elles ne cherchent pas à remonter dans le passé, au niveau des situations auxquelles ont été associés les premiers troubles, elles ne travaillent que sur l'émotion présente et la représentation qui lui est associée au moment présent. Elles corrigent le présent en vue d'un futur meilleur. C'est ce qui fait leur succès, puisqu'on les voit comme des manières plus efficaces, plus immédiates et plus rapides de venir à bout d'un certain nombre de problèmes, sans remettre en question toute une existence et risquer de déstabiliser un équilibre affectif ou conjugal : « Beaucoup de personnes viennent nous voir, explique ainsi un psychiatre "cognitivo-comportementaliste", en nous disant qu'elles ne veulent pas d'une remise en cause globale de leur vie. Elles ont une exigence de résultats rapides par rapport à une souffrance précise que l'on cible et qu'on limite au niveau de l'action qu'on pourra avoir sur elle. » Sans doute ces thérapies ne méritent-elles pas le reproche ironique que Freud adressait aux premières tentatives de thérapies courtes, notamment celles initiées par son ex-disciple Otto Rank, dont il disait qu'elles n'avaient vraisemblablement pas fait, pour des cas pathologiques, « plus que ce que feraient les pompiers si, en cas d'incendie d'une maison provoqué par une lampe à pétrole renversée, ils se contentaient d'enlever la lampe de la pièce où le feu s'est déclaré. Nul doute que de la sorte on pourrait obtenir un abrègement important de l'acte d'extinction[49] ». Néanmoins, si les thérapies cognitivo-comportementales, avec leur promesse de résultats rapides, sont parfaitement accordées aux exigences d'immédiateté contemporaines, on peut se demander si ce n'est pas là aussi ce qui fait leur limite, puisque le temps gagné au niveau du symptôme est peut-être perdu au niveau du sens.

De la recherche du temps perdu à l'hédonisme de l'instant

En matière de temps perdu, précisément, la littérature permet d'observer de façon intéressante, quoique non systématique, ce passage du temps long au temps court. En elle, en effet, se reflète l'évolution du rapport au temps de toute une société. C'est la raison pour laquelle nous tentons de donner ici quelques aperçus de cette évolution. Entre les immenses cycles romanesques du XIXe siècle, amples chroniques sociales et éblouissants tableaux de caractères – *La Comédie humaine* de Balzac, les *Rougon-Macquart* de Zola – ou ceux du début du XXe siècle – des *Thibault* de Roger Martin du Gard aux *Hommes de bonne volonté* de Jules Romains, en passant par *les Pasquier* de Georges Duhamel – et la littérature contemporaine, rien de commun. L'ampleur, la forme, le contenu, le dessein, le style, tout les oppose. Comment ne pas partir, pour approfondir notre propos, du plus célèbre des romans du XXe siècle (mais s'agissait-il d'un roman ?... Proust lui-même parlait à son propos d'une « espèce » de roman), entièrement bâti autour du thème du temps : *À la recherche du temps perdu*. L'œuvre a fait l'objet de trop nombreuses études pour que nous allions au-delà de l'intention de soulever seulement quelques points à l'appui de notre propos. Là encore, le rythme de l'écriture proustienne – ses phrases interminables aux incises innombrables, aux métaphores en volutes enchaînées en une poursuite sans cesse recommencée – nous fera *vivre le temps long*, tel qu'il n'existe plus, ne se donne plus à voir que comme le reflet d'un temps qui n'est plus.

Une première observation, d'abord : qui, aujourd'hui, peut encore éprouver ce luxe inouï de pouvoir perdre son temps ? Les mots que l'on entend à longueur de journée sont plutôt du type « j'ai pas le temps », « j'ai plus le temps » ou, comme le résumait de façon lapidaire l'une des personnes que nous avons interviewées : « mon rapport au temps, c'est que j'ai pas le temps ». Marcel Proust, lui, qui ne travailla pas pendant une grande partie de sa vie, avait le temps. Et son travail à lui, son œuvre considérable fut de partir à la recherche du temps perdu, dans le double sens du temps passé et perdu à jamais, dont on veut ressusciter les instants pour le bonheur et les plaisirs qu'ils contenaient, et du temps perdu, c'est-à-dire gaspillé, à l'époque où, comme il le dit lui-même, « je n'avais pas su découvrir les plaisirs que je désirais ». Le temps perdu, c'est donc bien à la fois celui des paradis perdus mais aussi celui du temps sans objet et sans finalité, un temps demeuré stérile tant que Proust n'eut pas découvert son désir d'écrire pour faire revivre les bonheurs enfuis. Mais ce temps stérile était en même temps le temps du désir – désir des êtres et des plaisirs – et ce temps-là, seule l'écriture permettra de le reconquérir. La reconquête du temps, à laquelle Proust se consacre désormais (et dont il relate la genèse dans *Le Temps retrouvé*), vise donc non seulement à sauver de l'oubli les êtres que l'on a aimés en leur assurant « une gloire immortelle et compensatrice » (du mal qu'on leur a fait de son vivant), mais aussi à faire revivre les instants du passé pour le bonheur qu'ils contenaient. Maintenant, écrit le narrateur à la fin de *Du côté de chez Swann*, « même en ne me conduisant à rien, ces instants semblaient avoir en eux-mêmes assez de charme. Je voulais les retrouver tels que je me les rappelais[50] ». L'objet de son désir, c'est donc bien de retrouver le temps du désir qui n'avait pas d'objet, le désir « qui ne conduisait à rien[51] ».

Toute la quête de Marcel Proust pour ressusciter le temps est donc aussi une entreprise de reconquête de l'instant et, par là, d'abolition de la mort. La reviviscence de l'instant se fait par le biais de la mémoire involontaire lorsque celle-ci, « superposant un moment du présent et un moment du passé, révèle l'existence d'un être permanent entre deux réalités se renvoyant l'une à l'autre, se nourrissant l'une de l'autre… La mort est abolie grâce à la possibilité permanente d'être ailleurs[52] ». Les exemples de cette superposition sont si nombreux, dans *La Recherche* qu'on pourrait les multiplier à l'infini. Deux d'entre eux illustreront cette idée que le vécu de l'instant présent, chez Proust, est inséparable de celui du passé et ne tire son sens et sa saveur que de lui. Tantôt le souvenir du moment passé vient illuminer le moment présent et l'enrichit de toute la saveur du désir et du plaisir d'autrefois, tantôt il n'est évoqué que parce que lui seul permet, au milieu de l'insignifiance du présent, de recréer, par la saveur du regret, un bonheur évanoui. Le premier se situe à la fin de *La Prisonnière*, lors d'une visite du salon des Verdurin, qui ne suscite un intérêt chez le visiteur que par l'éveil qu'elle permet, du souvenir des choses évanouies, incorporées dans son âme : « À son sourire, dédié au salon défunt qu'il revoyait, je compris que ce que Brichot, peut-être sans s'en rendre compte, préférait dans l'ancien salon, plus que les grandes fenêtres, plus que la gaie jeunesse des Patrons et de leurs fidèles, c'était cette partie irréelle… de laquelle, dans un salon comme dans toute chose, la partie extérieure, actuelle, contrôlable pour tout le monde, n'est que le prolongement, cette partie qui s'est détachée du monde extérieur pour se réfugier dans notre âme, à qui elle donne une plus-value, où elle s'est assimilée à sa substance habituelle, s'y muant – maisons détruites, gens d'autrefois, compotiers de fruits des soupers que nous nous rappelons – en cet albâtre translucide de nos souvenirs, duquel nous sommes incapables de montrer la couleur qu'il n'y a que nous qui voyons, ce qui nous permet de dire véridiquement aux autres, au sujet de ces choses passées, qu'ils n'en peuvent avoir une idée, que cela ne ressemble pas à ce qu'ils ont vu et que nous ne pouvons considérer en nous-même sans une certaine émotion, en songeant que c'est de l'existence de notre pensée que dépend pour quelque temps encore leur survie, le reflet des lampes qui se sont éteintes et l'odeur des charmilles qui ne fleuriront plus[53]. »

L'illumination de l'instant présent par le souvenir et l'évocation du passé est encore plus tangible dans les dernières pages de *Du côté de chez Swann*, lorsque le narrateur se promène, longtemps après le temps de sa jeunesse, dans les allées du bois de Boulogne qu'il avait parcourues autrefois, en compagnie de madame Swann. Dans cette promenade du souvenir, l'écriture de Proust prend, par le biais de la métaphore, les contours du désir. Lorsqu'il s'avance, exalté par l'évocation des promenades d'antan et le désir d'en retrouver les sensations, le Bois est transfiguré par la métaphore[54] : l'atmosphère y est « liquide », « couleur d'émeraude », les troncs ont un « fourreau de velours vert », les sphères du gui sont « en émail blanc… comme le soleil et la lune dans *la création* de Michel Ange ». L'accumulation des métaphores est là pour montrer que « le Bois n'est pas un bois », c'est un jardin enchanté et l'écriture est tout entière sublimée par le désir. Mais quelques pages plus loin, alors que le narrateur ne peut que constater que plus rien, ni les robes et les chapeaux des femmes, si décevantes comparées à celles que portait madame Swann, ni les automobiles n'évoquant en rien les élégants attelages d'alors, ne peut lui rappeler l'enchantement des promenades d'autrefois, le Bois n'est décidément plus qu'un bois. L'écriture est alors tout entière celle du retrait du désir[55], « un désir devenu lui-même inaccessible comme le plaisir qu'il avait jadis vainement poursuivi[56] » : « Le soleil s'était caché, la nature recommençait à régner sur le Bois d'où s'était envolée l'idée qu'il était comme le jardin élyséen de la femme. Au-dessus du moulin factice, *le vrai ciel était gris*. Le vent ridait le grand lac de petites vagues, *comme un lac*. De grands oiseaux parcouraient rapidement le Bois, *comme un bois*[57]. » Comme le fait bien observer Octave Mannoni[58], « le lac comme un lac, le Bois comme un bois, ce sont encore des métaphores », mais des métaphores tautologiques, c'est-à-dire le degré zéro de la métaphore, pour signifier la disparition totale du désir. Ne restera plus que celui d'écrire pour tenter de recréer ces instants perdus. Dans cette tentative de faire revivre les instants perdus, ce sont les impressions fugitives de l'écrivain, les saveurs, les odeurs, « plus frêles mais plus vivaces, plus immatérielles, plus persistantes, plus fidèles[59] » que les êtres ou les choses disparus et détruits qui seront ses plus sûres alliées, les seules à même de « porter sans fléchir, sur leur gouttelette presque impalpable, l'édifice immense du souvenir[60] » : « Ce parfum d'aubépine qui butine le long de la haie où les églantiers le remplaceront bientôt, un bruit de pas sans écho sur le gravier d'une allée, une bulle formée contre une plante aquatique par l'eau de la rivière et qui crève aussitôt, mon exaltation les a portées et a réussi à leur faire traverser tant d'années successives, tandis qu'alentour les chemins se sont effacés et que sont morts ceux qui les foulèrent et le souvenir de ceux qui les foulèrent. »

Toute l'écriture proustienne, celle de l'infini détail, de la prodigalité d'une phrase interminablement poursuivie et poursuivante[61], de la luxuriance des métaphores qui enferment les objets et les êtres « dans les anneaux nécessaires d'un beau style », est celle d'une navigation sans fin entre le présent et le passé, pour pouvoir, grâce au second, enrichir le premier et lui conférer la saveur qui lui manque. Le futur est très peu présent chez Proust. Il ne l'est qu'à la fin de l'œuvre lorsque l'écrivain, dans la bibliothèque des Guermantes, prend conscience de sa vocation et que le projet d'écrire vient alors combler son existence, donnant enfin sens à sa vie et justifiant un travail nocturne épuisant, une existence désormais totalement recluse, au ras de la mort[62], « puisque la loi cruelle de l'art est que les êtres meurent et que nous-mêmes mourions pour que pousse l'herbe, non de l'oubli, mais de la vie éternelle, l'herbe drue des œuvres fécondes[63] ». C'est dans la prise de conscience du projet littéraire, comme moyen de vaincre la mort et de vivre éternellement, que le futur apparaît dans l'œuvre de Proust, un futur prenant la forme d'une œuvre destinée à faire revivre le passé et qui se construit concomitamment à la déperdition même de l'être de l'écrivain, tout entier consumé dans l'écriture.

Si l'on continue cette brève exploration de l'évolution de la littérature du XXe siècle, sous l'angle d'approche que nous poursuivons, l'œuvre de Malraux nous retiendra un moment pour des raisons diamétralement opposées à celles qui nous ont conduite à Proust. C'est avec Malraux, en effet, que le sentiment d'urgence, en lien direct avec la mort, surgit avec le plus de force parmi la nouvelle génération de romanciers de «la condition humaine» qui s'impose vers 1930. L'urgence est en effet très présente dans l'œuvre de Malraux, alors que cette notion était totalement étrangère à celle de Proust et de ses contemporains. La conception qu'avait Malraux du roman moderne qu'il voyait «comme un moyen d'expression privilégié du tragique de l'homme, non une élucidation de l'individu[64]» s'inscrit d'ailleurs résolument à l'encontre de celle de Proust. La référence au tragique qu'il effectue dans cette affirmation est confirmée dans la tension paroxystique et le sentiment aigu de l'urgence qui domine tout son univers romanesque. Tous les personnages majeurs de ses livres sont confrontés à la nécessité de faire face sans délai à l'imminence de la mort[65]. Ainsi Perken, dans *La Voie royale*, s'interroge : «il n'y a pas... de mort. Il y a seulement... *moi... moi*... qui vais mourir». La généralité de la mort est niée pour souligner d'autant plus fortement le scandale de la sienne. Mais c'est dans *La Condition humaine* que l'urgence, liée au tragique de l'instant devant l'imminence de la mort, se donne le plus à voir. Dès l'ouverture du livre, Malraux précipite son lecteur dans la conscience d'un de ses personnages, Tchen, militant révolutionnaire aux prises avec une sourde angoisse devant le meurtre qu'il doit commettre dans l'instant. La tension et l'exaltation fiévreuse qui l'habitent sont communiquées directement au lecteur par la suite de sensations visuelles et auditives ressenties par le héros et liées à sa présence immédiate dans un univers de ténèbres et d'inquiétudes, concentré en un instant tragique d'ultime hésitation devant l'imminence de la mort à donner. Un peu plus tard, le même Tchen, résolu à faire sauter la voiture du général Chang-Kaï-Shek, se jette dessus avec «une joie d'extatique». Mort inutile, exploit gâché, puisqu'on découvrira juste après que le général n'était pas dans la voiture. Cet acte manqué, au sens propre du terme, symbolise peut-être pour Malraux l'idée que la mort du héros n'a pas de sens, si elle est guidée par un désir autre que celui de la transformation du monde. C'est bien le cas de Tchen, personnage «possédé» par une pulsion de mort et qui ne recherche, dans des gestes autodestructeurs qu'il sublime en actes héroïques, que la résolution de ses seules angoisses par un engloutissement dans le néant. Il est en cela le contraire de Kyo, héros du roman en qui s'unissent la lucidité, la culture et l'aptitude à l'action. C'est parce que la mort lucide de Kyo, loin d'être un retour au néant, s'inscrit dans un projet révolutionnaire construit que son action demeurera «incrustée comme les inscriptions des empires primitifs dans les gorges des fleuves[66]». Le contraire aussi de Katow, autre militant révolutionnaire qui, dans l'urgence des instants précédant la mort atroce qui l'attend – être brûlé vif dans une chaudière – se sépare héroïquement de la capsule de cyanure qui lui aurait évité cette fin, pour en faire don au jeune camarade enchaîné à ses côtés et lui éviter le même destin.

De la récurrence de ces instants tragiques dans l'œuvre de Malraux, il faut retenir leur lien avec le sens de l'action et de la vie future. Ce sont des instants qui ne se réfèrent jamais au passé, qui sont totalement tendus vers le sens de l'action à venir ou de la mort à risquer. En prise directe avec les événements de l'histoire, les instants vécus au présent par les héros de Malraux n'ont pas moins d'intensité qu'ils n'en avaient chez Proust, mais pour de tout autres raisons. Au lieu de tirer cette intensité de l'évocation d'un passé lumineux, ils sont tout entiers absorbés dans l'urgence de l'imminence de la mort, liée à l'action présente qui ne prend sens elle-même que par rapport à la vie future que les héros tentent de promouvoir. Or, si l'on se réfère à l'époque actuelle, c'est ce sens de l'avenir, précisément, cette tension vers un avenir donneur de sens, qui semblent faire totalement défaut dans nombre de romans. Loin de nous l'idée de nous montrer exhaustifs quant à la production romanesque contemporaine, mais plutôt celle d'en dégager quelques traits qui nous semblent représentatifs de la mutation du rapport au temps que nous tentons d'illustrer.

Bien d'autres éléments, d'ailleurs, que le rapport à l'avenir, différencient les romans contemporains de ceux qui les ont précédés au cours du siècle. Dans un article célèbre, *L'Ère du soupçon*, Nathalie Sarraute avait, dès 1950, résumé et justifié les changements intervenus dans le roman contemporain. Observant le fait que ni le romancier ni le lecteur ne semblaient plus guère croire aux personnages – ceux-ci se voyant peu à peu dépourvus de tous les éléments susceptibles de donner quelque indice sur leur appartenance sociale, leur histoire, leur caractère ou leur apparence physique – et que le rôle du héros était progressivement usurpé par un être indéfinissable et sans contours, un «je» anonyme qui occupait la place d'honneur, Nathalie Sarraute estimait que cette mise à distance du personnage était justifiée. Le lecteur, se méfiant de l'imagination de l'auteur, considérerait désormais comme un trompe-l'œil ou une «nourriture remâchée» la matière et le foisonnement du roman classique : «La vie à laquelle, en fin de compte, tout en art se ramène [...] a abandonné des formes autrefois pleines de promesses, et s'est transportée ailleurs [...] elle a brisé les cadres du vieux roman et rejeté, les uns après les autres, les vieux accessoires inutiles [...] Au lieu, comme au temps de Balzac, d'inciter le lecteur à accéder à une vérité qui se conquiert de haute lutte, ils sont une concession dangereuse à son penchant à la paresse [...] à sa crainte du dépaysement. Le coup d'œil le plus rapide jeté autour de lui, le plus fugitif contact, révèlent plus de choses au lecteur que toutes ces apparences qui n'ont d'autre but que de vêtir le personnage de vraisemblance. Il lui suffit de puiser dans le stock immense que sa propre expérience ne cesse de grossir pour suppléer à ces fastidieuses descriptions[67].» C'est parce que le lecteur dont parle Nathalie Sarraute est un lecteur cultivé, qui a lu Joyce, Proust et Freud, et compris grâce à eux «le foisonnement infini de la vie psychologique», qu'il doute «que l'objet fabriqué que les romanciers lui proposent puisse receler les richesses de l'objet réel, d'où son intérêt pour "le petit fait vrai" et sa préférence pour le document vécu plutôt que le roman. Comme les personnages, tels que les concevait le vieux roman, ne parviennent plus à contenir la réalité psychologique actuelle et l'escamotent plus qu'ils ne la révèlent, «par une évolution analogue à celle de la peinture [...] l'élément psychologique, comme l'élément pictural, se libère insensiblement de l'objet avec lequel il faisait corps. Il tend à se suffire à lui-même et à se passer le plus possible de support. C'est sur lui que tout l'effort de recherche du romancier se concentre et sur lui que doit porter tout l'effort d'attention du lecteur [...] Puisque ce que les personnages gagnent en vitalité facile et en vraisemblance, les états psychologiques auxquels ils servent de support le perdent en vérité profonde, il faut éviter [que le lecteur] disperse son attention et la laisse accaparer par les personnages et, pour cela, le priver le plus possible de tous les indices dont, malgré lui, par un penchant naturel, il s'empare pour fabriquer des trompe-l'œil[68]».

Même si tous les romans actuels sont loin de correspondre aux critères établis à l'époque par le courant du Nouveau Roman, même si les personnages ont repris un peu d'épaisseur et que le narrateur n'est plus aussi souvent un « je » anonyme et sans prises, plusieurs des points mentionnés restent d'actualité. Certains romans contemporains, pour ne pas dire beaucoup, témoignent ainsi d'un extrême allègement non seulement des personnages et du contexte, mais aussi de l'intrigue. Quelques-uns ressemblent à des « micro-romans », tout petits par la taille (à peine une centaine de pages), de vrais romans « de poche », très dépouillés dans la forme, avec des personnages esquissés dans le seul contexte de la situation dans laquelle ils sont saisis, souvent sans aucune référence à un quelconque passé ou à un possible avenir. Ils sont décrits aux prises avec des événements minuscules, qui suscitent en eux des réactions dont la résonance intérieure n'est en aucune façon indiquée par l'auteur, de façon à être entièrement renvoyée à la seule sensibilité du lecteur.

Les romans d'Emmanuelle Bernheim, par exemple, sont représentatifs de cette tendance, décrivant un court moment de vie découpé en « micro-instants », durant lesquels sont énoncées une série d'actions fragmentées et successives qui déroulent une minuscule « tranche de vie ». Les faits et gestes de l'héroïne sont rapportés de la façon la plus brève possible, sans aucun commentaire. Ainsi dans *Vendredi soir*, récemment porté à l'écran, l'histoire se déroule entre un vendredi soir et le matin suivant. Coincée en voiture dans un gigantesque embouteillage dû à une grève des transports, Laure, qui doit déménager le lendemain pour partager sa vie avec François, croise un homme à pied qui lui demande de le prendre à bord et de le déposer « plus loin… où vous voulez, n'importe où ». Après quelques échanges, puis un bref arrêt dans un café, ils s'arrêtent dans un hôtel où ils font l'amour, ressortent pour aller dans une pizzeria et finalement passent la nuit à l'hôtel. Elle se sent si bien avec lui qu'elle a le sentiment que c'est avec lui qu'elle va vivre désormais. Mais au petit matin, elle s'en va par les rues rejoindre les déménageurs avec qui elle avait rendez-vous et retrouver sa vie telle qu'elle était prévue. Ce n'est qu'à la dernière phrase du livre qu'elle imagine pouvoir retrouver, à l'endroit où elle l'avait rencontré, l'homme de la veille dont on ne saura jamais rien d'autre que le prénom : Frédéric.

Les impressions, les sensations de l'héroïne, d'abord intriguée puis attirée par cet homme, sont rapportées en petites notations brèves, uniquement focalisées sur ce qui se passe dans l'instant présent, sur les gestes qu'ils font, ceux de l'amour dans une chambre d'hôtel et ceux des rares personnages qu'ils croisent : une fille dans un bar, un couple dans un restaurant. Le roman, minuscule, ne comporte pas de chapitres et les phrases courtes se succèdent, comme détachées les unes les autres, à l'image de la fragmentation des gestes et des instants, suspendus dans le moment présent, sans référence à la vie passée ou à venir :

« Les draps étaient propres, ils dégageaient un fort parfum d'eau de javel. Et le radiateur chauffait.

Ils n'avaient besoin de rien d'autre.

Des canalisations gargouillèrent.

Elle fronça les sourcils. Pourvu que Frédéric ne prenne pas de douche. Que son odeur ne parte pas.

Ouf. Ce n'était qu'un robinet qui coulait.

Elle remarqua soudain les taches brunes sur le couvre-lit. Des brûlures de cigarette.

Il n'y avait pas de cendrier.

D'un bond elle se leva, passa son manteau et sortit.

Elle appuya sur la minuterie. »

Et ainsi durant tout le livre. Dans un autre roman d'Emmanuelle Bernheim, *Sa femme*, l'intrigue est plus étoffée et se déploie sur un temps un peu plus long. Une jeune femme médecin, Claire, noue une liaison avec un entrepreneur, Thomas, qui lui dit qu'il est marié. Toute l'intrigue (en une centaine de pages) tourne autour du fait qu'elle passe son temps à l'imaginer avec sa femme, tout en collectionnant les enveloppes des préservatifs qu'ils utilisent, ainsi que d'autres souvenirs liés à leur relation. Tout ceci jusqu'au moment où il lui apprend, à la fin, qu'en fait il n'est pas marié. Lorsqu'elle sait qu'elle deviendra sa femme et que leur vie commune se met en place, elle commence alors à fantasmer sur l'un de ses patients, marié, et inaugure une nouvelle collection, à partir d'une pochette d'allumettes qu'il a laissée tomber, tout en jetant à la poubelle les menus objets auparavant accumulés qui n'ont plus de signification pour elle.

Ce qui est le plus intéressant, dans ce roman comme dans le précédent, ce sont la forme et le rythme : le découpage en chapitres minuscules fragmente le récit en une série de petites scènes, écrites en phrases très courtes, qui sont autant de brefs moments scandant une histoire dont on ignore la durée exacte, quelques semaines probablement. Le récit, ainsi découpé en chapitres focalisés sur une série de petits faits minuscules, donne au déroulement de l'action le même rythme, bref et ponctuel, que dans le roman précédent. Mais, tandis que dans *Vendredi soir*, les phrases détachées les unes des autres étaient comme des instants égrenés en un moment suspendu hors du temps, dans *Sa femme*, le temps physique, objectif, est beaucoup plus présent et le roman est jalonné par l'indication des horaires et des temps, précis, qui ponctuent différentes scènes, comme pour souligner la brièveté des moments que Thomas accorde à Claire :

« Thomas partit quelques minutes plus tard.

Claire resta seule.

Dorénavant elle ne prendrait plus de patients après sept heures. [...]

Elle veillerait à ne pas prendre de rendez-vous à dîner avant neuf heures. [...]

Quelle que soit l'heure à laquelle il arrivait, Thomas restait une heure et quart chez elle. Jamais plus, rarement moins [...] Lorsqu'il sonna à la porte, avant d'aller lui ouvrir, Claire regarda l'heure à sa montre et la rangea dans son sac. Il était huit heures moins vingt-cinq [...] Lorsqu'il referma derrière lui la porte d'entrée, il était neuf heures moins dix. [...]

On avait sonné à la porte.

Huit heures et demie. C'était son premier patient. »

Lorsque la liaison de Thomas et Claire devient plus régulière, l'obsession des horaires se calme un peu. Elle reprend à la fin lorsque, rassurée par la présence de Thomas, elle commence à s'intéresser à son patient :

« Quatre heures moins dix. Il fallait cinq minutes pour venir à pied de chez les Corey. Monsieur Corey devait être encore très fatigué, il prévoirait sûrement dix minutes de trajet...

Quatre heures moins cinq. Il arrive sans doute à la hauteur de la palissade du chantier. »

Un autre aspect de cette « littérature de l'instant » (qui ne correspond, rappelons-le, qu'à une partie de la littérature contemporaine) se retrouve dans un genre qui n'appartient pas au roman mais plutôt au témoignage de sensations et dont le petit recueil de Philippe Delerm, *La Première Gorgée de bière,* fournit une bonne illustration. Le livre a été trop médiatisé pour que nous nous attardions sur son contenu, sinon pour dire que ce qui caractérise les différents moments décrits et les sensations qui les accompagnent, c'est qu'ils sont d'abord des moments d'anti-urgence absolus : *aller aux mûres, le bruit de la dynamo, le journal du petit déjeuner, le bonheur des pommes*… Au milieu du rythme effréné dans lequel nous vivons, ils sont comme des goulées de petits plaisirs à consommer avec modération, à déguster plutôt, dans le calme du moment présent. Ils ne sont pas dépourvus de nostalgie, de vague à l'âme ou de regret – « L'odeur des pommes est douloureuse. C'est celle d'une vie plus forte, d'une lenteur qu'on ne mérite plus » –, ils enserrent des bonheurs fragiles qu'il faut savoir reconnaître pour ne pas passer à côté, ce sont des instants de rémission à savourer pour reprendre des forces avant de retrouver notre rythme d'« esclaves du stress urbain ». C'est l'écho de ces rythmes du temps passé, celui de l'enfance et des grandes vacances où l'on roulait à bicyclette, ce goût de la lenteur retrouvée et du bonheur immobile qui ont fait le succès du livre, au milieu d'un temps d'urgence et d'accélération. Cet hédonisme de l'instant est celui d'un instant « éternel[69] », corrélé à l'intemporalité de ce qu'Éluard nommait « la vie immédiate », une vie que Michel Maffesoli décrit comme « non théorisée, non rationalisée, [une vie qui] ne se finalise pas, ne se projette pas, mais s'investit tout entier dans le présent… Investissement dans le présent, "intensité" dans ce qui m'unit aux autres pour vivre cet investissement ». C'est là sans doute ce qui réunit les deux aspects différents du rythme de l'instant que nous avons décrit à travers les romans d'Emmanuelle Bernheim et l'essai de Philippe Delerm. Comme si la seule façon de résister à l'urgence permanente consistait à s'enfoncer dans le plaisir de l'instant, d'un instant goûté ou vécu pour lui-même, un instant suspendu, qui ne veut rien savoir ni de l'avant ni de l'après et qui trouve dans sa propre intensité son unique justification.

CHAPITRE 11

L'INDIVIDU HYPERMODERNE, ENTRE URGENCE ET ÉTERNITÉ

« Des lenteurs qu'on ne mérite plus », disait Philippe Delerm, évoqué au chapitre précédent. Comme si, de ce rythme effréné que nous poursuivions, nous étions quelque part complices. En tout cas, le non-sens apparent de ce mouvement, de cette course sans fin est souligné depuis longtemps par maints auteurs. « Les masses se hâtent, elles courent, elles traversent l'époque au pas de charge. Pour aller où et d'où viennent-elles ? Personne ne le sait. *Plus elles marchent et moins elles atteignent un but*[a]. Elles usent vainement leurs énergies. Elles pensent avancer, mais elles ne font que marcher sur place et tomber dans le vide », observait Kafka, au cours d'une conversation avec Gustave Janouch[1]. Plus près de nous, Jacques Ellul soulignait le « mouvement sans direction » qui nous anime : « Nous sommes partis à une vitesse sans cesse croissante vers nulle part [...] *Il n'y a plus ni objectif, ni transcendant, ni valeur déterminante, le mouvement se suffit*[b2]. » Plus loin de nous, Tocqueville, encore lui, émettait une hypothèse quant

a. Souligné par nous.
b. Souligné par nous.

à cette attitude : « Aussitôt qu'ils ont perdu l'usage de placer leurs principales espérances à long terme, ils sont naturellement portés à vouloir réaliser sans retard leurs moindres désirs et il semble que *du moment où ils désespèrent de vivre une éternité, ils sont disposés à agir comme s'ils ne devaient exister qu'un seul jour*[a][3]. » La perte de l'espoir en un avenir meilleur, qu'il prenne la forme de la croyance en la vie éternelle, en la victoire du prolétariat ou en la marche irréversible vers le progrès, rabattrait en somme toutes nos énergies vers le jour présent, comme s'il devait être le seul ou le dernier qui nous soit donné pour combler nos attentes ou réaliser nos désirs. D'où cette course permanente vers le « toujours plus, toujours plus vite », dont la vie « en urgence » constitue le dernier avatar.

Ce mouvement, cependant, ne s'observe vraiment que dans les économies développées des pays riches. Nous en avons vu les soubassements. Dans les pays « pauvres », au contraire, la seule urgence, la vraie, consiste à ne pas mourir de faim. L'urgence dont nous avons parlé est une urgence « de riches », une urgence dont les fondements sont ceux de la compétition et de la guerre économique, ceux du « gagner plus » dans la logique du profit immédiat. Le risque de ne pas entrer dans cette logique compétitive et donc de ne pas « jouer le jeu » de l'urgence économique – que ce soit sur un plan collectif, en tant qu'État ou entreprise, ou sur un plan personnel, en tant qu'individu –, c'est celui d'être dépassé, de rater le train de la modernisation ou du partage des richesses. C'est au bout du compte, surtout pour l'individu, celui de se retrouver peu à peu marginalisé, puis écarté et exclu d'un système auquel il faut

a. Souligné par nous.

appartenir pour exister au-delà de la survie immédiate, plus ou moins assurée par les dispositifs d'insertion minimale. Dans l'étude qu'il avait menée sur les «métamorphoses» de la question sociale[4] à l'époque actuelle, Robert Castel avait montré comment on assistait à une sorte de bipolarisation de l'individualisme contemporain avec, d'un côté, ce qu'il appelle «l'individu par excès», en lien direct avec l'individualisme de marché[5], de l'autre «l'individu par défaut». Le premier correspond à l'individualisme conquérant de celui qui, maître de ses entreprises, poursuit avec acharnement son propre intérêt et se montre défiant à l'égard de toutes les formes collectives d'encadrement. L'autre, l'individu «par défaut», se décline en termes de manque : «manque de considération, manque de sécurité, manque de biens assurés et de liens stables[6]». C'est un individu «par défaut de cadres», parce qu'il n'a pu entrer ou qu'il a décroché des structures collectives d'encadrement pourvoyeuses, précisément, de sécurité, de biens et de considération. *L'un est dans le trop-plein*, dans l'excès de sollicitations, de possibilités, d'investissements subjectifs[7], qu'il s'agisse d'une quête de réussite ou de réalisation de soi-même. *L'autre est dans le manque*, parce qu'il a perdu (ou qu'il n'y a jamais eu accès) ses assises, ses supports et les liens qui lui permettaient d'exister pleinement : liens professionnels, économiques, sociaux, affectifs. C'est un individu «désaffilié» qui, n'ayant plus de repères, se met à «flotter[8]».

À cette observation sociologique d'une bipolarisation de l'individu contemporain autour de ces deux extrêmes de l'individualisme, par excès et par défaut, semble correspondre une observation psychanalytique, qui fait état d'une bipolarisation similaire, sur le plan psychique cette fois, entre ce que le psychanalyste Jean Cournut appelle les «névroses du trop» et les « névroses du vide[9] ». Débordement affectif et trop plein d'excitations violentes, d'amour, de haine, de rage, de désespoir et d'exaltation pour les premières ; sentiment de vide psychique caractérisé par « l'incapacité douloureuse d'éprouver, de penser, d'imaginer[10] » pour les secondes. Il n'y a pas de correspondance, dans cette classification, entre la situation sociologique de l'individu et le type de pathologie psychique qui l'affecte et on ne peut donc dire qu'à l'individu « par excès » correspondraient les névroses du trop, tandis qu'à l'individu « par défaut » correspondraient celles du vide. Les deux typologies sont indépendantes et reposent sur des critères d'ordre différent mais, à lire les descriptions, on ne peut s'empêcher d'observer une certaine similarité dans la dichotomie, comme si l'individualisme contemporain ne pouvait s'exprimer que sur un registre extrême, que ce soit celui du trop-plein, de l'excès, ou celui du manque et du vide, et ce tant au niveau social que sur un plan psychologique.

Si cette comparaison nous intéresse, c'est parce que les processus que nous étudions – l'urgence et le fait d'être « débordé » en n'ayant parfois comme seule ressource, quand on n'en peut plus, que de se mettre psychiquement « en panne » – se situent justement sur ce registre du trop, de l'excès. En ce sens, ce n'est pas cette urgence-là, celle du trop-plein d'activités à effectuer dans des délais trop courts, qui atteint l'individu « désaffilié ». C'est une autre urgence, plus brutale, qui l'affecte lorsqu'il tombe dans une situation telle que sa survie économique, physique, est en jeu. La vraie urgence est là, alors qu'on pourrait presque dire de l'autre qu'elle est une urgence de privilégiés, puisqu'elle témoigne de l'appartenance à un monde pourvoyeur, sinon de sens, au moins d'un minimum de biens, de sécurité et de considération. En fait, l'urgence économique du «tout, tout de suite» fait partie d'un tableau d'ensemble – celui de la société «à temps court» que nous avons décrite – dans laquelle les individus, désespérant de «vivre une éternité», sont, comme le disait Tocqueville, «disposés à agir comme s'ils ne devaient exister qu'un seul jour». C'est dans ce contexte que se déploie l'individu «par excès» identifié par Robert Castel. Un individu qui présente, à notre sens, plus d'une facette : celle de l'individu conquérant, «entrepreneur de sa propre vie[11]» et poursuivant avec acharnement son propre intérêt, est la facette économique, l'incarnation de la logique de marché qui sous-tend l'individualisme «par excès». Elle n'est cependant pas la seule et on peut vivre «l'excès» ou le «trop-plein» sur des registres divers et de façon fort différente. Les quelques «portraits» qui suivent sont autant de tentatives d'exploration de ces différentes facettes de l'individualisme contemporain.

L'INDIVIDU «CONQUÉRANT» : LE CULTE DU «FAIRE» ET LA VOLONTÉ DE «GAGNER LA GUERRE»

Le pôle extrême de l'individu «par excès», son incarnation économique, plutôt, c'est donc l'individu «conquérant». C'est ce type qu'incarne Xavier, créateur d'une entreprise de logiciels informatiques. Son histoire, relatée dans les propos échangés au cours d'une interview, permet d'éclairer quelques-uns des aspects de cette première facette de l'individualisme contemporain.

«J'ai créé mon entreprise il y a huit ans et maintenant nous augmentons notre chiffre d'affaires de 20 à 30 % par an. Ce qui fait que, aujourd'hui, on est dans une situation paradoxale parce qu'*on ne peut plus s'arrêter.* Si on ne faisait pas une croissance suffisante, la boîte serait immédiatement dépassée par celles qui sont sur le même marché que nous et on disparaîtrait. Donc aujourd'hui, il n'y a que deux issues : soit on est racheté, soit on continue à croître et à croître de plus en plus vite. *C'est comme une toupie, il faut qu'elle ait son énergie pour pouvoir avancer.* Et donc, on anticipe ces problèmes de croissance, on cherche de nouveaux portefeuilles d'activité, des axes de développement, une organisation optimisée, etc. Mais c'est l'énergie qui va faire que la boîte va se développer et *il faut maintenir ce rythme* parce que c'est l'existence même du projet qui est en jeu. *Et ça c'est un plaisir.* Si on commençait à être chiche au niveau du temps ou du travail à fournir, on ne pourrait que dégringoler. Si je ne mobilise pas les énergies en donnant des perspectives à mes collaborateurs, si je ne leur dis pas : "demain, vous serez en Angleterre, aux USA, en Hollande ou ailleurs", *s'ils n'ont pas une vision sur la planète monde comme quelque chose qu'ils peuvent s'approprier*, s'ils n'ont pas la conviction qu'ils peuvent *attaquer les grands comptes du monde entier et rentrer dedans*, ça ne les intéresse pas, les jeunes. Donc, ça fait partie intégrante de l'esprit de la boîte.

Question : si l'un de vos concurrents fait preuve de la même énergie et commence à vous prendre des parts de marché, que faites-vous ?

Eh bien, il faut *aller à la guerre.* Il faut innover, inventer, être les meilleurs. *Il nous faut des guerriers pour conquérir des marchés* et trouver des solutions meilleures que celles de nos concurrents, parce qu'il va falloir aller vers le client et l'écouter davantage. Cette logique de guerre est inhérente au terrain. Vous n'avez pas le choix, c'est une question de survie. Moi, *ce qui me plaît le plus, c'est justement ce problème de sur-*

vie, c'est de mettre des petites unités de gens en culture suffisamment instable pour *susciter cet esprit de conquête* et la contrepartie, *c'est qu'ils gagnent, qu'ils deviennent riches. On n'est pas là pour organiser la société, on est là pour emporter des parts de marché,* vendre davantage nos logiciels et c'est la concurrence qui nous stimule, puisque c'est elle qui va faire qu'on va avancer. On ne peut pas aller à l'encontre de ça. La guerre économique est inhérente à notre activité. *On est condamné à une course en avant, mais c'est ça qui est intéressant, ça qui est un plaisir. C'est comme une opération militaire,* vous avez intérêt à avoir des avions, des satellites qui vous donnent l'état du terrain, et puis vous balisez et vous allez mettre en place une logistique. Et ça, ça donne un projet pour que les gens adhèrent, plutôt que de dire : "on va faire 1 %, 2 %, vivoter"... Les jeunes, ils ne veulent pas de ça, *ils veulent conquérir,* ils sont dans une logique de conquête, d'excellence, ils veulent aller plus loin.

Question : Mais si vous n'êtes pas gagnants, qu'est-ce que vous faites ?

Vous trouvez votre mesure ou alors vous prenez un statut, vous entrez dans la fonction publique. J'ai des copains qui y sont et qui ne sont pas heureux. *Ce sont des vies qui tournent en rond* parce qu'il n'y a pas de moyen de se mesurer et de recevoir des sanctions réelles, celles du marché. La réalité économique, c'est de savoir qui vous téléphone pour les services que vous pouvez lui rendre et si vous ne recevez aucun coup de fil, c'est que vous ne valez rien. On est dans une économie d'échanges, donc il faut fournir des services et c'est parce que vous fournissez des services que vous avez une contrepartie. *Échanger, rendre des services. Vous n'existez que comme ça. La finalité, c'est de faire. On est ce qu'on fait.* Tous les jours, il faut se poser la question : “Quelle est notre compétence, qu’est-ce qu’on sait faire ? Est-ce qu’on est bien en ligne ? Est-ce que les choses qu’on fait, ce sont bien celles qu’on avait décidées” ?

Question : Quelle est votre motivation principale ?

Moi, ce qui me motive, c’est *le désir d’aboutir et de faire.* Le désir de faire, *d’être dans l’action. C’est comme une régate,* vous arrivez le premier, si vous n’êtes pas premier, vous êtes second, mais vous avez participé, essayé d’être au moins troisième ou second. Vous allez vous mesurer, c’est quelque chose lié à la performance et à l’aboutissement même de son être. L’ennui, c’est qu’on est dans des sociétés tellement réglées, policées, que les gens ne vivent plus. L’entreprise est le seul endroit où vous faites une partie “pour de vrai”, vous vous exprimez “pour de vrai”.

Question : Et votre valeur principale ?

Moi, j’ai besoin de vivre dans l’action, mais pas tout seul, vivre l’action au sein d’un groupe et faire en sorte *que ce groupe soit gagnant, que la boîte gagne,* que les gens augmentent leurs compétences, qu’ils soient bien, *qu’ils gagnent beaucoup d’argent.* C’est l’action avec des gens et avec des choses concrètes, réalisables et mesurables. L’argent est une résultante : *si on fait bien, on obtient des biens,* donc quelque part, *c’est un système un peu moral, comme un devoir qu’on aurait,* mais avec une traduction financière derrière. *Ce n’est pas un objectif en soi d’aller chercher du gain,* mais on peut *s’enrichir en enrichissant les autres,* c’est ma philosophie. Il faut qu’on soit stimulé et avoir un résultat. Moi, je suis arrivé dans une situation de création d’entreprise, seul, c’était un moyen de *ne pas rentrer dans un cadre trop rigide.* Ce que je sais faire, c’est de l'informatique et des programmes. *Ma passion est d'entreprendre, de faire, de prendre des risques.* Transformer, faire, accepter l'échec. *Je ne fais pas la course du rat, je fais ma course.*

Question : Le temps, qu'est-ce que ça représente pour vous ?

C'est une *unité de mesure.* Il faut gérer ce capital d'heures en termes de ressources. C'est *l'affectation d'une ressource.* Il faut mixer les différentes dimensions du temps et *essayer d'en tirer un optimum.* C'est une ressource finie et donc il faut faire des choix pour savoir où l'affecter. Quand je recrute un collaborateur, c'est l'un des éléments que je regarde parce que je ne veux pas de gens qui dépendent à 100 % de leur boulot, je veux qu'ils soient capables de se définir par autre chose, que ce soit du sport ou des cercles de relations. C'est un critère, parce que ça veut dire que la personne va affecter son temps intelligemment, *qu'elle ne va pas subir le temps, qu'elle va le faire sien.* [...] Il y a des gens qui passent leur temps à ne pas avoir conscience de leurs contraintes et de leurs responsabilités et à expliquer que leur vie est la résultante de forces extérieures ou contradictoires. Moi, je pense qu'il faut gérer ces contraintes et *savoir anticiper. Mais beaucoup de gens fonctionnent uniquement dans la réactivité, ils n'ont aucune anticipation.* Je vois autour de moi, par exemple, des femmes qui élèvent seules leurs enfants ou qui envisagent d'avoir un enfant avec leurs petits amis et qui m'en parlent. Quand on sait qu'il y a un divorce sur deux couples à Paris et qu'on connaît le pourcentage de femmes qui se retrouvent à élever seules leurs enfants, on se dit qu'il y a là une vraie responsabilité et qu'il faut réfléchir, prévoir les scénarios les plus négatifs et voir comment les résoudre. Par exemple, s'ils ont prévu un contrat en cas de séparation. Les gens raisonnent de plus en plus sans vouloir réaliser que des actes qu'ils posent ont une incidence à vingt ou trente ans. Il faut pouvoir s'assumer en connaissance de cause. »

Les propos de Xavier sont ceux, assez classiques, d'un entrepreneur justement animé de la passion d'entreprendre. À certains égards, d'ailleurs, ils semblent marqués par un écho lointain de l'éthique protestante, dont on sait les liens avec l'esprit du capitalisme[12]. Ainsi, quand il dit que « c'est un système un peu moral, comme un devoir qu'on aurait », ou que « si on fait bien, on obtient des biens », on retrouve cette satisfaction morale, tenant au sentiment d'avoir bien fait sa « besogne » et accompli sa vocation, que décrivait Max Weber à propos de l'entrepreneur capitaliste, imprégné de la doctrine calviniste. Mais d'autres aspects l'en différencient radicalement. D'une part, la logique déployée est celle de la guerre économique totale, en phase avec le dernier stade du capitalisme néo-libéral : pour éviter d'être racheté ou tué, on est condamné à croître de plus en plus et, pour cela, il faut « aller à la guerre », recruter des « guerriers pour conquérir des marchés » et « s'approprier la planète-monde », en menant les affaires comme une « opération militaire », avec « des avions et des satellites » pour repérer le terrain avant de déclencher l'offensive. D'autre part, il n'apparaît bien évidemment aucune finalité religieuse à cette volonté de réussir. Or, ce qui caractérisait l'entrepreneur protestant, tel qu'analysé par Weber, c'était d'abord que la réussite économique et temporelle était recherchée en tant que preuve du choix de Dieu, que certitude de la grâce et du salut dans l'autre monde, et ensuite que l'enrichissement n'était pas le but de l'opération. La morale protestante commandait en effet au croyant de se méfier des biens du monde et d'adopter un comportement ascétique : d'où le réinvestissement du profit non consommé qui avait permis le développement des moyens de production et l'essor du capitalisme[13]. Pour Xavier, au contraire, il faut gagner, devenir riches et permettre aux collaborateurs de gagner beaucoup d'argent. Bien qu'il dise que « ce n'est pas un objectif en soi d'aller chercher du gain » et que « l'argent n'est qu'une résultante » du fait de « bien faire », on a du mal à trouver une autre finalité que celle de « s'enrichir », plusieurs fois répétée, qu'il s'agisse de « devenir riches » ou de « s'enrichir en enrichissant les autres » et de « gagner » (« que le groupe soit gagnant, que la boîte gagne »). Même si le terme « s'enrichir » peut être entendu dans tous les sens du terme, c'est bien cette quête de la richesse matérielle avant tout et de la victoire pour la victoire qui sous-tend toute la démarche. La seule finalité qui apparaît en dehors de la richesse est marchande, sur la base du service rendu : « échanger, rendre des services, vous n'existez que comme ça ». Elle n'est ni sociale ni collective : « On n'est pas là pour organiser la société, on est là pour emporter des marchés. »

On retrouve le même sentiment d'un discours clos sur lui-même[14], quand Xavier, à maintes reprises, parle de sa motivation « d'aboutir et de faire », « d'être dans l'action », « d'entreprendre ». « La finalité, dit-il, c'est de faire. On est ce qu'on fait. » Là encore, on entendrait presque des accents sartriens dans cette démarche (« l'homme sera tel qu'il se sera fait[15]... ») mais la finalité s'arrête au « faire » alors que, chez Sartre, elle impliquait le choix d'une morale[16]. Faire au nom de quoi ? Aboutir à quoi ? Il n'y a pas vraiment de réponse, en dehors du fait de partager avec les autres le plaisir de gagner et de s'enrichir. La finalité du « faire » semble se suffire à elle-même, comme si le «faire» n'avait d'autre justification que de se perpétuer indéfiniment. En fait, la finalité est dans l'action elle-même, dans le déploiement de l'énergie pour avancer, parce que c'est le mouvement, le combat, la course qui procurent le plaisir et donnent le sentiment de mener une vie intense, pas une vie «qui tourne en rond», comme dans la fonction publique… Mais comme l'objectif affiché de la richesse et du gain est tout à la fois répété à plusieurs reprises et simultanément annulé – «ce n'est pas un objectif en soi d'aller chercher du gain» – on a le sentiment d'une recherche de l'action pour l'action, d'un mouvement qui se suffit à lui-même, comme le disait Ellul[17], d'une sorte de «mouvementisme[18]», selon l'expression de P.A. Taguieff, dans lequel «s'agiter, s'activer, s'affairer, faire bouger, se bouger» sont accomplis «sans un "ce vers quoi" » ni un "pourquoi"[19]», comme si le but final importait peu, que seul le mouvement comptait. La comparaison que fait Xavier de son entreprise avec «une toupie», qui tourne de la seule énergie impulsée par le mouvement et que ne tourmente aucune finalité, semble étayer cette hypothèse.

Au total, que le but recherché soit la richesse ou le plaisir du «faire», on peut, devant la disparition de toute référence à un progrès donnant sens à l'avenir, se demander avec Cornélius Castoriadis ce «que devient le modèle identificatoire général que l'institution présente à la société, propose et impose aux individus comme individus sociaux. C'est celui de l'individu qui gagne le plus possible et jouit le plus possible […] "Gagner", donc; mais gagner, malgré la rhétorique néo-libérale, se trouve maintenant totalement disjoint de toute fonction sociale et même de toute légitimation interne au système. On ne gagne pas parce que l'on vaut, on vaut parce que l'on gagne[20]».

Si les propos de Xavier gardent un léger souci, comme un soupçon de nostalgie (ou le besoin d'un alibi ?), de légitimer moralement sa démarche – « ce n'est pas un objectif en soi d'aller chercher du gain » – gageons qu'un tel souci aura probablement disparu chez ses jeunes collaborateurs conviés à voir la planète-monde « comme quelque chose qu'ils peuvent s'approprier » et les grands comptes du monde entier comme des cibles à « attaquer » pour « rentrer dedans. »

Le temps intervient ici comme un moyen que l'on utilise et façonne à sa guise. C'est un temps-ressource, à affecter de manière « optimale ». Mais c'est aussi un temps de plaisir et d'équilibre, un temps « intelligent », qu'il ne faut surtout pas « subir », un temps qu'on doit pouvoir « faire sien » et s'approprier. Comme le montre Pierre-André Taguieff, « tout se passe *comme si, désormais, le temps nous appartenait*[a], non point parce que nous serions capables de prévoir l'avenir mais parce que nous serions libres de le fabriquer à notre guise. On passerait ainsi de l'utopie d'une maîtrise théorique du futur (la prévision rationnelle chère à Auguste Comte) à une maîtrise pragmatique d'un avenir désiré[21] ». Le temps, dans la perspective de l'individu « conquérant », est complètement maîtrisé, domestiqué, c'est un moyen que l'on gère, une ressource dont on dispose au mieux, en aucune façon quelque chose qui peut vous « déborder ». Il n'y a pas de place pour l'urgence non maîtrisée, car tout est anticipé, rationalisé, « séquentialisé » en fonction des objectifs qu'on s'est fixés. La contrepartie de cette attitude, c'est que les sentiments eux aussi sont soumis à cette rationalité instrumentale : en s'engageant dans une liaison amoureuse ou un

---

a. Souligné par nous.

désir d'enfant, il faut avoir prévu la séparation possible et mis en place les dispositifs adéquats pour faire face aux imprévus des sentiments, divorce, séparation, etc. La mort, comme imprévu, n'est pas à l'horizon.

L'avènement de l'homme « flexible »

L'individu « conquérant » n'est qu'un des aspects de « l'individu par excès », caractéristique de notre société « hypermoderne ». La notion d'hypermodernité[22] implique elle aussi l'idée d'augmentation, d'excès, d'intensité. Elle renvoie à l'idée d'une modernité exacerbée[23], dont la complexité et la multiplicité de facettes définiraient des individus profondément différents de ceux qui les ont précédés : des individus fonctionnant plus selon des logiques de trop-plein ou de vide que selon un équilibre harmonieux, tel qu'il était sous-entendu, par exemple, dans le concept d'« honnête homme ». Si ce concept, d'ailleurs, qui recouvrait l'idée d'une personne équilibrée dans ses passions et sachant faire la part des choses, semble de nos jours complètement tombé en désuétude, c'est justement parce qu'il se situe aux antipodes de « l'individu par excès » que nous tentons de caractériser. Cet individu, nous en avons vu une facette : celle de l'homme *conquérant*, qui en constitue la pointe extrême et surtout la traduction économique. L'homme *flexible* est l'autre facette, captée sur le versant social et identitaire. L'homme « conquérant » exprime la logique économique de la société hypermoderne, du côté de ceux qui la créent ou qui l'adoptent. L'homme « flexible » est la résultante de la mobilité qu'elle exige et du flottement identitaire qu'elle suscite, du côté de ceux qui s'inscrivent dans cette logique et la font fonctionner, sans pour autant la créer, ni même toujours l'approuver.

Cet homme «flexible», dont Richard Sennett[24] comme Frédéric de Coninck[25] ont esquissé le portrait, est un homme à l'image de l'entreprise flexible, d'un univers professionnel devenu flexible. Il est apparu en liaison avec les mutations de l'organisation du travail, avec sa forte polyvalence, ses horaires variables, son travail «juste à temps[26]» pour coller le plus possible à la demande du client dans la production ou la grande distribution. Il correspond aussi à l'émergence des nouvelles conditions du travail dans l'industrie, avec la mise en place de systèmes automatisés exigeant plus de souplesse que dans l'organisation taylorienne. C'est donc le *salarié* flexible qui est à l'origine de l'apparition de l'*homme* flexible, comme par l'effet d'une évolution anthropologique, ne concernant plus seulement l'homme au travail[27]. Et, de fait, toute une série de mutations sont apparues, sur différents registres, qui corroborent cette hypothèse. Sur le plan de la famille, nous en avons parlé, l'appartenance à une cellule familiale donnée est plus floue et moins durable. Sur celui de la religion, nous avons évoqué le «supermarché» de la croyance, où chacun se forge son petit système en empruntant de divers côtés. Au niveau des choix de consommation, l'acheteur moyen est de moins en moins fidèle à une marque, d'où la nécessité d'innover en permanence pour sortir de nouveaux produits. Sur le plan politique, l'électeur se comporte de plus en plus comme un consommateur, avec des votes toujours plus éclatés, imprévisibles et fluctuants. L'élection présidentielle de 2002 l'a illustré de façon magistrale au premier tour : un peu de Laguillier, une pincée de Besancenot, une touche de vote «vert», une larme de Chevènement et beaucoup d'abstentions pour exprimer son désaccord ou son mécontentement au parti socialiste, les électeurs de gauche semblant oublier complètement le fonctionnement d'ensemble du système électoral et la logique du premier tour. Et que dire des présidentielles américaines, où le taux record d'abstentions s'est conjugué à la concurrence des chaînes de télévision pour entraîner une précipitation dans l'annonce des résultats, que le temps mis pour le recomptage des bulletins de Floride n'a plus permis d'infirmer par la suite[28].

Cette flexibilité généralisée, si elle permet un élargissement du champ des possibles et de nouvelles modalités de lien social, contribue à redéfinir l'identité individuelle. L'affaiblissement des liens sociaux traditionnels qui structuraient le champ des relations personnelles et sociales a laissé apparaître de nouveaux types de liens : des liens plus faibles, plus fragiles mais plus nombreux et pouvant être produits plus facilement, grâce aux contextes multiples et différenciés dans lesquels chaque individu déploie sa trajectoire, grâce aussi à la multiplication des moyens de communication, sur Internet notamment. C'est ainsi que les cyber-groupes offrent aux individus en mal de reconnaissance et d'échange la possibilité de dépasser leur solitude et de trouver des égaux qui partagent les mêmes goûts et les mêmes passions. Ils leur donnent ainsi le sentiment d'appartenir à un groupe, de se sentir utiles aux autres membres de la communauté et leur permettent de restaurer des liens, là où la distance ou la séparation les ont supprimés[29]. En fait, le «tissu» social des liens sociaux contemporains a changé de texture : il est devenu un «filet[30]», fait d'une «multitude de fils très fins de toute nature[31]», qui lui confèrent plus de finesse et d'élasticité mais dont la solidité dépend du nombre de nœuds et de connections, plus que de l'épaisseur des relations. À la métaphore du filet sur le plan social, correspond celle du réseau sur le registre des communications. Tout comme la notion de filet rend mieux compte de la nature et de la forme actuelles des liens sociaux que la notion de tissu, plus dense et plus serrée, la notion de réseau se substitue à celle de récit pour exprimer la nature des échanges entre individus et leur rôle dans la construction de l'identité individuelle. La difficulté qu'éprouve l'individu à comprendre et maîtriser celle-ci à travers un récit cohérent de sa trajectoire est significative du rythme de vie contemporain : on en a vu l'exemple à travers le cas de Rico[a], on le voit aussi à travers les métamorphoses du roman qui explose « sous la multiplicité de nos pixels personnels, contradictoires et composites[32] ». Cette difficulté vient de ce que le récit implique une continuité – avec l'idée d'une genèse, d'un parcours et d'une fin[33] – et la référence à une finalité. Or cette continuité ne correspond plus à bon nombre des parcours actuels, plus éclatés et discontinus qu'auparavant. Le réseau, au contraire, n'a aucun sens de la finalité et se contente de « rassembler pendant une période relativement courte des personnes très disparates sans destin commun, mais prises dans un jeu de relations plus ou moins durables[34] », qui seront tantôt intenses, tantôt mises en sommeil mais toujours réactivables. C'est la raison pour laquelle, comme le montre bien Zaki Laïdi, le réseau est devenu « la métaphore vive de sociétés qui refusent de se faire à l'idée d'une fin, et donc à l'idée de la mort[35] ».

L'identité personnelle de l'homme flexible apparaît dans ce contexte plus flottante, plus malléable, plus difficile à inscrire dans une continuité porteuse

---

a. Ce cas, étudié par Sennett, est relaté au chapitre 5.

de sens. Elle apparaît aussi plus détachée du social, sans autre adhérence qu'à soi-même[36], comme sous l'effet d'un « excès de subjectivité », d'un « excès d'investissement de lui-même » qui détacheraient l'individu du social[37]. Elle est enfin plus chaotique. Salman Rushdie définit ainsi le moi moderne comme « un édifice branlant que nous construisons avec des fragments, des dogmes, des blessures d'enfance, des articles de journaux, des remarques de hasard, de vieux films, de petites victoires, des gens qu'on aime, des gens qu'on hait[38]. » On pourrait ajouter à cette énumération tous les *soi virtuels* par lesquels l'individu se construit une identité « à la carte » et tente, à travers des échanges anonymes sur Internet, de se construire un *moi* conforme à ses désirs[39]. Cette identité plus flottante et plus discontinue[40], est en lien direct avec l'expérience du travail à court terme, des institutions flexibles et de l'assignation à devenir soi-même qui oblige à recourir aux registres les plus divers pour construire son identité. Elle est aussi le fruit de la relation que l'homme flexible entretient avec le temps.

Il faut ici différencier temps professionnel et temps personnel. Sur le plan professionnel, le temps n'est pas en effet, pour l'homme flexible, la ressource maîtrisée, domesticable et façonnable à sa guise qu'il était pour l'homme conquérant dont nous avons esquissé le portrait. Le temps, pour l'homme flexible, résiste et fait violence, ne serait-ce que parce que ses découpages, les délais entre lesquels on l'enserre lui sont imposés de l'extérieur. Ce n'est pas lui, en général, qui les définit entièrement, même aux plus hauts niveaux d'une hiérarchie. En revanche, c'est sur lui que déferle l'urgence économique et financière, relayée par le management. Si certains trouvent là l'occasion d'affirmer leur désir de maîtrise ou de donner leur pleine mesure, d'autres subissent une urgence dont ils ne voient pas ou dont ils récusent la finalité. La façon de vivre l'urgence sera alors intimement liée au sens qu'on pourra ou non conférer à l'action à mener. Chacun, par conséquent, n'est pas touché de la même façon. Le secteur d'activité de l'entreprise, son caractère public ou privé, le fait qu'elle soit ou non cotée en Bourse, le type de métier concerné jouent un rôle important. La personnalité du dirigeant intervient également qui va, selon les cas, démultiplier l'urgence et en faire un outil de management ou, au contraire, «l'amortir». Celle de l'individu joue aussi son rôle et peut le conduire à rechercher l'urgence soit pour se galvaniser, soit par désir de maîtrise de son environnement, de son entourage ou du temps, tout simplement, comme nous l'avons montré un peu plus haut. Enfin, l'autonomie que l'on a sur sa tâche et la latitude d'organisation de son propre travail sont déterminantes. C'est sans doute la raison pour laquelle les rares personnes que nous avons rencontrées qui considéraient que l'urgence n'existait qu'au niveau du discours et relevait, en fait, d'une question d'organisation, étaient justement des spécialistes de l'organisation du travail. Pour l'un d'entre eux, par exemple, «l'urgence intervient dans une situation qu'on n'arrive pas à maîtriser correctement, qui s'impose à nous parce qu'on ne l'a pas anticipée. Être victime d'urgence, c'est être victime de non-prévoyance. Il n'y a pas plus d'urgence qu'avant, il y a des choses plus morcelées, il y a plus de variables, donc ça nécessite de réfléchir beaucoup plus en termes de processus. L'instantanéité, l'immédiateté des choses nécessitent de travailler sur les séquences, de faire toute une préparation en amont pour penser et formaliser les processus internes et externes».

À un certain niveau, il est évident que ce spécialiste a raison. Le problème est précisément que tous les facteurs que nous avons rappelés dans les chapitres précédents, facteurs économiques, managériaux, technologiques ou subjectifs, interfèrent souvent pour priver l'individu de l'autonomie ou de la capacité d'organisation qui lui permettraient de ne pas subir l'urgence et encaisser ses contrecoups dysfonctionnels et négatifs. Entre le fait de pouvoir maîtriser l'urgence et celui de la subir en ayant le sentiment de ne pouvoir y faire face, il n'y a pas que la volonté individuelle et la capacité d'anticipation qui entrent en ligne de compte. Elles-mêmes s'inscrivent en effet dans des processus plus larges qui dépassent souvent le seul niveau de l'individu.

Quelles que soient la position par rapport à l'urgence et la façon dont on la traite, le simple fait d'y être confronté fait partie de «l'excès» de sollicitations, nécessitant souvent un «excès» d'investissement de soi, cette notion d'excès caractérisant l'un des pôles de l'individualisme contemporain. À l'autre extrémité, l'individu «par défaut[41]», «désaffilié», est confronté à une urgence plus immédiate et plus vitale, mais il n'a sur elle aucun pouvoir. Là où l'individu «par excès» est confronté à trop de projets, trop de travaux à réaliser dans un cadre temporel trop étroit, ou trop d'investissements de soi à réaliser en même temps, l'individu «par défaut» vit exactement le contraire. Il est complètement dominé par le temps, parce qu'il n'a aucune prise sur lui et qu'il ne peut y inscrire aucun projet temporel. Or, c'est bien la notion de projet, avec le minimum de rapport au futur qu'elle implique, qui donne sens, qui fait sens. L'individu «par défaut» subit le temps dans toute son ampleur. Là où l'individu «par excès» est *surchargé* par le présent, l'individu «par défaut» est *écrasé* par le présent. Tout comme le jeune toxicomane de banlieue, qui représente l'une des figures de l'individu « par défaut » identifié par Robert Castel, il ne lui reste souvent alors que son corps comme « seul bien et [...] seul lien, qu'il travaille, fait jouir et détruit dans une explosion d'individualisme absolu[42] ». Surcharge du présent, écrasement sur le présent semblent ainsi les deux manières dominantes de ressentir le temps dans la société hypermoderne.

De la quête d'éternité à la quête d'intensité de soi

C'est parce que l'urgence ressort souvent d'un registre qu'on ne maîtrise pas qu'elle s'impose à soi parfois plus qu'on ne le souhaiterait. Mais au-delà de l'urgence, le temps « court » se vit aussi dans le rapport au *rythme* de la vie, *à l'intensité du temps* ou à *l'intensité de soi dans le temps*. L'urgence met en jeu une certaine modalité de traitement de l'action et des choses, tandis que le rythme met en jeu une certaine modalité de rapport au temps. En pratique, tous deux s'imbriquent souvent, parce que l'urgence exige un certain rythme. Urgence et rythme, quand ils se conjuguent, confèrent au temps un caractère d'intensité, consubstantiel du rapport au temps de l'individu contemporain. Les propos qui suivent, ceux de François, cadre dirigeant d'une grande entreprise du secteur audiovisuel, l'illustrent de façon précise :

« Dans nos métiers, *l'urgence c'est une raison d'être.* Comme les gens à l'antenne sont "en direct" une grande partie du temps, ce rythme-là contamine toutes les autres activités. *On est en permanence dans l'instant.* On est toujours dans *la pression, le débordement, la cavalcade, la fuite en avant.* Moi, je ne pourrais jamais travailler dans un groupe dans lequel je ne vivrais pas *en permanence à 200 à l'heure.*

Question : Pourquoi est-ce important de vivre à 200 à l'heure ?

Parce qu'on ne voit pas la mort arriver. L'avantage des métiers comme le nôtre, c'est qu'on n'a jamais à se poser de questions, à devoir se foutre des coups de pied aux fesses pour avancer, parce qu'on est toujours *emporté par le maelström de la vie.* Vous êtes inondé par le quotidien... Une de mes adjointes me disait l'autre jour : "je m'*éclate*, je m'*explose*, c'est une *jouissance* profonde à chaque instant de ma vie"... Le risque de ces vies-là, *trépidantes*, c'est la crise cardiaque, la rupture d'anévrisme, un cancer foudroyant... mais je préfère prendre ce risque plutôt que de m'ennuyer, d'être dans un bureau à regarder passer ma vie et rentrer chez moi le soir pour m'endormir en ronflant devant les pubs à la télé. J'ai un cousin comme ça, chef caissier. Il pense repos, RTT, deux heures pour déjeuner, petite voiture, petit appartement, petite vie. Tous ses jours sont pareils. Je ne pourrais pas vivre comme ça. Moi, s*i je m'ennuie, je meurs.* L'autre jour, je disais à mon directeur "le jour où je me foule la cheville en tombant du trottoir, que je tombe sur la chaussée et que je vois arriver l'autobus qui va m'écraser, ce que j'aimerais, dans les *deux secondes avant qu'il ne m'écrase, c'est pouvoir me dire "finalement, j'ai bien aimé ce que j'ai vécu"*. Évidemment, on meurt toujours trop tôt mais la seule chose que j'aimerais, c'est *disparaître* un jour *d'un seul coup.* »

Bien qu'il dise que l'urgence dans l'audiovisuel est une « raison d'être », en fait ce n'est pas d'urgence que François nous parle. C'est d'un rythme intense (cavalcade, vivre à 200 à l'heure), de pression (débordement), de mouvement désordonné (maelström), de rapport à l'instant. Ce qu'il aime, c'est vivre dans ce rythme-là, parce que celui-là seul le sauve de l'ennui, donc de la mort. Le second point frappant de ce passage, c'est justement que l'ensemble du propos est sous-tendu par la perspective de la mort. Elle est présente presque à chaque ligne : « on ne voit pas la mort arriver », « le risque, c'est la crise cardiaque, la rupture d'anévrisme, le cancer foudroyant », « si je m'ennuie, je meurs », « dans les deux secondes avant que l'autobus m'écrase… » Les mots employés pour indiquer le rapport à la vie et la mort sont marqués par la soudaineté et l'intensité : *foudroyant, éclate, explose, jouissance, trépidante, d'un seul coup.* En ce sens, la vie à 200 à l'heure, le débordement, l'agitation, le maelström permanent, l'inondation du quotidien, l'intensité de l'instant sont autant de façons de conjurer la mort, de se soustraire à l'angoisse qu'elle suscite en sourdine, de « ne pas la voir arriver », c'est-à-dire finalement – et François le sent d'ailleurs – une « fuite en avant » par rapport à la mort. Cette intensité de vie dans l'instant illustre l'observation de Tocqueville : « ils sont disposés à agir comme s'ils ne devaient exister qu'un seul jour ». Le jour est devenu un instant et l'idée même d'une quelconque forme de vie éternelle ayant disparu de l'horizon, chaque instant doit être vécu comme s'il devait être le dernier et qu'il fallait le consommer jusqu'à plus soif pour le gorger d'éternité.

L'intensité de soi dans le rapport à la vie est l'un des éléments constitutifs de l'identité de l'individu « hypermoderne ». Philippe Tretiack, grand reporter et essayiste, en a capté certains traits dans le portrait qu'il trace de « l'Agité » : « Traqué par l'effervescence, les flashes, les mouvements de mode, l'Agité papillonne. Soumis à la dictature d'une offre pléthorique, mû par une infernale pulsion d'emprise, il se rue tête baissée dans tout ce qui scintille. Au risque de se dissoudre, il voudrait être partout, ne rien rater du monde qui éructe, innove, bouscule [...] Dans cette époque de propulsion, de cavalcade, les Agités se grisent de la vitesse procurée par l'absence totale de protection. Nul pare-brise, nul carénage. On fonce. *Le but n'est plus d'actualité. Pas le temps.* Les changements nous cernent. *Trop d'intensité, angoissantes densités*[a] [...] L'Agité n'est pas un zappeur, mais son ennemi juré. Le zappeur est tout de déception, lancé dans une poursuite infernale, une enfilade de culs-de-sac, un labyrinthe crispé de vide poussant des vides. L'Agité, lui, s'exalte, glisse d'une excitation à l'autre. S'il bouge c'est par curiosité, non par désenchantement [...] Dans un monde tout d'accélérations, il faut bouger pour en saisir les tumultes [...] Prendre cent mille volts ou un coup de foudre : c'est affaire de risque, affaire de rythme [...] Homme des fulgurances, des raccourcis, des télescopages, l'Agité croise les idées, les tisse et les métisse [...] Et si l'Agitation n'était qu'une maladie, la face ensoleillée d'un état dépressif menaçant, contrôlé à la va-comme-j'te-pousse ? L'Agité que je suis le sait, le sent, le pressent, le craint : l'exaltation, la montée vers l'extase précèdent toujours de peu la descente aux enfers[43]. »

Même si la fin de ce portrait montre une tendance maniaco-dépressive[b] (mais n'avons-nous pas fait l'hypothèse d'une société « maniaco-dépressive »[c] ?), la densité du rapport à l'instant montre que l'Agité, que Trétiack prend soin de distinguer de la superficialité

a. Les deux phrases sont soulignées par nous.

b. La notion de « maniaco-dépressif » (voir chapitre 6) implique l'alternance de phases de forte exaltation, agitation, et de phases dépressives.

c. Voir chapitre 6.

vide du zappeur, n'est agité qu'en surface. C'est d'un trop-plein de sensations, d'émotions, de découvertes qu'il a besoin pour se sentir exister jusqu'à l'excès. Il est en cela l'une des figures de l'individu contemporain qui, dans un monde d'accélération où « le but n'est plus d'actualité », cherche dans l'intensité de lui-même une immédiate éternité.

LES MÉTAMORPHOSES DE L'ÉTERNITÉ

L'aspiration à l'éternité est aussi vieille que l'humanité. La source de toute religion est là, dans ce désir de nier la durée, de faire revivre les gens qu'on a aimés, dans le besoin qu'éprouve le moi de « s'agréger à l'éternel et de sauver ainsi son individualité fragile que menacent le temps et la mort[44] ». Mais l'éternité est difficile à imaginer, elle ne peut s'effectuer qu'à partir des catégories du temps dont l'homme est familier. Tandis que la pensée du passé constitue une certitude, heureuse ou malheureuse, mais détachée de l'idée de risques, le rapport de l'homme au futur est source d'anxiété. Le futur n'est pas seulement incertitude, il contient notre fin. L'anxiété que nous cause l'avenir est aussi celle du néant. Incertaine de l'avenir et menacée par lui, apprenant par l'expérience de son passé que la marche du temps peut apporter des souffrances, la conscience affective de l'homme tend à dire non au temps, à vouloir en renverser le cours, à refuser de mourir. La recherche d'éternité s'inscrit dans cette négation et ce refus d'un temps fini, clôturé à jamais. L'incapacité dans laquelle nous sommes de concevoir au temps des limites, le besoin que nous avons de le croire infini sont ainsi les signes qu'« une éternité réelle cherche, par des images, à se traduire dans le langage du temps[45] ». De même, il existe dans notre vie des moments qui nous font « toucher du doigt l'éternel[46] », des instants merveilleux dont Kierkegaard disait qu'ils sont la pénétration de l'éternité dans le temps. Comme si, souligne Étienne Klein, « l'éternité, qu'on rejette souvent "après le temps" était en réalité en sommeil au fond du présent ; comme si ce qui dure toujours était d'avantage lié au furtif qu'au définitif, à l'éclat qu'à la constance[47] ». L'idée d'éternité, issue d'abord de la négation du temps et de la mort, apparaît alors comme la plus riche de celles à partir desquelles on peut tenter de penser le temps.

Mais penser le contenu de l'éternité est une autre affaire. La notion même d'éternité est plus pauvre que celle du temps, infiniment plus irréelle. Elle évoque l'idée d'un temps sans contenu, d'un temps désincarné. C'est pourquoi, simultanément, elle se prête à beaucoup plus de projections, de souhaits, d'imaginations. Néanmoins, la plupart de ces projections se font sur le mode de la perpétuation d'un présent heureux à jamais ou de l'accès à un autre présent, fait d'un bonheur immuable. L'idée d'immobilité, d'immuabilité, est inséparable de celle d'éternité : immuabilité d'un bonheur toujours serein, accès à un repos dénué de toute inquiétude.

Mais cette idée est mise à mal par la pensée rationnelle. Tandis que l'humanité se cherche une origine dans les modèles du big-bang et que notre pensée se perd dans l'infini des galaxies, les extraordinaires perspectives de la biotechnologie fournissent une base tangible au recul des frontières de la mort et les progrès de la médecine rendent accessible le rêve d'un corps éternellement jeune. Simultanément, l'éclatement des limites[48], l'hyperchoix d'une société marchande où tout est possible, à portée de désir et d'instant, contribue à rapatrier l'idée d'éternité dans le présent, pour ne pas dire dans l'ici-et-maintenant. La mort existe toujours à l'horizon, mais elle est refoulée, conjurée dans l'intensité du rapport à soi dans le présent, qui vise à faire de chaque instant un petit morceau d'éternité. La recherche d'intensité a remplacé la quête d'éternité.

Conclusion

Une immédiate éternité

Dans notre monde flexible, fait de mouvement et d'incertitude[1], rien n'est plus acquis : chacun doit, à tout moment, pouvoir faire la preuve de sa mobilité et de son adaptabilité et les parcours individuels ressemblent souvent à une course d'obstacles où le présent doit se conquérir sans répit. La vision de l'avenir, longtemps articulée autour de la notion de progrès, s'est voilée du fait de l'incrédulité croissante à l'égard de tous les fondements sur lesquels cette notion s'était construite : l'idée selon laquelle les découvertes de la science, les inventions techniques et l'expansion de l'économie suffiraient à créer les conditions durables d'un bien-être généralisé a montré ses limites et chacun de ces fondements a dévoilé des aspects imprévisibles ou inquiétants. Simultanément, l'émiettement des croyances idéologiques ou religieuses, lié à l'approfondissement de la dynamique individualiste, conduit à l'abandon de l'idée d'une structuration du présent par le passé et à l'éclatement des visions d'un avenir communément partagé[2]. Plus que la notion de progrès, c'est celle des peurs et des risques partagés qui semble constituer maintenant le seul référent commun de notre société[3]. Celle-ci apparaît « fragmentée», selon l'expression de Charles Taylor, désignant par là une société dans laquelle «les membres éprouvent de plus en plus de mal à s'identifier à leur collectivité politique en tant que communauté [et où] l'absence de perspectives partagées renvoie les gens à eux-mêmes[4]» et à une expérience limitée au présent et au futur immédiat.

Avec les nouvelles technologies de l'information, qui ont intégré les pays et les individus dans des réseaux fonctionnels planétaires, le rapport au temps s'est considérablement modifié. Dans la société en réseaux[5], le temps séquentiel, chronologique, irréversible, a cédé la place à un temps immatériel fondé sur la technologie, un temps «intemporel[6]», arrimé au seul présent, affranchi de la durée et des références aux catégories traditionnelles du passé et du futur, avec les contraintes qui en découlaient. L'émergence de l'urgence comme mode d'être du temps, la prévalence de l'instant, «l'empire de l'éphémère[7]» qui impose la brièveté comme manière d'être des choses, des produits culturels et des idées, accompagnent ce bouleversement.

En basculant dans le temps «intemporel», qui abolit la durée et franchit l'espace en une fraction de seconde, l'individu contemporain vit dans une temporalité immédiate. Il a le sentiment de frôler l'éternité puisqu'il est dans un temps sans durée qui éternise le présent. Dans son rapport à l'éternité, là où un écrivain du début du siècle s'efforçait de ressusciter le temps en faisant revivre le passé, l'individu contemporain s'efforce *d'intensifier le présent* et de repousser les limites de la mort. Mais si l'instantanéité lui donne le sentiment de pouvoir s'affranchir du temps, l'urgence incarne la résistance du temps, elle est «violence[8]» du temps. L'urgence s'impose à lui. L'instantanéité lui est donnée. Dans les deux cas, l'individu s'efforce de nier le temps. Par l'urgence, en traitant le plus de choses possible dans le moins de temps possible, il veut *triompher du temps*. Par l'instantanéité, il pense *abolir le temps*. S'il advient que l'urgence le submerge et l'emprisonne dans un rythme infernal, il se retrouve englué dans le temps, vaincu par le temps. L'instantanéité, quant à elle, le dispense d'un combat mais peut, selon les cas, le libérer du temps ou l'arrimer à l'immédiat.

L'urgence, cependant, peut aussi être libératrice dans la mesure où elle fait vivre l'instant intensément et nous dédouane brutalement de l'épaisseur du temps, souvent dictée par les outils ou les méthodes de décision et de réflexion. L'état d'urgence peut alors être vécu comme une sorte d'état de crise temporaire dans lequel tout est possible, où l'on peut se nourrir de cet instant de liberté pour envisager des solutions nouvelles et une réorientation de son action. L'urgence devient alors le prétexte à la créativité et à la spontanéité, prétexte à l'imagination et l'improvisation. Si c'est urgent, alors tout est possible. L'urgence n'est donc pas seulement un temps plein, court, saturé d'angoisses et de limites, elle est aussi un vide, un temps ou les repères traditionnels sont chancelants, un temps ou les individus inventent en même temps qu'ils s'inventent. Lorsque le temps de la décision et de l'action se contracte, l'accès à l'intuition est facilité, la nécessité d'une convergence entre la composition et la réalisation se fait plus pressante. L'urgence n'est dès lors plus vue comme une contrainte, mais comme une opportunité. Elle permet la flexibilité de la pensée et non sa rigidité. À ce moment précis, l'homme retrouve dans l'instant sa propre temporalité et sa propre identité. Il renoue avec son intuition et ses savoirs tacites. Il peut envisager de transcender des limites que l'épaisseur du temps lui impose (circuit de décision, rationalisation et justification des décisions et de l'action).

Confrontés à la logique du gain et de la vitesse qui est celle de la connexion, de la mise en synchronie et de l'urgence, deux types d'individus émergent aux deux extrêmes de cette logique. D'un côté, l'individu adapté, « multibras, multiprise[9] » qui jouit de l'accélération, bondit d'un sujet à l'autre et jette un œil fébrile sur un flash d'infos en sentant vibrer son téléphone portable, de l'autre, l'individu pulvérisé par la vitesse d'une société qui l'écrase parce qu'il ne peut plus y inscrire le moindre projet. Mais une autre logique existe, qui vise à ne pas se laisser déposséder de sa propre temporalité et de ses propres rythmes et qui « réintroduit l'épaisseur du temps de la maturation, de la réflexion et de la méditation là où le heurt de l'immédiat et de l'urgence oblige à réagir trop souvent sous le mode de l'impulsion[10] ». C'est dans la tension nécessaire entre ces deux logiques d'action, dans ce dialogue obligé entre, d'un côté une contrainte d'urgence et d'immédiateté qui hache et pulvérise le temps dans un contexte de sacralisation du présent[11], de l'autre une tentative de reconquête de soi dans une continuité s'inscrivant dans un ordre de référence porteur de sens, que l'individu hypermoderne peut essayer de définir un nouveau rapport au temps et tenter d'unifier une identité fragmentée.

Bièvres, le 12 décembre 2002

Notes et références bibliographiques

Introduction

1. Selon la formule de Newton dans les *Philosophiae naturalis principia mathematica.*

2. Kant E., *Critique de la raison pure* (Esthétique transcendantale), PUF, 2001.

3. Bergson H., *Les Données immédiates de la conscience*, PUF, Paris, 1932.

4. Heidegger M., *L'Être et le Temps*, Gallimard, Paris, 1967.

5. Voir Gasparini G., « Temps, organisation et urgence », *Sciences de la Société* n° 44, mai 1998.

6. Bergson H., *Les Données immédiates de la conscience, op. cit.*

7. Klein E., *Le Temps*, Flammarion, Paris, 1997.

8. Ehrenberg A., *L'Individu incertain*, Calmann-Lévy, Paris, 1995.

9. Klein E., « La mathématisation du temps », communication au colloque *Modernité, les nouvelles cartes du temps*, Cerisy, 18 au 25 septembre 2001.

10. Voir notamment Taguieff P.A., *L'Effacement de l'avenir*, Galilée, Paris, 2000 ; Laïdi Z., *Le Sacre du présent*, Flammarion, Paris, 2000 ; Chesneaux J., *Habiter le temps*, Bayard, Paris, 1998. Voir aussi Ehrenberg A., *La Fatigue d'être soi*, Paris, Odile Jacob, 1998.

11. Laïdi Z., *Le Sacre du présent*, Flammarion, Paris, 2000.

12. Selon l'expression de Zaki Laïdi, *Le Sacre du présent, op. cit.*

13. Selon l'expression d'Alain Ehrenberg, in « Héroïsme, une valeur socialement transmissible », *Autrement* n° 86, janvier 1987.

14. Selon l'expression de Robert Castel, *Les Métamorphoses de la question sociale*, Fayard, Paris, 1996.

15. Robert Castel, *Les Métamorphoses de la question sociale, op. cit.*

16. Trétiack P., « Éloge de l'agitation », *Le Nouvel Observateur, Hors Série « Génération vitesse »*, mars-avril 2001.

Chapitre 1

1. « Vingt-quatre heures chrono », *Telerama* n° 2749, 21 au 27 septembre 2002.

2. Ascher F., « De la société à toute vitesse, à une société de toutes les vitesses », *Cahiers du Conseil National des Ponts et Chaussées*, février 2003.

3. Virilio P., *Vitesse et Politique*, Galilée, Paris, 1977; *La Machine de vision*, Galilée, Paris, 1988

4. Virilio P., *op. cit.*

5. C'est nous qui soulignons.

6. Laïdi Z., *Le Temps mondial*, Éditions Complexe, Paris, 1997

7. Jauréguiberry F., *Les branchés du portable. Sociologie des usages*, manuscrit à paraître aux PUF. Voir aussi « Une expérience d'ubiquité, Usages du Bi-Bop à Paris et à Strasbourg », *Rapport de recherche, CNET- CNRS*, Laboratoire SET, CNRS et Université de Pau, 1994.

8. Salmon J.-M., *Un monde à grande vitesse*, Grasset, Paris, 2000, p. 59.

9. Portrait K., Fernandez M., Mugneret E., « Quand Paris marche à l'urgence ordinaire », *Le Nouvel Observateur*, supplément Île de France, du 31 octobre au 6 novembre 2002.

10. Sur l'emploi du concept « hypermoderne » et la notion d'entreprise « hypermoderne », voir Pages M., Bonetti M., de Gaulejac V., Descendre D., *L'Emprise de l'organisation*, PUF, Paris, 1979.

11. Sur la notion d'analyseur, voir Lapassade G., *L'Ethnosociologie*, Méridiens Klienckseick, Paris, 1989; *Les Microsociologies*, Anthropos, Paris, 1996. *Groupes, organisations, institutions*, Gauthier-Villars, Paris, 1966 et Lourau R., *L'analyse institutionnelle*, Éditions de Minuit, Paris, 1969.

12. Chodkiewicz C., « L'urgence, une notion à plusieurs facettes », communication au colloque *Penser la mutation*, Montpellier, 10 au 13 mai 2000.

13. Laïdi Z., *Un monde privé de sens*, Fayard, Paris, 1994; Castells M., *La société en réseaux*, Fayard, Paris, 1998.

14. Aubert N., « Le sens de l'urgence », *Sciences de la Société* n° 44, mai 1998.

15. Usunier J.C., « Une critique de la fonctionalité de l'urgence », *Temporalistes* n° 29, p. 5-9, 1994

16. Jauréguiberry F., « Télécommunications et généralisation de l'urgence », *Sciences de la Société* n° 44, mai 1998

17. Usunier J.C., « Une critique de la fonctionalité de l'urgence », *op. cit.*
18. Lash S., Urry J., *Economies of signs and space*, Sage, London, 1994.
19. Gréau J.-L., *Le Capitalisme malade de sa finance*, Gallimard/Le Débat, Paris, 1998.
20. Santiso J., « Lenteur politique et vitesse économique », in Zawadzki P., (dir.) *Malaise dans la temporalité*, Publications de la Sorbonne, avril 2002.
21. Chesneaux J., *Habiter le temps*, Bayard, Paris, 1998.

Chapitre 2

1. Le Goff J., *Pour un autre Moyen Âge, Temps, travail et culture en Occident*, Gallimard, Paris, 1991.
2. Le Goff J., *op. cit.*
3. Chesneaux J., *Habiter le temps*, Bayard, Paris, 1998.
4. Lyotard J.-F., « Le temps aujourd'hui », in *L'Inhumain, causeries sur le temps*, Paris, 1988, p. 75-76.
5. Virilio P., « Alerte dans le cyberespace », *Le Monde diplomatique*, août 1995.
6. Jauréguiberry F., « Télécommunications et généralisation de l'urgence », *Sciences de la Société* n° 44, mai 1998.
7. Jauréguiberry F., *Les branchés du portable. Sociologie des usages*, manuscrit à paraître aux PUF.
8. Jauréguiberry F., « Télécommunications et généralisation de l'urgence », *op. cit.*, p. 86.
9. Jauréguiberry F., *Les branchés du portable. Sociologie des usages*, à paraître aux PUF, p. 31.
10. *Ibid.*, p. 27.
11. *Ibid.*, p. 27.
12. *Ibid.* p. 32.
13. *Ibid.* p. 33.
14. *Ibid.* p. 35.
15. *Ibid.* p. 29.
16. *Ibid.* p. 28.
17. Giddens A., *Les Conséquences de la modernité*, L'Harmattan, 1994.
18. Castells M., *La Société en réseaux*, (tome 1 : L'ère de l'information), Fayard, Paris, 1998.
19. Bonneville L., *La Représentation de la temporalité chez les utilisateurs du réseau Internet*, COMMposite, V2000-1, mai 2000. Communication au 16e congrès mondial de l'AISLF, Québec, juillet 2000.

20. Bergson H., *Les Données immédiates de la conscience*, PUF, Paris, 1932.

21. Jaureguiberry F., *op. cit.* p. 33.

22. Francis Jaureguiberry parle d'« ubiquité télécommunicationnelle ». Celle-ci concourt au sentiment d'« ubiquité existentielle », dont nous parlons.

23. Aubert N., 1. « Le sens de l'urgence », *Sciences de la Société* n° 44, mai 1998 ; 2. « Le temps de l'urgence », in Touati A., Morin E., Maffesoli M., Cyrulnik B., *Penser la mutation*, Éditions Cultures en mouvement, Desclée de Brouwer, 1999 ; 3. « Urgence et instantanéité : les nouveaux pièges du temps », in Ascher F., Godard F., (dir.), *Modernité : la nouvelle carte du temps*, Éditions de l'Aube, novembre 2002.

24. Jaureguiberry F., *Les branchés du portable. Sociologie des usages, op. cit.* p. 68, 69.

25. Jaureguiberry F., *Ibid.* p. 68 et 69.

26. Jaureguiberry F., « Télécommunications et généralisation de l'urgence », *op. cit.* p. 88

Chapitre 3

1. Jauréguiberry F., *Les branchés du portable. Sociologie des usages*, manuscrit à paraître aux PUF, p. 34.

2. Bayard D., « Temps et organisation : vers une ingénierie temporelle », in *Revue française des Affaires Sociales*, n° 3, juillet-septembre 1998, p. 24

3. Sur l'organisation à flux tendus, voir la synthèse effectuée par Isabelle Billiard, « Temps humain, temps productif, les enjeux des années 1980-1990 », in *Revue française des Affaires Sociales*, n° 3, juillet-septembre 1998, p. 93-97

Chapitre 4

1. Fixari D., Pallez F., « Comment traiter l'urgence », *Gérer et comprendre*, n° 27, p. 78-86

2. Aubert N., « Le sens de l'urgence », *Sciences de la Société* n° 44, mai 1998 ; « Le Management par l'urgence » in Brunstein I. (dir.) *L'homme à l'échine pliée*, Desclée de Brouwer, Paris, 1999.

3. Fixari D., et Pallez F., *op. cit.*

4. Sartre J.P., *Huis Clos*, Gallimard, Paris, 1947.

5. Conche M., *Temps et Destin*, PUF, Paris, 1992, p. 133-136.

6. Laïdi Z., *Le Sacre du présent*, Flammarion, Paris, 2000.

7. Jauréguiberry F., « Télécommunications et généralisation de l'urgence », *Sciences de la Société* n° 44, mai 1998.

8. Chodkiewicz C., « L'urgence, une notion à plusieurs facettes », communication au colloque *Penser la mutation*, Montpellier, 10 au 13 mai 2000.

9. Laïdi Z., *Le Sacre du présent, op. cit.*

10. Jauréguiberry F., *Les branchés du portable. Sociologie des usages*, manuscrit à paraître aux PUF.

11. Jauréguiberry F., « Télécommunications et généralisation de l'urgence », *op. cit.*

12. Campbell J., *The hero with a thousand faces*, 2nd ed. Princeton University Press, Princeton, 1968.

13. Ricoeur P., *Temps et Récit*, tome 3, Le Seuil, Paris, 1991, p. 435.

14. Laïdi Z., *Le Sacre du présent, op. cit.*, p. 215.

Chapitre 5

1. Aubert N., Pagès M., *Le Stress professionnel*, Klincksieck, Paris, 1989.

2. Laïdi Z., *La tyrannie de l'urgence*, Fides, Paris, 1999.

3. Ettighoffer D., Blanc G., *Le Syndrome de Chronos*, Dunod, Paris, 1998.

4. Ettighofer D., Blanc G., *op. cit.* p. 131-132.

5. Voir, entre autres, Aubert N., Pagès M., *Le Stress professionnel, op. cit.* ; Albert E., *Comment devenir un bon stressé*, Odile Jacob, Paris, 1994 ; Brunstein I., *L'homme à l'échine pliée, reflexions sur le stress professionnel*, (dir.), Desclée de Brouwer, Paris, 1999 ; Rivolier J., *L'Homme stressé*, PUF, Paris, 1989.

6. Sennett R., *Le Travail sans qualités* (titre anglais : *The Corrosion of character*, 1998), Albin Michel, Paris, 2000.

7. Sennett R., *Ibid.* p. 31.

8. Senett R., *Ibid.*p. 36.

9. *Cf.* par exemple les séminaires « Roman familial et trajectoire sociale », organisés par l'Institut de sociologie clinique.

10. Laïdi Z., Le Sacre du présent, *op. cit.*, p. 216.

11. Ehrenberg A., *La Fatigue d'être soi*, Odile Jacob, Paris, 1998.

12. Voir sur ce point *Le Monde*, octobre 2002, *L'Express*, octobre 2002. Voir aussi Ventura J., « *Le harcèlement moral* », thèse professionnelle mastère « Management des hommes et des organisations » ESCP-EAP.

13. Selye H., *The stress of life*, Mac Graw Hill, New York, 1986.

14. Lazarus R.S., *Psychological stress and the coping process*, Mac Graw Hill, New York, 1966.

15. Kalher T,. *Manager en personne*, Interéditions, Paris, 1989.

16. Dunbar H.F., *Mind and Body*, Random House, New York, 1947 et Consoli S. «Stress et personnalité», in Albert E., Chneiweiss L., *Stress et anxiété : les faux-semblants,* Upjohn, Paris, 1993.

17. Aubert N., Pagès M., *Le Stress professionnel, op. cit.* p. 43.

18. Parmi ces études, citons les plus célèbres : la «Western Collaborative group study» et la «Framingham Heart study».

19. Ehrenberg A., *La Fatigue d'être soi, op. cit.*

Chapitre 6

1. Tellenbach H., *La Mélancolie*, Paris, PUF, 1979.

2. Roudinesco E., *Pourquoi la psychanalyse*, Fayard, Paris, 1999, p. 18.

3. Janet P., 1. *Les Médications psychologiques*, tome 2, Félix Alcan, 1919, réédité par la Société Pierre Janet, 1986; 2. *Les névroses*, Flammarion, Paris, 1909.

4. Selon l'expression d'Élisabeth Roudinesco, *op. cit.*, p. 20.

5. Ehrenberg A., *La Fatigue d'être soi*, Odile Jacob, 1998, p. 83.

6. Le Pape A., et Lecomte T., *Aspects socio-économiques de la dépression. Évolution 1980-1981/1990-1991*, CREDES, 1996.

7. Lazarus A. (pres.), *Une souffrance qu'on ne peut plus cacher*, Rapport du groupe de travail Ville, santé mentale, précarité et exclusion sociale, février 1995. Voir aussi Ehrenberg A., *La Fatigue d'être soi, op. cit.*, p. 196.

8. Ehrenberg A., *La Fatigue d'être soi, op. cit.* p. 156.

9. Freud S., «Deuil et Mélancolie», in *Métapsychologie*, PUF, Paris, 1974.

10. Freud S., «Deuil et Mélancolie», in *op. cit.*, p. 152.

11. Anatrella T., *Non à la société dépressive*, Flammarion, Paris, 1993. Roudinesco E., *Pourquoi la psychanalyse* (1re partie), Fayard, *op. cit.*; Ehrenberg A., *La Fatigue d'être soi, op. cit.*

12. Baillarger (1854), cité par Widlöcher D., *Les Logiques de la dépression*, Fayard, Paris, 1998, p. 23.

13. Falret J.-P. (1854), cité par Widlöcher D., *Les Logiques de la dépression, op. cit.*

14. Kraepelin E., *La Folie maniaque-dépressive*, rééd. Jérôme Millon, Paris, 1993.

15. *Cf.* sur ce point Widlöcher D., *Les logiques de la dépression, op. cit.*, p. 25.

16. *Cf.* sur ce point Widlöcher D., *op. cit.* p. 26, 27.

17. *Ibid.*,p.27.

18. *Cf.*. sur ce point Widlöcher D., *op. cit.*, p. 42, 43.

19. *Ibid.* p. 36.

20. Minkowski E., *Le temps vécu*, Quadrige/PUF, Paris, 1995, p. 278.

21. Minkowski E., *Le temps vécu*, *op. cit.*, p. 311.

22. Description rapportée par Widlöcher D., *op. cit.*, p. 63

23. Ey H., *Études psychiatriques*, tome 3, Desclée de Brouwer, Paris, 1954, cité par Widlöcher D., *op. cit.*, p. 63-64.

24. Tellenbach H., *La mélancolie*, *op. cit.*, cité par Widlöcher D., p. 64.

25. Tellenbach H., cité par Widlöcher D., *ibid.*, p. 64-65.

26. Widlöcher D., *op. cit.* p. 237.

27. Voir sur ce point Ehrenberg A., *La Fatigue d'être soi*, *op. cit.* p. 156, 157 et p. 180 et suivantes.

28. Sur l'état dépressif chez les animaux, voir Widlöcher D., p. 217 à 232.

29. Voir sur ce point Ehrenberg A., *op. cit.*, p. 183.

30. Widlöcher D., *op. cit.*, p. 217.

31. *Ibid.*, p. 249.

32. Ehrenberg A., *La Fatigue d'être soi*, *op. cit.* p. 183.

33. *Ibid.*, p. 183.

34. *Ibid.*, p.18 et 180.

35. *Ibid.*, p. 161 et 162.

36. *Ibid.*, p. 180.

37. *Ibid.*, p. 177 et suiv.

38. Ehrenberg A., *La Fatigue d'être soi*, Odile Jacob, 1999.

39. Dumont L., *Essai sur l'individualisme*, Paris, Le Seuil, 1983.

40. Nietzsche F., *La Généalogie de la Morale*, Paris, Gallimard, 1987.

41. Ehrenberg A., *op. cit.*, p. 236.

42. *Ibid.*, p. 234, 235.

43. *Ibid.*, p. 17.

44. *Ibid.*, p. 222-223.

45. Fox A., *History and Heritage*, G. Allen and Unwin, London, Boston, 1985.

46. Castel R. *Les Métamorphoses de la question sociale*, Fayard, Paris, 1996, p. 464-465.

47. Aubert N., de Gaulejac V., *Le Coût de l'excellence*, Le Seuil, Paris, 1991.

48. Ehrenberg A., *La Fatigue d'être soi*, *op. cit.*, p. 204.

49. Selon l'expression d'Alain Ehrenberg, *op. cit.*, p. 201 et p. 250.

50. Aubert N., «Le sens de l'urgence», *Sciences de la Société*, n° 44, 1998.

51. Kielholz P., *États dépressifs*, Hans Huber, Berne, 1972.

52. Pichot P., (dir.), *Les Voies nouvelles de la dépression*, Masson, Paris, 1998 ; Pichot P., « Actualisation du concept de dépression », *L'Encéphale*, VII, 1981. La neurasthénie hier et aujourd'hui, *L'Encéphale* sp. « Syndrome de fatigue, neurasthénie, psychasthénie, thymasténie, dysthymies », XX, 1994.
53. Wessely S., « Le syndrome de fatigue chronique, *L'Encéphale*, XX, 1994.

Chapitre 7

1. Mosakowski E., et Earley C.P., A selective review of time assumptions in strategy research, *Academy of Management Review*, vol. 25, n° 4, p. 796-813, 2000
2. Hassard J., « Pour un paradigme ethnographique du temps de travail », in Chanlat J.F., (ed.) *L'Individu dans l'organisation. Les dimensions oubliées*, Les Presses de l'Université Laval-SK, Montréal-Paris, 1990.
3. Tarondeau J.C., et Naccache P., « Le temps en gestion », *Revue Française de Gestion,* n° 132, p. 58-62, 2001.
4. Mosakowski et Earley, *op. cit.*
5. Gersick C., Making Time : Predictable Transitions In Task Groups, *Academy Of Management Journal*, vol. 32, n° 2 ; p. 274-310, 1989.
6. Stalk G., « Time. The next source of competitive advantage », *Harvard Business Review*, vol. 66, july-august, p. 41-51, 1988. Eisenhardt K.M., et Martin J.A., « Dynamic capabilities : What are they? », *Strategic Management Journal*, vol. 21, n° 10/11, pg. 1105, 2000.
7. Aubert N., « Le sens de l'urgence », *Sciences de la Société*, n° 44, Mai, p. 29-42, 1998
8. Aubert N., (1998), *op. cit.*
9. Eisenhardt K.M., 1. « Making Fast Strategic Decisions In High-Velocity Environment », *Academy Of Management Journal*, vol. 32, n° 3, pg. 543-577, 1989. 2. « Speed and Strategic Choice : How Managers Accelerate Decision », *California Management Review*, vol. 32, n°. 3 ; pg. 39-55, Spring 1990.
10. Mitchell W., « Dual Clocks : Entry Order Influences on Incumbent and Newcome », *Strategic Management Journal*, Vol. 12, n° 2, pg. 85-101,1991.
11. Rot G., « Urgence et flux tendu dans l'industrie automobile », *Sciences de la Société*, n° 44, Mai, p. 99-111, 1998.
12. Rot G., *op. cit.*
13. Fixari D., Pallez F., « Comment traiter l'urgence ? », *Gérer et Comprendre*, n° 27, p. 78-86, 1992.

14. Thomas-Lenz R., «Strategic Management and organizational learning: a metatheory of executive leadership», in Henry J., Johnson G., Newton J., (eds.) *Strategic thinking: leadership and the management of change*, Willey and Sons, Chichester, 1993.
15. Gasparini G., Temps, organisation et urgence, *Sciences de la Société*, n° 44, Mai, p. 15-27, 1998
16. Roux-Dufort C., *Gérer et décider en situation de crise. Outils de diagnostic, de prévention et de décision*, Paris, Dunod, 2000.
17. Reilly A.H., «Preparing for the worst : the process of effective crisis management», *Industrial and Environmental Crisis Quarterly*, vol. 7, n° 2, p. 115-143, 1993.
18. Rot G., *op. cit.*
19. Roux-Dufort C., et Vidaillet B., «The difficulties to improvise in crisis situation. A case study», *International Studies in Management and Organization*, à paraître, 2003.
20. Hermann C.F., «Some Consequances of crisis which limit the viability of organizations», *Administrative Science Quarterly*, vol. 8, p. 61-82, 1980.
21. Forgues B., *Processus de decision en situation de crise*, Thèse de doctorat, Université Paris IX Dauphine, 1993.
22. Miller J.G., «Information Input Overload and psychopathology», *American Journal of Psychiatry*, vol. 116, p. 695-704, 1960.
23. Holsti R., «Crisis, stress and decision-making», *International Social Science Journal*, vol. 23, n° 1, p. 53-67, 1971.
24. Jauréguiberry F., «Télécommunications et généralisation de l'urgence», *Sciences de la Société*, n° 44, Mai, p. 83-97, 1998.
25. Roux-Dufort, *op. cit.*
26. Forgues, *op. cit.*
27. Ces idées de mou organisationnel ou d'évitement de la décision et de l'action ont été mises en relief dans plusieurs études de cas récentes. On lira avec intérêt le récit de la crise du nuage toxique de Nantes en 1987 dans Roux-Dufort et Vidaillet, *op. cit.* De même que ces mous organisationnels peuvent servir à prendre du recul, ils facilitent aussi l'apprentissage des équipes et des organisations. Ces arguments sont développés dans Roux-Dufort C., «Apprendre des crises. Entre statu quo et transformation», *Sciences de la Société*, n° 44, mai, p. 165-182, 1998 et Roux-Dufort C., *La gestion de crise. Un enjeu stratégique pour les organisations*, Bruxelles, De Boeck Université, 1999a.
28. Roux-Dufort C., «Le naufrage du Herald of Free Enterprise : une crise à double visage», *Gérer et Comprendre*, n° 56, Juin, 1999 b.

Chapitre 8

1. Gasparini G., Temps et travail en Occident, in Chanlat J.-F. (ed.), *L'Individu dans l'organisation-Les dimensions oubliées*, Les Presses de l'Université Laval-SK, Montréal-Paris, 1992, p. 199-214.

2. Jauréguiberry F., Télécommunications et généralisation de l'urgence, *Sciences de la Société*, n° 44, Mai, p. 83-97, 1998.

3. Jauréguiberry F., *op. cit.*

4. Jauréguiberry F., *op. cit.*

5. Selon l'expression de Jauréguiberry F., *op. cit.*

6. Shrivastava P., *Bhopal : Anatomy of a Crisis*, New York : Ballinger, 1992; Laufer R., *L'Entreprise face aux risques majeurs*, Paris, L'Harmattan, 1993.

7. Perrow C., «Accidents in high risks systems», *Technology Studies*, vol.1, n° 1, p.1-20.

8. Pauchant T., *Crisis Management : A Kohutian Perspective*, Thèse de Doctorat, University of Southern California, Los Angeles, 1988.

9. Pauchant T., *op. cit.*

10. Schwartz H.S., «On the psychodynamics of organizational disasters : the case of the space shuttle Challenger», in *Columbia Journal of World Business*, vol 22, p. 59-67, 1987

11. Roberts K., «Managing High Reliability Organizations», *California Management Review*, vol. 32, pp 101-113, 1990. Forgues B., «Nouvelles approches de la gestion des crises», *Revue Française de Gestion*, Mars-Avril-Mai, n° 108, p. 72-78, 1996.

12. Perrow C., *Normal Accidents. Living with High-Risk Technologies*, New-York, Basic Books, 1984.

13. Perrow C., *op. cit.*

14. Sur tout ce développement, voir Perrow C., *op. cit.*

15. Perrow C., *op. cit*

16. Voir sur ce point Sagan S. D., *Redundancy, Reliability and Risk*, communication présentée à la conférence de l'Academy of Management, Vancouver, août 1995.

17. Perrow C., *op. cit.*

18. Roux-Dufort C., «Apprendre des crises. Entre statu quo et transformation», *Sciences de la Société*, n° 44, mai, p. 165-182, 1998.

19. Weick K., «Organizational Culture as a Source of High Reliability», *California Management Review*, vol. 24, p 112-127, 1987.

20. Weick K., *op. cit.*

21. Weick K., et Roberts R., «Collective Mind in Organizations : Heedful Interrelating on Flight Decks», *Administrative Science Quarterly*, vol. 38, p 357-381, 1993.

22. Weick K., « The Collapse of Sensemaking in Organizations : The Mann Gulch Disaster », *Administrative Science Quarterly*, vol. 38, p. 628-652, 1993, p. 639.

23. Weick K., 1993, *op. cit*, p. 639.

24. Weick K., 1993, *op. cit.*

25. Weick K., *Sensemaking in organizations*, Thousands Oaks, Sage, 1995, p. 20.

26. « Sensemaking in Organizations », (Weick, 1995, p. 20).

27. C'est nous qui le précisons.

28. Weick K., The Collapse of Sensemaking in Organizations : The Mann Gulch Disaster, *Administrative Science Quarterly*, vol. 38, p. 628-652, 1993.

Chapitre 9

1. Voir notamment Taguieff P.A., *L'Effacement de l'avenir*, Galilée, Paris, 2000 ; Laïdi Z., *Le Sacre du présent*, Flammarion, Paris, 2000 ; Chesneaux J., *Habiter le temps*, Bayard, Paris, 1998 ; Zawadzki P. (dir.), *Malaise dans la temporalité*, Publications de la Sorbonne, avril 2002 ; Lipovetzky G., *L'empire de l'éphémère*, Gallimard, Paris, 1991, Sue R. *Temps et ordre social*, PUF, 1994.

2. Voir, à ce sujet Hartog F., « Temps et histoire. Comment écrire l'histoire de France », *Annales HSS*, 6, (1995), p. 1224.

3. Cité par Jean Chesneaux, au cours du colloque « *Modernité, la nouvelle carte du temps* », Cerisy, septembre 2001.

4. Donnet J.-L., « Une évolution de la demande au centre Jean Favreau », *Revue française de psychanalyse*, coll. « Débats de psychanalyse », novembre 1997, p. 19-20

5. Baudrillard J., « Le drame des loisirs ou l'impossibilité de perdre son temps », in *La société de consommation*, Denoël, Paris, 1970.

6. Laïdi Z., *Le Sacre du présent,* Flammarion, Paris, 2000.

7. Taguieff P.A., *L'effacement de l'avenir*, Galilée, Paris, 2000.

8. Laïdi Z., *Le Sacre du présent*, *op. cit.*, p. 27.

9. *Ibid.*, p. 35.

10. *Ibid.*, p. 38.

11. *Ibid.*, p. 13.

12. *Ibid.*, p. 94.

13. *Ibid.*, p. 241.

14. *Ibid.*, p. 112.

15. Selon l'expression de A. Heller, citée par Zaki Laïdi, *op. cit.*, p. 136.

16. Taylor C., *Le Malaise de la modernité,* Éditions du Cerf, Paris, 1994.

17. Giddens A., « Risk Society, : the concept of British policies », in Franklin J. (dir.) *The policy of risk society*, Cambridge, Policy Press, 1998, p. 25. Beck U., *La Société du risque, sur la voie d'une autre modernité*, Aubier, Paris, 2002

18. Ewald F., « Le retour du malin génie. Esquisse d'une philosophie de la précaution », art. cité in Olivier Godard, *Le principe de précaution dans les affaires humaines*, Presses de la MSH-Inra, 1997, p. 120.

19. Laïdi Z., *op. cit.*, p. 190.

20. Platon, *Timée*, 37 d.

21. Hayek von F., *Droit, législation et liberté*, PUF, Paris, 1980, p. 99.

22. Laïdi Z., *op. cit.*, p. 177.

23. *Ibid.*, p. 188.

24. Schulze G., *Die Erlebnisgesellschaft, Zur Sociologie den Gegenwart (La société de la satisfaction immédiate ou société sur le modèle de l'expérience vécue)*, Francfort sur le Main, 1992, cité par Gotz Lechner, « Le succès de la société de la satisfaction immédiate et les erreurs les plus communes de sa réception », *Concilium*, 282, 1999, p. 137 et suiv. Cité par Laïdi Z., *op. cit*, p. 108. Voir aussi Lebrun J.-P. *Un monde sans limite : pour une clinique psychanalytique du social*, Erès, 1997.

25. Williams B., Analyse présentée par André Masson, « L'actualisation du futur », *Le Genre humain, Actualité du contemporain*, Paris, Le Seuil, 2000, p. 242. Cité par Laïdi Z., *op. cit.*

26. Laïdi Z., p. 118.

27. Geniès B., *Le Nouvel Observateur*, 12 décembre 1991. Cet entretien a été reproduit par Tony Anatrella dans son ouvrage *Non à la société dépressive*, Flammarion, 1993.

28. Souligné par nous.

29. Anatrella T., *Non à la société dépressive*, Flammarion, 1993, p. 66.

30. Adès J., et Lejoyeux M., *Encore plus*, Odile Jacob, Paris, 2001.

31. Adès J., et Lejoyeux M., *op. cit.*, p. 282.

32. Fenichel O., *La Théorie psychanalytique des névroses*, PUF, Coll. « Bibliothèque de psychanalyse, Paris, 1953.

33. Ades J., et Lejòyeux M., *op. cit.*, p. 282.

34. Voir, sur la description psychiatrique des états-limites, *Psychiatrie de l'adulte*, de Lempérière T., Féline A., Gutmann A., Adès J., et Pilate C., sur lequel nous nous sommes appuyés dans ce paragraphe.

Chapitre 10

1. Tocqueville A. de, *De la démocratie en Amérique*, tome 2, 3e partie, chapitre 15, Gallimard, coll. Folio, 1986, p. 308-309.

2. Tocqueville A. de, *De la démocratie en Amérique, op. cit.* 4e partie, chapitre 8, p. 452.

3. Tocqueville A. de, *De la démocratie en Amérique, op. cit.* tome 2, 2e partie, chapitre 3, p. 145.

4. Théry I., «Différence des sexes et différence des générations, l'institution familiale en déshérence», *Esprit* décembre 1996 (p. 65 à 90), p. 84-85.

5. *Ibid.*, p. 85.

6. *Ibid.*, p. 88

7. *Ibid.*, p. 84

8. *Ibid.*, p. 89

9. *Ibid.*, p. 89

10. *Ibid.*, p. 74-75

11. Max Weber a montré les liens entre cette démarche et le développement du capitalisme, *cf.*. Weber M. *L'Éthique protestante et l'esprit du capitalisme*, Plon, Paris, 1969.

12. Hervieu-Léger D., *La Religion en miettes ou la question des sectes*, Calmann-Lévy, Paris, 2001. Nous nous sommes appuyés, pour tout ce paragraphe, sur l'étude de Danièle Hervieu-Léger.

13. Lambert Y., «Un paysage religieux en pleine évolution», in Riffaut H., (ed.), *Les Valeurs des Français*, PUF, Paris, 1994.

14. Hervieu-Léger D., *op. cit.*, p. 81.

15. *Ibid.* p. 81 et suiv.

16. *Ibid.* p. 85 et 86.

17. Champion F., «Thérapies et nouvelles spiritualités», in *Sciences Humaines* n° 106, juin 2000, p. 32-35.

18. Hervieu-Léger D., *op. cit.*, p. 88.

19. Lenoir F., *La Rencontre du bouddhisme et de l'Occident*, Fyard, Paris, 1999.

20. Hervieu-Léger D., *op. cit.*, p. 90.

21. *Ibid.*, p. 92.

22. Selon les termes de Danièle Hervieu-Léger.

23. Hervieu-Léger D., *op. cit.* p. 97.

24. *Ibid.*, p. 97.

25. *Ibid.*, p. 96-97.

26. Ce point est développé par Danièle Hervieu-Léger, pages 97 à 104

27. Hervieu-Léger D., *op. cit.*, p. 98.

28. *Ibid.*, p. 99-100.

29. *Ibid.*, p. 102, souligné par nous.

30. Sur cette idée, voir Lipovetsky G., *L'Ère du vide*, Gallimard, Paris, 1988 ; *L'Empire de l'éphémère*, Gallimard, Paris, 1991, ainsi que de Foucault J.B. et Piveteau D., *Une société en quête de sens*, Odile Jacob, Paris, 1995.

31. Hervieu-Léger D., *op. cit.*, p. 127 et 130.

32. *Ibid.*, p. 123.

33. *Ibid.*, p. 124.

34. *Ibid.*, p. 138.

35. *Ibid.*, p. 132.

36. Gauchet M., *Le Désenchantement du monde*, Gallimard, Paris, 1999, p. 302.

37. Freud S., *Freud, L'analyse avec fin et l'analyse sans fin* in *Résultats, idées, problèmes*, vol II, PUF, 1985.

38. « Marcel Proust et les psychanalystes », *Revue Française de Psychanalyse*, tome LXIII, 2, 1999.

39. Duparc F., « Le temps en psychanalyse, figurations et constructions », *Revue Française de Psychanalyse* n° 5, « Le temps en analyse », 1997, tome LXI, numéro spécial congrès. Nous nous sommes appuyés sur ce travail pour le développement qui suit.

40. Duparc F., *op. cit.*, p. 1569.

41. Freud S., *Abrégé de psychanalyse*, 1938, PUF, Paris, 1998.

42. Ainsi R. Roussillon (1995), J. Bergeret (1985), Masud Khan, cité par D. Anzieu (1990), cités par F. Duparc, *op. cit.*

43. Khan M., cité par Anzieu (1990), repris par Duparc, *op. cit.*, p. 1 582.

44. Duparc F., *op. cit.*, p. 1 552.

45. *Ibid.*, p. 1 552.

46. Freud, *Remémoration*, *répétition* et *perlaboration*, 1914, in *La technique psychanalytique*, PUF, Paris, 1977.

47. Duparc F., *op. cit.*, p. 1570.

48. *Ibid.*, p. 1573.

49. Freud S., « L'analyse avec fin et l'analyse sans fin », in *Résultats, idées, problèmes*, vol II, PUF, 1985, p. 232.

50. Proust M,. *Du côté de chez Swann*, Gallimard, Folio, Paris, 1972, p. 503.

51. Voir Mannoni O., *Clefs pour l'imaginaire*, Le Seuil, coll. Points, 1985, p. 107.

52. Fraisse L., *Lire Du côté de chez Swann*, Dunod, Paris, 1993, p. 104.

53. Proust M., *La Prisonnière*, Gallimard, Folio, Paris, 1972, p. 341.

54. Sur cette analyse, voir Octave Mannoni, *Clefs pour l'imaginaire*, Le Seuil, Points, 1985, p. 100 à 108.

55. Mannoni O., *op. cit.*, p. 108.

56. Proust M., *Du côté de chez Swann, op. cit.*, p. 503.

57. Souligné par nous.
58. Mannoni O., *op. cit.*
59. Proust M., *Du côté de chez Swann*, Combray, p. 61.
60. Proust M., *ibid.* p. 61.
61. Selon l'expression de Serge Doubrovsky, *La place de la Madeleine*, Mercure de France, 1994, réédité chez Ellug, 2001.
62. Doubrovsky S., *op. cit.*
63. Proust M., *Le Temps retrouvé*, Gallimard, Folio, Paris, 1972, p. 430
64. Malraux A., «Entretien rapporté dans Picon G.», *Malraux par lui-même*, Paris Le Seuil, p. 38.
65. *Cf.*. Chodkiewicz C. «L'urgence, une notion à plusieurs facettes», communication au colloque *Penser la mutation*, Montpellier, 10 au 13 mai 2000.
66. Malraux A., *La Condition humaine*, Gallimard, Folio, Paris, 1971, p. 337.
67. Sarraute N., « L'ère du soupçon», paru dans *Temps Modernes*, 1950, in *L'ère du soupçon*, Gallimard, Paris, 1987, p. 66.
68. Sarraute N. *L'ère du soupçon, op. cit.*, p. 74.
69. Maffesoli M., *L'Instant éternel, le retour du tragique dans les sociétés postmodernes*, Denoël, Paris, 2000.

Chapitre 11

1. Janouch G., *Conversations avec Kafka* (1968), Les Lettres nouvelles, Paris, 1978, p. 231.
2. Ellul J., *Trahison de l'Occident*, Calmann-Lévy, Paris, 1975, p. 221-222.
3. Tocqueville A. de, *De la démocratie en Amérique (1840)*, Garnier-Flammarion, 1981, vol. II, partie II, chapitre 17, p. 187-188.
4. Castel R., *Les Métamorphoses de la question sociale*, Fayard, Paris, 1996.
5. Fox A., *History and Heritage, op. cit.*
6. Castel R., *Les Métamorphoses de la question sociale, op. cit.*, p. 465.
7. *Ibid.*, p. 468.
8. Castel R., et Haroche C., *Propriété privée, propriété sociale, propriété de soi*, Fayard, Paris, 2001, p. 116.
9. Cournut J., *L'Ordinaire de la passion*, PUF, Paris, 1991.
10. Cournut J., *L'Ordinaire de la passion, op. cit.*, p. 73.
11. Selon l'expression d'Alain Ehrenberg, in «Héroïsme, une valeur socialement transmissible», *Autrement* n° 86, janvier 1987.

12. Weber M., *L'Éthique protestante et l'esprit du capitalisme*, Plon, Paris, 1969.

13. Sur l'analyse de l'esprit du capitalisme et son lien avec l'éthique protestante, voir, outre le livre de Weber, le résumé que nous faisons dans Aubert N. de Gaulejac V., *Le Coût de l'excellence, op. cit.* p. 77 à 83.

14. Marcuse H, *L'Homme unidimensionnel*, Ed. de Minuit, Paris, 1968.

15. Sartre J.P., *L'existentialisme est un humanisme*, Nagel, collection «Pensées», Paris, 1970, p. 22.

16. Sartre J.-P., *op. cit.*, p. 78.

17. Ellul J., *Trahison de l'Occident, op. cit.*

18. Taguieff P.A., *L'effacement de l'avenir*, Galilée, Paris, 2000, p. 126.

19. Taguieff P.A., *op. cit.*, p. 126.

20. Castoriadis C., *La Montée de l'insignifiance*, Le Seuil, Paris, p. 131.

21. Taguieff P.A., *op. cit.*, p. 137.

22. Sur cette notion, voir Pagès M., Bonetti M., de Gaulejac V., Descendre D., *L'Emprise de l'organisation*, PUF, Paris, 1979.

23. Sur la notion de modernité radicale ou exacerbée, voir le résumé fait par François Ascher, *Ces événements nous dépassent, feignons d'en être les organisateurs, Essai sur la société contemporaine*, Éditions de l'Aube, 2000.

24. Sennett R., *Le Travail sans qualités*, Albin Michel, Paris, 2000.

25. Coninck F. de, *L'Homme flexible et ses appartenances*, L'Harmattan, 2001.

26. Selon l'expression de Lash S. et Urry J., *Economies of signs and space*, Sage, London, 1994.

27. Coninck F. de, *op. cit.*, p. 9.

28. Voir, sur ce point, Aubert A., «Le rôle de la télévision lors des soirées électorales : réactivité ou précipitation ? Le cas de la nuit électorale des présidentielles américaines en 2000», *Les Cahiers du CREDAM*, novembre 2002.

29. Voir à ce sujet la très intéressante étude de Francis Jauréguiberry, Le Moi, le Soi et Internet, in Jaureguiberry F., Proux S. (eds.) *Internet, nouvel espace citoyen?*, Paris, L'Harmattan, 2003 (à paraître).

30. Selon la métaphore utilisée par Norbert Elias, *La Société des individus*, Fayard, Paris, 1991.

31. Ascher F., *Ces événements nous dépassent, feignons d'en être les organisateurs, Essai sur la société contemporaine, op. cit.* p. 60 et 61.

32. Tretiack P., «Éloge de l'agitation», *Le Nouvel Observateur, Hors Série «Génération vitesse»*, mars-avril 2001.
33. Laïdi Z., *Le Sacre du présent, op. cit.*, p. 157.
34. *Ibid.*, p. 158.
35. *Ibid.*, p. 157.
36. Castel R., et Haroche C., *Propriété privée, propriété sociale, propriété de soi*, Fayard, Paris, 2001.
37. Sur cette hypothèse, voir Robert Castel et Claudine Haroche, *Propriété privée, propriété sociale, propriété de soi, op. cit.*
38. Rushdie S., *Patries imaginaires*, 10-18, Paris, 1993
39. Voir l'étude de Francis Jauréguiberry, *Le Moi, le Soi et Internet, op. cit.*
40. Notée par Sygmund Bauman, *Postmodern Ethics*, Blackwell, Oxford, 1993, et Mark Taylor, *Disfiguring*, University of Chicago Press, Chicago, 1993.
41. Castel R., *Les Métamorphoses de la question sociale, op. cit* et Castel R., Harroche C., *Propriété privée, propriété sociale, propriété de soi, op. cit.*
42. Castel R., *Les Métamorphoses de la question sociale, op. cit* p. 468.
43. Tretiak P., *Traité de l'agitation ordinaire*, Grasset, Paris, 1998, p. 19, 41, 15, 155, 67.
44. Alquié F., *Le désir d'éternité*, PUF, Paris, 1963.
45. Alquié F., p. 120.
46. Klein E., *Le Temps, op. cit.*, p. 106.
47. Klein E., *ibid.* p. 106

Conclusion

1. Balandier G., *Le Désordre*, Fayard, Paris, 1998.
2. Zawadzki P., (dir.) *Malaise dans la temporalité*, Publications de la Sorbonne, avril 2002.
3. Beck U., *La Société du risque, sur la voie d'une autre modernité*, Aubier, Paris, 2002.
4. Taylor C., *Le Malaise de la Modernité*, Éditions du Cerf, Paris, 1994, p. 123.
5. Castells M., *La Société en réseaux*, (tome 1 : L'ère de l'information), Fayard, Paris, 1998.
6. Selon l'expression de Manuel Castells, *op. cit.*
7. Lipovetzsky G., *L'Empire de l'éphémère*, Gallimard, Paris, 1987.
8. Laïdi Z., *Le Sacre du présent*, Flammarion, Paris, 2000.
9. Tretiack P,. «Éloge de l'agitation», *Le Nouvel Observateur, Hors Série «Génération vitesse»*, mars-avril 2001.

10. Jauréguiberry F., *Les branchés du portable. Sociologie des usages*, à paraître aux PUF.
11. Laïdi Z., *Le Sacre du présent, op. cit.*

Bibliographie

Ouvrages

Adès J., Lejoyeux M., *Encore plus,* Odile Jacob, Paris, 2001

Albert E., Chneiweiss L., *Stress et anxiété : les faux-semblants,* Upjohn, Paris, 1993

Albert E., *Comment devenir un bon stressé,* Odile Jacob, Paris, 1994

Alquié F., *Le désir d'éternité,* PUF, Paris, 1963

Anatrella T., *Non à la société dépressive,* Flammarion, Paris, 1993

Ascher F., *Ces événements nous dépassent, feignons d'en être les organisateurs, Essai sur la société contemporaine,* Editions de l'Aube, 2000

Aubert N., (dir.) *L'Individu hypermoderne,* Erès, 2004

Aubert N., « Le Management par l'urgence » in Brunstein I., (dir.) *L'homme à l'échine pliée,* Desclée de Brouwer, Paris, 1999

Aubert N., « Le temps de l'urgence », in Touati A., Morin E., Maffesoli M., Cyrulnik B., (dir.) *Penser la mutation,* Editions Cultures en mouvement, Desclée de Brouwer, 1999

Aubert N., « Urgence et instantanéité : les nouveaux pièges du temps », in Ascher F., Godard F., (éds.) *Modernité : la nouvelle carte du temps,* Editions de l'Aube, novembre 2002

Aubert N., de Gaulejac V., *Le coût de l'excellence,* Le Seuil, Paris, 1991

Aubert N., Pagès M., *Le stress professionnel,* Klincksieck, Paris, 1989

Balandier G., *Le dédale. Pour en finir avec le XXe siècle,* Fayard, Paris, 1994

Balandier G., *Le désordre. Eloge du mouvement,* Fayard, Paris, 1998

Baudrillard J., *La société de consommation,* Denoël, Paris, 1970

Bauman S., *Postmodern Ethics,* Blackwell, Oxford, 1993

Beck U., *La société du risque, sur la voie d'une autre modernité,* Aubier, Paris, 2002

Bergson H., *Les données immédiates de la conscience,* PUF, Paris, 1932

Bernheim E., *Sa femme,* Gallimard, Paris, 1995

Bernheim E., *Vendredi soir,* Gallimard, Paris, 1999

Bollon P., *Esprit d'époque,* Le Seuil, Paris, 2002

Boudon R., *Déclin de la morale, déclin des valeurs,* PUF, Paris, 2002

Brunstein I., (dir.) *L'homme à l'échine pliée, réflexions sur le stress professionnel,* Desclée de Brouwer, Paris, 1999

Campbell J., *The Hero with a Thousand Faces,* 2nd éd. Princeton University Press, Princeton, 1968

Castel R., *L'ordre psychiatrique,* Editions de Minuit, Paris, 1976

Castel R., (en collaboration avec F. Castel et A. Lovel), *La société psychiatrique avancée : le modèle américain,* Grasset, Paris, 1979

Castel R., *La gestion des risques,* Ed. de Minuit, Paris, 1981

Castel R., *Le psychanalysme,* Flammarion, Paris, 1981

Castel R., *Les métamorphoses de la question sociale,* Fayard, Paris, 1996

Castel R., Haroche C., *Propriété privée, propriété sociale, propriété de soi,* Fayard, Paris, 2001

Castells M., *La société en réseaux* (tome 1 : L'ère de l'information), Fayard, Paris, 1998

Castells M., *La galaxie Internet,* Fayard, Paris, 2001
Castoriadis C., *La montée de l'insignifiance,* Le Seuil, Paris
Chanlat J.F., *L'individu dans l'organisation. Les dimensions oubliées,* Presses de l'Université Laval-SK, Montréal-Paris, 1990
Chesneaux J., *Habiter le temps,* Bayard, Paris, 1998
Conche M., *Temps et destin,* PUF, Paris, 1992
Coninck F. de, *L'homme flexible et ses appartenances,* L'Harmattan, Paris, 2001
Cohen D., *Nos temps modernes,* Flammarion, Paris, 2000
Cournut J., *L'ordinaire de la passion,* PUF, Paris, 1991
Cottraux J., *Les thérapies comportementales,* Masson, Paris, 1978
Delerm P., *La première gorgée de bière et autres plaisirs minuscules,* Gallimard, « L'Arpenteur », Paris, 1997
Doubrovsky S., *La place de la Madeleine,* Mercure de France, 1994, réédité chez Ellug, 2001
Dunbar H.F., *Mind and body,* Random House, New York, 1947
Ehrenberg A., *L'individu incertain,* Calmann-Lévy, Paris, 1995
Ehrenberg A., *La fatigue d'être soi,* Odile Jacob, Paris, 1998
Elias N., *La société des individus,* Fayard, Paris, 1991
Elias N., *Du temps,* Fayard, Paris, 1999
Ellul J., *Trahison de l'Occident,* Calmann-Lévy, Paris, 1975
Ettighoffer D., Blanc G., *Le syndrome de Chronos,* Dunod, Paris, 1998
Ey H., *Études psychiatriques,* tome 3, Desclée de Brouwer, Paris, 1954
Fenichel O., *La théorie psychanalytique des névroses,* PUF, « Bibliothèque de psychanalyse », Paris, 1953

Forgues B., *Processus de décision en situation de crise,* Thèse de doctorat, Université Paris IX Dauphine, 1993

Foucault J.B. de, Piveteau D., *Une société en quête de sens,* Odile Jacob, Paris, 1995

Fox A., *History and Heritage,* G. Allen and Unwin, Londres-Boston, 1985

Fraisse L, *Lire « Du côté de chez Swann »,* Dunod, Paris, 1993

Freud S., « Deuil et Mélancolie », in *Métapsychologie,* PUF, Paris, 1974

Freud S., Remémoration, répétition et perlaboration, 1914, in *La technique psychanalytique,* PUF, Paris, 1977

Freud S., L'analyse avec fin et l'analyse sans fin in *Résultats, idées, problèmes,* vol. II, PUF, 1985

Freud S., *Abrégé de psychanalyse,* (1938), PUF, Paris 1998

Gauchet M., *Le désenchantement du monde,* Gallimard, Paris, 1999

Giddens A., *Les conséquences de la modernité,* L'Harmattan, Paris, 1994

Godard O., *Le principe de précaution dans les affaires humaines,* Presses de la MSH-Inra, 1997

Gréau J.L., *Le capitalisme malade de sa finance,* Gallimard/Le Débat, Paris, 1998

Grossin W., *Pour une science des temps, introduction à l'écologie temporelle,* Octares, 1996

Hayek F. von, *Droit, législation et liberté,* PUF, Paris, 1980

Heidegger M., *L'être et le temps,* Gallimard, Paris, 1967

Hendry J., Johnson G., Newton J., (éds.) *Strategic Thinking : Leadership and the Management of Change,* Willey & sons, Chichester, 1993

Hervieu-Léger D., *La religion en miettes ou la question des sectes,* Calmann-Lévy, Paris, 2001

Lambert Y., « Un paysage religieux en pleine évolution », in Riffaut H., (éd.), *Les valeurs des Français,* PUF, Paris, 1994

Janet P., *Les névroses,* Flammarion, Paris, 1909

Janet P., *Les médications psychologiques,* tome 2, Felix Alcan, 1919, réédité par la société Pierre Janet, 1986.

Janicaud D., *Chronos. Pour l'intelligence du partage temporel,* Grasset, « Le collège de philosophie », Paris, 1997

Janouch G., *Conversations avec Kafka* (1968), Les Lettres nouvelles, Paris, 1978

Jauréguiberry F., *Les branchés du portable. Sociologie des usages,* PUF, Paris, 2003

Jauréguiberry F., « Une expérience d'ubiquité, Usages du Bi-Bop à Paris et à Strasbourg », Rapport de recherche, CNET-CNRS, Laboratoire SET, CNRS et Université de Pau, 1994

Jauréguiberry F, Proulx S., (éds.), *Internet, nouvel espace citoyen ?,* Paris, L'Harmattan, 2003

Jullien F., *Du temps,* Grasset, Paris, 2001

Kalher T., *Manager en personne,* Interéditions, Paris, 1989

Kielholz P., *États dépressifs,* Hans Huber, Berne, 1972

Klein E., *Le temps,* Flammarion, Paris, 1995

Klein E., *Les tactiques de Chronos,* Flammarion, Paris, 2003

Kraepelin E., *La folie maniaque-dépressive,* rééd. Jérôme Millon, Paris, 1993

Laïdi Z., *Un monde privé de sens,* Fayard, Paris, 1994

Laïdi Z., *Le temps mondial,* Editions Complexe, Paris, 1997

Laïdi Z., *La tyrannie de l'urgence,* Fides, Paris, 1999

Laïdi Z., *Le sacre du présent,* Flammarion, Paris, 2000

Lapassade G., *Groupes, organisations, institutions,* Gauthier-Villars, Paris, 1966

Lapassade G., *L'ethnosociologie,* « Méridiens »-Klincksieck, Paris, 1999

Lapassade G., *Les microsociologies,* Anthropos, Paris, 1996

Lapassade G., Lourau R., *L'analyse institutionnelle,* Editions de Minuit, Paris, 1969

Lash S., Urry J., *Economies of signs and space,* Sage, Londres, 1994

Laufer R., *L'entreprise face aux risques majeurs,* Paris, L'Harmattan, 1993

Lazarus A., (prés.) *Une souffrance qu'on ne peut plus cacher,* Rapport du groupe de travail Ville, santé mentale, précarité et exclusion sociale, février 1995

Lazarus R.S., *Psychological stress and the coping process,* Mac Graw Hill, New York, 1966

Lebrun J.P., *Un monde sans limite, essai pour une clinique psychanalytique du social,* Erès, 1997.

Le Goff J., *Pour un autre Moyen Âge, Temps, travail et culture en Occident,* Gallimard, Paris, 1991

Lempérière T., Féline A., Gutmann A., Adès J., et Pilate C., *Psychiatrie de l'adulte,* Masson, Paris, 1997

Lenoir F., *La rencontre du bouddhisme et de l'Occident,* Fayard, Paris, 1999

Le Pape A., Lecomte T., *Aspects socio-économiques de la dépression. Evolution 1980-1981/1990-1991,* CREDES, 1996

Lipovetsky G., *L'ère du vide,* Gallimard, Paris, 1988

Lipovetzky G., *L'empire de l'éphémère,* Gallimard, Paris, 1991

Lyotard J.F., *La condition post-moderne,* Editions de Minuit, Paris, 1988

Lyotard J.F., *L'inhumain, causeries sur le temps,* Paris, 1988

Maffesoli M., *L'instant éternel, le retour du tragique dans les sociétés postmodernes,* Denoël, Paris, 2000

Malraux A., *La condition humaine,* Gallimard, « Folio », Paris, 1971
Mannoni O., *Clefs pour l'imaginaire,* Le Seuil, « Points », 1985
Marcuse H., *L'homme unidimensionnel,* Ed. de Minuit, Paris, 1968
Masson A., « L'actualisation du futur », *Le genre humain, Actualité du contemporain,* Le Seuil, Paris, 2000
Minkowski E., *Le temps vécu,* « Quadrige »/PUF, Paris, 1995
Newton J., *Philosophiae naturalis principia mathematica*
Pages M., Bonetti M., de Gaulejac V, Descendre D., *L'emprise de l'organisation,* PUF, Paris, 1979
Pauchant T., *Crisis Management : A Kohutian Perspective,* Thèse de Doctorat, University of Southern California, Los Angeles, 1988
Perrow C., *Normal Accidents. Living with High-Risk Technologies,* Basic Books, New York, 1984
Pichot P., (dir.) *Les voies nouvelles de la dépression,* Masson, Paris, 1978
Picon G., *Malraux par lui-même,* Le Seuil, Paris, rééd. 1996
Platon, *Timée,* Flammarion, « GF », Paris, 1992
Proust M., *Du côté de chez Swann,* Gallimard, « Folio », Paris, 1972
Proust M., *Le temps retrouvé,* Gallimard, « Folio », Paris, 1972
Proust M., *La Prisonnière,* Gallimard, « Folio », Paris, 1972
Ricœur P., *Temps et récit,* tome 3, Le Seuil, Paris, 1991
Rivolier J., *L'homme stressé,* PUF, Paris, 1989
Roudinesco E., *Pourquoi la psychanalyse ?,* Fayard, Paris, 1999
Roux-Dufort, C., *La gestion de crise. Un enjeu stratégique pour les organisations,* Bruxelles, De Boeck Université, 1999

Roux-Dufort C., *Gérer et décider en situation de crise. Outils de diagnostic, de prévention et de décision,* Paris, Dunod, 2000.

Rushdie S., *Patries imaginaires,* Christian Bourgois, Paris, 1993

Salmon J.M., *Un monde à grande vitesse,* Grasset, Paris, 2000.

Sarraute N., *L'ère du soupçon,* Gallimard, Paris, 1987

Sartre J.P., *L'existentialisme est un humanisme,* Nagel, « Pensées », Paris, 1970

Sartre J.P., *Huis clos,* Gallimard, Paris, 1947

Schulze G., *Die Erlebnisgesellschaft, Zur Sociologie den Gegenwart (La société de la satisfaction immédiate ou société sur le modèle de l'expérience vécue),* Francfort sur le Main, 1992

Segur P., *Le pouvoir et le temps,* Albin Michel, Paris, 1996

Selye H., *The Stress of Life,* Mac Graw Hill, New York, 1986

Sennett R., *Le travail sans qualités* (titre anglais : *The Corrosion of Character,* 1998), Albin Michel, Paris, 2000

Servan-Schreiber J.L., *Le nouvel art du temps,* Albin Michel, Paris, 2000

Shrivastava P., *Bhopal : Anatomy of a Crisis,* New York, Ballinger, 1992

Sue R., *Temps et ordre social,* PUF, 1994

Taguieff P.A., *L'effacement de l'avenir,* Galilée, Paris, 2000

Taguieff P.A., *Résister au bougisme,* Mille et une nuits, Paris, 2001

Taylor C., *Le malaise de la modernité,* Editions du Cerf, Paris, 1994

Taylor C., *Les sources du moi,* Le Seuil, Paris, 1998

Taylor M., *Disfiguring,* University of Chicago Press, Chicago, 1993

Tellenbach H., *La mélancolie,* Paris, PUF, 1979

Tocqueville A. de, *De la démocratie en Amérique* (1840), Flammarion, « GF », Paris, 1981

Tretiak P., *Traité de l'agitation ordinaire,* Grasset, Paris, 1998

Virilio P., *Vitesse et politique,* Galilée, Paris, 1977

Virilio P., *La machine de vision,* Galilée, Paris, 1988

Virilio P., *La vitesse de libération,* Galilée, 1995

Virilio P., *Cybermonde, la politique du pire,* Textuel, Paris, 1996

Weber M., *L'éthique protestante et l'esprit du capitalisme,* Plon, Paris, 1969

Widlöcher D., *Les logiques de la dépression,* Fayard, Paris, 1998

Widlöcher D., *Les nouvelles cartes de la psychanalyse,* Odile Jacob, Paris, 1996

Zarifian P., *Temps et modernité,* L'Harmattan, Paris, 2001

Zawadzki P., (dir.) *Malaise dans la temporalité,* Publications de la Sorbonne, avril 2002

Articles, chapitres d'ouvrage, communications

Ascher F., « De la société à toute vitesse à une société de toutes les vitesses », *Cahiers du Conseil national des Ponts et Chaussées,* février 2003

Aubert A., « Le rôle de la télévision lors des soirées électorales : réactivité ou précipitation ? Le cas de la nuit électorale des présidentielles américaines en 2000 », *Les Cahiers du CREDAM,* novembre 2002

Aubert N., « Le Management par l'urgence » in Brunstein I., (dir.) *L'homme à l'échine pliée,* Desclée de Brouwer, Paris, 1999

Aubert N., « Le temps de l'urgence », in Touati A., Morin E., Maffesoli M., Cyrulnik B., (dir.) *Penser la mutation,* Editions Cultures en mouvement-Desclée de Brouwer, Paris, 1999

Aubert N., « Urgence et instantanéité : les nouveaux pièges du temps », in Ascher F., Godard F., (éds.) *Modernité : la nouvelle carte du temps,* éditions de l'Aube, novembre 2002

Aubert N., « Le sens de l'urgence », *Sciences de la société* n° 44, mai 1998.

Baudrillard J., « Le drame des loisirs ou l'impossibilité de perdre son temps », in *La société de consommation,* Denoël, Paris, 1970

Bayard D., « Temps et organisation : vers une ingénierie temporelle », *Revue française des Affaires sociales : « Les temps de notre temps : enjeux, incertitudes, complexités »,* n° 3, juillet-septembre 1998

Bessin M., Gasparini G., « Vitesse et vie sociale », *Social Science Information, Information sur les sciences sociales* n° 3, Sage Publications, septembre 2000

Billiard I., « Temps humain, temps productif, les enjeux des années 1980-1990 », *Revue française des Affaires sociales : « Les temps de notre temps : enjeux, incertitudes, complexités »,* n° 3, juillet-septembre 1998

Bonneville L., « La représentation de la temporalité chez les utilisateurs du réseau Internet », *COMMposite, V2000-1, mai 2000. Communication au 166e congrès mondial de l'AISLF,* Québec, juillet 2000

Bonneville L., « La temporalité du réseau internet est-elle encore moderne ? », in Jauréguiberry F., Proulx S., (éds), *Internet, nouvel espace citoyen ?,* L'Harmattan, Paris, 2003, p. 205-222

Champion F., « Thérapies et nouvelles spiritualités », *Sciences humaines* n° 106, juin 2000, p. 32-35

Chodkiewicz C., « L'urgence, une notion à plusieurs facettes », communication au colloque *Penser la mutation,* Montpellier, 10 au 13 mai 2000

Consoli S., « Stress et personnalité », in Albert E., Chneiweiss L., *Stress et anxiété : les faux-semblants,* Upjohn, Paris, 1993

Donnet J.L., « Une évolution de la demande au centre Jean Favreau », *Revue française de psychanalyse,* « Débats de psychanalyse », novembre 1997

Duparc F., « Le temps en psychanalyse, figurations et constructions », *Revue française de Psychanalyse* n° 5, « Le temps en analyse », 1997, tome LXI, numéro spécial congrès

Ehrenberg A., « Héroïsme, une valeur socialement transmissible », *Autrement* n° 86, janvier 1987

Eisenhardt K.M., "Making Fast Strategic Decisions In High-Velocity Environment", *Academy of Management Journal,* vol. 32, n° 3, p. 543-577, 1989

Eisenhardt K.M., "Speed and Strategic Choice : How Managers Accelerate Decision", *California Management Review,* vol. 32, n° 3, p. 39-55, 1990

Eisenhardt K.M., Martin J.A., "Dynamic capabilities: What are they ?", *Strategic Management Journal,* vol. 21, n° 10/11, 2000

Ewald F., « Le retour du malin génie. Esquisse d'une philosophie de la précaution », art. cité in Freud S., « Deuil et Mélancolie », in *Métapsychologie,* PUF, Paris, 1974

Freud S., « L'analyse avec fin et l'analyse sans fin » in *Résultats, idées, problèmes,* vol. II, PUF, 1985

Freud S., « Remémoration, répétition et perlaboration », 1914, in *La technique psychanalytique,* PUF, Paris, 1977

Godard O., *Le principe de précaution dans les affaires humaines,* Presses de la MSH-Inra, 1997

Fixari D., Pallez F., « Comment traiter l'urgence », in *Gérer et comprendre* n° 27, 1992, p. 78-86

Forgues B., « Nouvelles approches de la gestion des crises », *Revue française de Gestion,* Mars-Avril-Mai, n° 108, 1996, p. 72-78

Gasparini G., « Temps et travail en Occident », in Chanlat J.F. (éd.), *L'individu dans l'organisation. Les dimensions oubliées,* Presses de l'Université Laval-SK, Montréal-Paris, 1992, p. 199-214

Gasparini G., « Temps, organisation et urgence », *Sciences de la société,* n° 44, mai 1998, p. 15-27

Gasparini G., « Une vie sociale à vitesse choisie », in *Social Science Information, Information sur les sciences sociales* n° 3, Sage Publications, septembre 2000

Gersick C., "Making Time: Predictable Transitions in Task Groups", *Academy of Management Journal,* vol. 32, n° 2, 1989, p. 274-310

Giddens A., « Risk Society : the concept of British policies », in Franklin J. (dir.) *The policy of risk society,* Cambridge, Policy Press, 1998

Grossin W., « Le temps au prisme de quelques interrogations actuelles », *Revue française des Affaires sociales : « Les temps de notre temps : enjeux, incertitudes, complexités »,* n° 3, juillet-septembre 1998

Hartog F., « Temps et histoire. Comment écrire l'histoire de France », *Annales HSS,* 6, 1995

Hassard J., « Pour un paradigme ethnographique du temps de travail » in Chanlat, J.F. *L'individu dans l'organisation. Les dimensions oubliées,* Presses de l'Université Laval-SK, Montréal-Paris, 1990

Hermann C.F., "Some Consequences of crisis which limit the viability of organizations", *Administrative Science Quarterly,* vol. 8, 1980, p. 61-82

Holsti R., "Crisis, stress and decision-making", *International Social Science Journal,* vol. 23, n° 1, p. 53-67, 1971

Jauréguiberry F., « Télécommunications et généralisation de l'urgence », *Sciences de la société,* n° 44, mai 1998

Jauréguiberry F., « Internet comme espace inédit de construction de soi », in Jauréguiberry F., Proulx S., (éds), *Internet, nouvel espace citoyen ?,* Paris, L'Harmattan, 2003, (à paraître), p. 223-244

Klein E., « La mathématisation du temps », communication au colloque *Modernité, les nouvelles cartes du temps,* Cerisy, 18 au 25 septembre 2001

Lambert Y., « Un paysage religieux en pleine évolution », in Riffaut H., (éd.), *Les valeurs des Français,* PUF, Paris, 1994

Lantz P., « Sens, puissance, vitesse », *Social Science Information, Information sur les sciences sociales* n° 3, Sage Publications, septembre 2000

Lechner G., « Le succès de la société de la satisfaction immédiate et les erreurs les plus communes de sa réception », *Concilium,* 282, 1999, p. 137 et suivantes

Miller J.G., "Information Input Overload and psychopathology", *American Journal of Psychiatry,* vol. 116, 1960, p. 695-704

Mitchell W, "Dual Clocks : Entry Order Influences on Incumbent and Newcome", *Strategic Management Journal,* vol. 12, n° 2, 1991, p. 85-101

Mosakowski, E., Earley C.P., "A selective review of time assumptions in strategy research", *Academy of Management Review,* vol. 25, n° 4, 2000, p. 796-813

Perrow C., "Accidents in high risks systems", *Technology Studies,* vol. 1, n° 1, p. 1-20

Pichot P., « Actualisation du concept de dépression », *L'Encéphale,* VII, 1981

Pichot P., « La neurasthénie hier et aujourd'hui », *L'Encéphale* sp. « Syndrome de fatigue, neurasthénie, psychasthénie, thymasténie, dysthymies », XX, 1994

Portrait K., Fernandez M., Mugneret E., « Quand Paris marche à l'urgence ordinaire », *Le Nouvel Observateur,* supplément Île de France, du 31 octobre au 6 novembre 2002

Reilly A.H., "Preparing for the worst : the process of effective crisis management", *Industrial and Environmental Crisis Quarterly,* vol. 7, n° 2, 1993, p. 115-143

Roberts K., "Managing High Reliability Organizations", *California Management Review,* vol. 32, 1990, p. 101-113

Rot G., « Urgence et flux tendu dans l'industrie automobile », *Sciences de la société,* n° 44, mai 1998, p. 99-111

Roux-Dufort C., « Apprendre des crises. Entre statu quo et transformation », *Sciences de la société,* n° 44, mai 1998, p. 165-182

Roux-Dufort C., « Le naufrage du Herald of Free Enterprise : une crise à double visage », *Gérer et Comprendre,* n° 56, juin 1999

Roux-Dufort C., Vidaillet B., "The difficulties to improvise in crisis situation. A case study", *International Studies in Management and Organization,* 2003

Sagan S.D., Redundancy, Reliability and Risk, *communication présentée à la conférence de l'Academy of Management,* Vancouver, août 1995

Santiso J., « Lenteur politique et vitesse économique » in Zawadzki P. (dir.) *Malaise dans la temporalité,* Publications de la Sorbonne, avril 2002

Sarraute N., « L'ère du soupçon », paru dans *Temps modernes,* 1950, in *L'ère du soupçon,* Gallimard, Paris, 1987

Schwartz H.S., "On the psychodynamics of organizational disasters: the case of the space shuttle Challenger", *Columbia Journal of World Business,* vol. 22, 1987, p. 59-67

Stalk G., "Time. The next source of competitive advantage", *Harvard Business Review,* vol. 66, 1988, p. 41-51

Tarondeau J.C., Naccache P., « Le temps en gestion », *Revue française de Gestion,* n° 132, 2001, p. 58-62

Théry I., « Différence des sexes et différence des générations, l'institution familiale en déshérence », *Esprit,* décembre 1996, p. 65-90

Thomas-Lenz R., "Strategic management and organizational learning : a metatheory of executive leadership", in Hendry J., Johnson G., Newton J., (éds.) *Strategic thinking : leadership and the management of change,* Willey & sons, Chichester, 1993

Tretiack P., « Eloge de l'agitation », *Le Nouvel Observateur,* Hors-Série *« Génération vitesse »,* mars-avril 2001

Usunier J. C. « Une critique de la fonctionnalité de l'urgence », *Temporalistes* n° 29, 1994, p. 5-9

Ventura J., « Le harcèlement moral », thèse professionnelle mastère ESCP-EAP « Management des hommes et des organisations », décembre 2002

Vidaillet B., « Cognitive processes and decision-making in a crisis », in Lant T. et Shapira Z. (éds), *Organizationnal Cognition : Computation and Interpretation*, Lawrence Erlbaum, 2001

Vidaillet B., « Cognitive processes in a crisis : the limits of the behavioral decision theory », *Managerial and Organizational Conference,* New York University, New York, 1998

Vidaillet B., mémoire de DEA, Université Paris-Dauphine, 1992. Cas déposé à la CCMP, n° G0857, 1997, sous le titre *La crise du nuage toxique de Nantes*

Virilio P., « Alerte dans le cyberespace », *Le Monde diplomatique,* août 1995

Weick K., "Organizational Culture as a Source of High Reliability", *California Management Review,* vol. 24, 1987, p. 112-127

Weick K., Roberts R., "Collective Mind in Organizations : Heedful Interrelating on Flight Decks", *Administrative Science Quarterly,* vol. 38, 1993, p. 357-381

Weick K., "The Collapse of Sensemaking in Organizations" : The Mann Gulch Disaster,

Administrative Science Quarterly, vol. 38, 1993, p. 628-652
Wessely S., « Le syndrome de fatigue chronique », *L'Encéphale,* XX, 1994

Revues thématiques

« Emplois du temps », *L'inactuel* n° 2, Calmann-Lévy, 1994
« Le Temps », *La Recherche,* Hors-Série n° 5, avril 2001
« Le temps en analyse », *Revue française de Psychanalyse,* n° 5, 1997, tome LXI, numéro spécial congrès
« Les temps de notre temps : enjeux, incertitudes, complexités », *Revue française des Affaires sociales,* n° 3, juillet-septembre 1998
« Marcel Proust et les psychanalystes », *Revue française de Psychanalyse,* tome LXIII, 2, 1999

LES SCIENCES HUMAINES DANS LA COLLECTION CHAMPS

ABRAHAM, TOROK
L'Écorce et le noyau.
Le Verbier de l'homme aux loups.

ADORNO
Notes sur la littérature.

ALAIN
Idées. Introduction à la philosophie de Platon, Descartes, Hegel, Comte.

AMSELLE
Vers un multiculturalisme français.

ANATRELLA
L'Église et l'amour.
Non à la société dépressive.
Le Sexe oublié.

ARCHÉOLOGIE DE LA FRANCE
(Réunion des musées nationaux).

ARNAULD, NICOLE
La Logique ou l'art de penser.

ARNHEIM
La Pensée visuelle.

AUGÉ
Anthropologie des mondes contemporains.

AXLINE
Dibs.

BADINTER
L'Amour en plus.

BARBEROUSSE, KISTLER, LUDWIG
La Philosophie des sciences au XXe siècle. (Champs-Université)

BAVEREZ
Raymond Aron.
Les Trente Piteuses.

BENJAMIN
Le Concept de critique esthétique dans le romantisme allemand.
Origine du drame baroque allemand.

BERNARD
Introduction à l'étude de la médecine expérimentale.

BIARDEAU
L'Hindouisme. Anthropologie d'une civilisation.

BODEI
La Philosophie au XXe siècle (inédit).

BORCH-JACOBSEN
Lacan.

BRILLAT-SAVARIN
Physiologie du goût.

CHAGNOLLAUD, QUERMONNE
La Ve République :
t. 1 Le Pouvoir exécutif.
t. 2 Le Pouvoir législatif.
t. 3 Le Régime politique.
t. 4 L'État de droit et la justice.

CHOMSKY
Langue, Linguistique, Politique. Dialogues avec Mitsou Ronat.
Réflexions sur le langage.

CHUVIN
La Mythologie grecque.

COGARD
Introduction à la stylistique. (Champs-Université)

COHEN (Daniel)
Richesse du monde, pauvretés des nations.
Nos temps modernes.

COHEN (Jean)
Structure du langage poétique.

COLLECTIF
Le Français dans tous ses états.

DANIÉLOU
Mythes et dieux de l'Inde.

DARAKI
Dionysos et la déesse Terre.

DAVY
Initiation à la symbolique romane.

DE WAAL
De la réconciliation chez les primates.

DELEUZE, PARNET
Dialogues.

DELUMEAU (PRÉSENTÉ PAR)
Le Savant et la foi.

DERRIDA
Éperons. Les styles de Nietzsche.
Heidegger et la question.
La Vérité en peinture.

DETIENNE, VERNANT
Les Ruses de l'Intelligence. La Mètis des Grecs.

DEVEREUX
Femme et mythe.

DIECKHOFF
La Nation dans tous ses états. Les identités nationales en mouvement.

DODDS
Les Grecs et l'irrationnel.

DUMÉZIL
Heurs et malheurs du guerrier.
Loki.
Mythes et dieux des Indo-Européens.

DURKHEIM
Règles de la méthode sociologique.

ÉCOLE DE LA CAUSE FREUDIENNE
De l'amour (inédit).
Lacan, l'écrit, l'image (inédit).

EDELMAN
Le Droit saisi par la photographie.

ELIADE
Forgerons et alchimistes.

ELIAS
La Société de cour.

ENCEL
L'Art de la guerre par l'exemple.
Géopolitique de Jérusalem.
Le Moyen-Orient entre guerre et paix.

ÉRIBON
Michel Foucault.

ERIKSON
Adolescence et crise.

FAURE
Bouddhismes, philosophies et religions.

FLASCH
Introduction à la philosophie médiévale.

FONTANIER
Les Figures du discours.

FRÉMONT
France, géographie d'une société.
La Région, espace vécu.

FUKUYAMA
La Fin de l'Histoire et le dernier homme.

GADREY
Nouvelle économie, nouveau mythe ?

GENTIS
Leçons du corps.

GIRAUD
La Théorie des jeux. (Champs-Université).

GODELIER
L'Énigme du don.
La Production des grands hommes.

GOMEZ
L'Invention de l'Amérique.

GRANOFF, PERRIER
Le Désir et le féminin.

GRENIER
L'Esprit du Tao.

GUÉHENNO
La Fin de la démocratie.

GUILLAUME
La Psychologie de la forme.

GUSDORF
Mythe et métaphysique.

GUYOMARD
La Jouissance du tragique.

HABERMAS
De l'éthique de la discussion.
Écrits politiques.
Morale et communication.

HAMBURGER
L'Aventure humaine.

HARRISON
Forêts. Essai sur l'imaginaire occidental.

HASSOUN
La Cruauté mélancolique.
Les Passions intraitables.

HEGEL
Introduction à l'Esthétique. Le Beau.

HELL
Possession et chamanisme.
Le Sang noir.

HERVIEU-LÉGER
Le Pélerin et le converti. La Religion en mouvement.

HORNUNG
Les Dieux de l'Égypte.

IACUB
Le crime était presque sexuel.

JACQUART
La Légende de demain.

JAFFRO, RAUZY
L'École désœuvrée. La nouvelle querelle scolaire.

JANKÉLÉVITCH
L'Ironie.
La Mort.
Le Pur et l'Impur.
Le Sérieux de l'intention. Traité des vertus I.
Les Vertus et l'Amour. Traité des vertus II.
L'Innocence et la Méchanceté. Traité des vertus III.

JANOV
Le Cri primal.

JONAS
Le Principe Responsabilité.

JULIEN
Tu quitteras ton père et ta mère.

LABORIT
L'Homme et la ville.

LACOSTE
La Légende de la Terre.

LAÏDI
Le Sacre du présent.

LAPLANCHE
Le Primat de l'autre en psychanalyse.
Vie et mort en psychanalyse.

LEBOVICI
En l'homme, le bébé.

LE BRAS
Les Limites de la planète.

LE DŒUFF
Le Sexe du savoir.

LEGENDRE
Le Crime du caporal Lortie. Traité sur le père.

LEPAPE
Diderot.

LESCOURRET
Levinas.
Introduction à l'esthétique. (Champs-Université)

LLOYD
Origine et développement de la science grecque.

LORENZ
L'Agression.
L'Envers du miroir.

LORENZ, POPPER
L'avenir est ouvert.

MACHIAVEL
Discours sur la première décade de Tite-Live.

MAHDI
La Fondation de la philosophie politique en islam.

MAJOR
Lacan avec Derrida.
MANENT
La Cité de l'homme.
MANIN
Principes du gouvernement représentatif.
MARX
Le Capital, livre I, sections 1 à 4.
Le Capital, livre I, sections 5 à 8.
MAUCO
Psychanalyse et éducation.
MEAD EARLE
Les Maîtres de la stratégie.
MÉDA
Qu'est-ce que la richesse ?
Le Temps des femmes. Pour un nouveau partage des rôles.
Le Travail. Une valeur en voie de disparition.
MESURE, RENAUT
Alter ego. Les paradoxes de l'identité démocratique.
MEYNET
Lire la Bible.
MILL
L'Utilitarisme.
MILLOT
Freud antipédagogue.
MORIN
La Complexité humaine.
MOSCOVICI
Essai sur l'histoire humaine de la nature.
NASIO
Les Yeux de Laure.
NASSIF
Freud. L'inconscient.
OLIVIER
Les Fils d'Oreste ou la question du père.
PANKOW
L'Homme et sa psychose.
PAPERT
Jaillissement de l'esprit.
PASSET
L'Illusion néolibérale.
PEETERS
Lire la bande dessinée.
PÉRONCEL-HUGOZ
Le Radeau de Mahomet.
PICHOT
La Société pure. De Darwin à Hitler.
POMMIER
Le Dénouement d'une analyse.
Freud apolitique ?
L'Ordre sexuel.
POPPER
La Connaissance objective.
PROKHORIS
La différence sexuelle en question.
Le Sexe prescrit.
QUINE
Le Mot et la chose.
RAND, TOROK
Questions à Freud.
REICHHOLF
L'Émergence de l'homme.
RÉMOND
La politique n'est plus ce qu'elle était.
RENAUT
Kant aujourd'hui.
RENFREW
L'Énigme indo-européenne.
RENOU
La Civilisation de l'Inde ancienne d'après les textes sanscrits.
REVAULT D'ALLONNES
Ce que l'homme fait à l'homme. Essai sur le mal politique.
Le Dépérissement de la politique. Généalogie d'un lieu commun.
ROUDINESCO
Pourquoi la psychanalyse ?
RUFFIÉ, SOURNIA
Les Épidémies dans l'histoire de l'homme.
RUSSELL
Signification et vérité.
SADOUL
Tintin et moi.
SAUVERZAC
Françoise Dolto. Itinéraire d'une psychanalyste.
SCHMITT
La Notion de politique. Théorie du partisan.
SCHUMPETER
Impérialisme et classes sociales.
SERRES
Atlas.
Le Contrat naturel.
Éclaircissements.
Éloge de la philosophie en langue française.
La Légende des anges.
Les Origines de la géométrie.
Statues.
SIBONY
Psychanalyse et judaïsme. Questions de transmission (inédit).
SPAEMANN
Notions fondamentales de morale (inédit).
STAROBINSKI
1789. Les Emblèmes de la raison.
STEINER
Martin Heidegger.
STOETZEL
La Psychologie sociale.
STRAUSS
Droit naturel et histoire.
SUN TZU
L'Art de la guerre.
TAYLOR
Multiculturalisme.

Achevé d'imprimer en septembre 2004
sur les presses de l'imprimerie Maury Eurolivres
45300 Manchecourt

N° d'éditeur : FH010602.
Dépôt légal : septembre 2004.
N° d'impression : 04/08/108889.

Imprimé en France

Das Buch

»Ähnliches werde durch Ähnliches geheilt«: Das ist der Grundsatz der Homöopathie. Danach können Krankheiten mit Substanzen in hochverdünnter, potenzierter Form behandelt werden, die beim Gesunden ein ähnliches Krankheitsbild hervorrufen. Die Homöopathie gilt heute als wirksame und sichere Heilmethode, die sich hervorragend für eine erfolgreiche Selbstbehandlung eignet. Dieses Handbuch gibt verläßlich Auskunft darüber, welche Symptome und Krankheiten man homöopathisch behandeln kann, wie man das richtige Mittel findet, welche Dosierungen zu empfehlen sind, sagt aber auch, wo die Grenzen der Selbstbehandlung liegen, bzw. wann man einen Arzt aufsuchen sollte. Von Notfällen über Frauen- und Kinderkrankheiten bis zu Allgemeinerkrankungen – die Homöopathie bietet vielfältige Anwendungsmöglichkeiten. Eine Arzneimittellehre mit Kurzbeschreibung der Symptome sowie Empfehlungen für die Haus- und Reiseapotheke runden dieses Gesundheitsbuch für die ganze Familie ab.

Der Autor

Dr. med. David M. Gemmell war viele Jahre in leitender Position an verschiedenen englischen Kliniken tätig. Heute praktiziert er als niedergelassener Arzt für Homöopathie.

Der Herausgeber

Dr. med. Winfried Haeusler, geb. 1953, arbeitet in einer Praxisgemeinschaft für klassische Homöopathie in München.